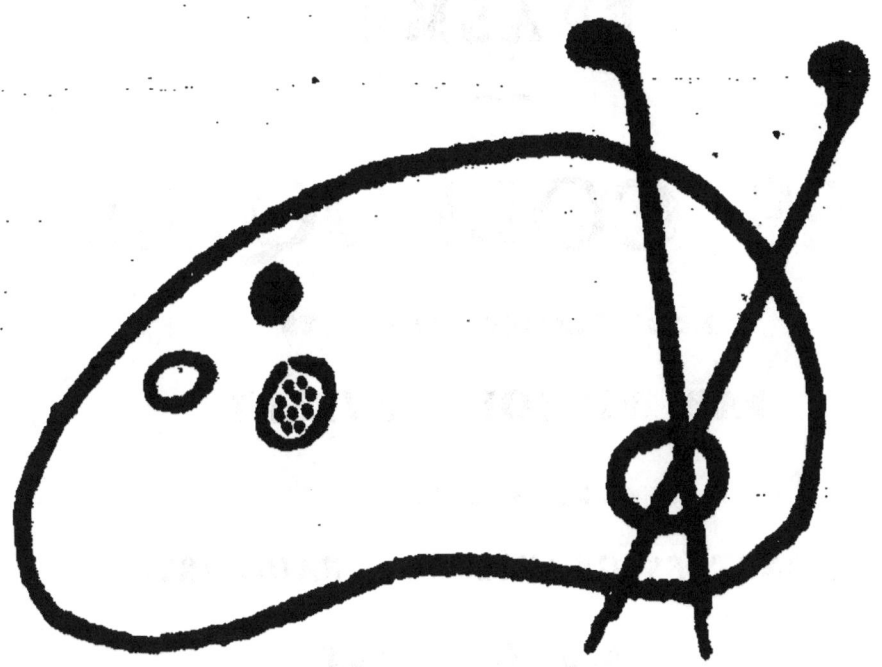

Couvertures supérieure et inférieure en couleur

ÉRASME

LES COLLOQUES

NOUVELLEMENT TRADUITS

PAR VICTOR DEVELAY

ET ORNÉS DE

VIGNETTES GRAVÉES A L'EAU-FORTE

PAR J. CHAUVET

TOME PREMIER

PARIS
LIBRAIRIE DES BIBLIOPHILES
RUE SAINT-HONORÉ, 338

M DCCC LXXV

LES COLLOQUES D'ÉRASME

Feront 3 volumes

DANS LE MÊME FORMAT

THÉATRE DE JEAN RACINE

4 vol. avec eaux-fortes d'Hillemacher. — 80 fr.

CLASSIQUES FRANÇAIS

Publiés dans le format in-8° carré, d'après les éditions originales

PREMIÈRE SÉRIE, A 20 FR. LE VOLUME

Cartonnages mobiles. — Tirage à 500 exemplaires. — 15 sur papier de Chine et 15 sur papier Whatman à 40 fr.

RÉGNIER, *Satires*, publ. par Louis Lacour. 1 vol. . . . . 20 f.
LA ROCHEFOUCAULD, *Maximes*, publ. par Louis Lacour. 1 vol. . 20 fr.
MONTESQUIEU, *Lettres persanes*, publ. par Louis Lacour. 1 vol. . 20 fr.
RABELAIS, publ. par A. de Montaiglon et L. Lacour. 3 vol. à 20 fr. 60 fr.
LES TRAGIQUES, d'Agrippa d'Aubigné, publ. par Ch. Read. 1 vol. 20 fr.

Les exemplaires Chine et Whatman des quatre premiers ouvrages sont épuisés. — Le Rabelais et le Régnier ne se vendent plus qu'avec les quatre autres ouvrages de la série.

DEUXIÈME SÉRIE, A 12 FR. 50 LE VOLUME

Tirage spécial d'amateurs
à 100 exemplaires sur papier Whatman à 20 fr. le volume,
et 30 exemplaires sur papier de Chine à 30 fr.

LA BRUYÈRE, *Les Caractères*. Notice par Louis Lacour. Portrait gravé à l'eau-forte par Flameng. 2 vol. . . . . 25 fr.
MONTAIGNE, *Les Essais* (édition de 1588), avec une Notice de M. de Sacy. Portrait à l'eau-forte par Gaucherel. 4 vol. . . . . 50 fr.
(Les tomes I à III sont en vente. — Le tome IV paraîtra prochainement).
PASCAL, *Pensées*. Portrait à l'eau-forte par Gaucherel. 1 vol. . 12 fr. 50
LA FONTAINE, *Fables*. Préface par Paul Lacroix. 2 vol. . . . . . 25 fr.

Nous offrons aux acheteurs de cette édition les planches de l'édition des douze peintres, en héliogravure ou en gravure à l'eau-forte, au prix de 15 fr., et de 30 fr. pour les épreuves avant la lettre.

En préparation : VILLON ; PASCAL, *Provinciales* ; MAROT.

Paris, imp. JOUAUST, rue Saint-Honoré, 338.

LES COLLOQUES

D'ÉRASME

TIRAGE A PETIT NOMBRE

Plus 25 exemplaires sur papier de Chine (n°ˢ 1 à 25), et 25 sur papier Whatman (n°ˢ 26 à 50).

Il a été fait aussi un tirage en GRAND PAPIER ainsi composé :

  200 sur papier vélin à la forme (n°ˢ 41 à 240).
  20 sur papier de Chine (n°ˢ 1 à 20).
  20 sur papier Whatman (n°ˢ 21 à 40).

  240 exemplaires, numérotés.

Les exemplaires en papier de Chine et en papier Whatman des deux tirages portent les *épreuves des gravures avant la lettre*.

L'ouvrage complet forme 3 volumes.

D. ERASME
d'après Holbein.

Original en couleur

NF Z 43-120-8

ÉRASME

LES COLLOQUES

NOUVELLEMENT TRADUITS

PAR VICTOR DEVELAY

ET ORNÉS DE

VIGNETTES GRAVÉES A L'EAU-FORTE

PAR J. CHAUVET

TOME PREMIER

PARIS

LIBRAIRIE DES BIBLIOPHILES

RUE SAINT-HONORÉ, 338

—

M DCCC LXXV

NOTE DE L'ÉDITEUR

Peu de livres, parmi les œuvres importantes que nous a laissées le XVIᵉ siècle, sont plus connus de nom que les *Colloques d'Érasme*, et le sont moins de fait. L'oubli relatif dans lequel est tombé ce curieux ouvrage est dû en partie à l'absence d'une traduction française, car l'on ne peut appeler de ce nom l'essai informe donné par Gueudeville (1720, 6 vol. in-12), et dont Quérard, dans sa *France littéraire*, dit que « c'est plutôt un travestissement qu'une traduction »[1].

Ce jugement peut également s'appliquer aux vignettes destinées à orner la soi-disant traduction de Gueudeville. Sans aucun souci de l'exactitude historique, l'artiste s'est cru permis de faire endosser parfois aux personnages d'Érasme les costumes du XVIIIᵉ siècle, et n'a su racheter cet anachronisme ni par le mérite de la composition, ni par la variété des sujets, qui se ressemblent tous dans leur uniforme médiocrité.

Les quelques colloques d'Érasme traduits par M. Develay pour la *Bibliothèque récréative* ont fait naître aux bibliophiles le désir de les connaître tous : aussi l'édition complète que nous en donnons aujourd'hui n'est-elle que la réponse à de

---

[1]. Nous ne pouvons considérer non plus comme une véritable traduction celle de Dumas, publiée à Paris en 1762, et réimprimée en 1817, puisqu'elle ne donne qu'un choix des *Colloques*. — Citons encore un autre choix, suivi de plusieurs autres dialogues moraux, qui a paru à Bruxelles en 1840.

demandes très-nombreuses qui nous ont été adressées. Nous devons, d'ailleurs, cette publication aux amateurs, comme pendant à l'*Éloge de la Folie*, qu'ils avaient accueilli avec un si grand empressement.

Ces deux productions, en effet, se rapprochent par une frappante analogie. L'une et l'autre, sous des formes différentes, sont une grande représentation de la comédie humaine, dans laquelle toutes les classes de la société, depuis l'artisan et le mendiant même jusqu'au roi et au prélat, passent sous la plume satirique de l'écrivain. L'*Éloge de la Folie* est sans doute le mieux conçu des deux ouvrages : il présente une vue d'ensemble dans laquelle l'attention n'est distraite par aucun détail inutile. Les *Colloques*, au contraire, se livrent à une analyse plus circonstanciée, et parfois un peu diffuse, des mœurs et des idées de l'époque ; mais ce défaut même se rachète par l'intérêt historique des détails qu'il nous vaut sur les contemporains de l'auteur. Aussi pardonne-t-on facilement à Érasme quelques longueurs, moins choquantes encore qu'une certaine trace de ce pédantisme du XVI° siècle, qu'il a attaqué avec tant d'énergie, et dont il n'a pas toujours su se défendre lui-même. On peut combattre avec succès l'influence de l'atmosphère dans laquelle on est appelé à vivre, mais on ne peut s'empêcher de la respirer.

La préface des *Colloques*, comme celle de l'*Éloge de la Folie*, se trouve faite par l'auteur lui-même. Venu à une époque de discordes religieuses, Érasme, comme tous les esprits éclectiques, parvint, en ne prenant absolument parti pour personne, à mécontenter tout le monde. Aussi se vit-il, lui et ses œuvres, l'objet des attaques les plus violentes, et de même qu'il eut à écrire pour l'*Éloge de la Folie* la *Lettre apologétique* adressée à Martin Dorpius, il fit aussi, pour justifier l'ouvrage que nous publions aujourd'hui, sa lettre au lecteur *sur l'Utilité des Colloques*, que l'on trouvera ci-après.

« Aujourd'hui, dit-il au début de cette dernière lettre, la Calomnie, accompagnée des Furies, attaque avec tant de violence les personnes et les choses, dans tout l'univers, qu'il n'est pas prudent de publier un livre sans le munir d'une escorte. »

Bien que nul esprit judicieux ne songe plus à attaquer Érasme, nous lui avons maintenu cette escorte, et nous l'avons même augmentée d'un renfort dont les amateurs ne se plaindront certes pas : ce sont les vignettes, gravées à l'eau-forte par M. Chauvet, qui se trouvent placées en tête de chaque colloque. La composition des sujets qui forment cette nouvelle suite a été l'objet d'études et de recherches faites sur les documents les plus authentiques : tous les détails du costume, de l'ameublement, de l'architecture, y sont d'une exactitude absolue ; et nous ne croyons pas être téméraire en affirmant que l'artiste a su joindre au mérite historique une intelligence parfaite de l'époque qu'il avait à représenter.

M. Develay a revu avec le plus grand soin la traduction des colloques publiés précédemment, et l'a améliorée par des corrections nombreuses. En ce qui concerne l'exécution typographique de l'ouvrage, nos façons de faire sont assez connues aujourd'hui pour que nous n'ayons à entrer dans aucun détail à ce sujet.

Comprenant à quoi nous obligeait le succès obtenu en 1871 par l'*Éloge de la Folie*, nous avons tendu de tous nos efforts à ce que la publication nouvelle ne fût pas indigne de celle qui l'avait précédée.

D. J.

ÉRASME DE ROTTERDAM
AU LECTEUR
SUR L'UTILITÉ DES COLLOQUES

AUJOURD'HUI la calomnie, accompagnée des Furies, attaque avec tant de violence les personnes et les choses dans tout l'univers qu'il n'est pas prudent de publier un livre sans le munir d'une escorte. Et encore quel moyen y a-t-il de se garantir des morsures du sycophante qui, comme l'aspic à la voix du charmeur, se bouche les oreilles devant la justification la mieux fondée ? La première partie de cet ouvrage qui est de moi sans être à moi, fut publiée par la légèreté de quelqu'un [1]. La voyant accueillie des écoliers

---

1. En tête de l'édition latine des *Colloques*, il y en a plusieurs qui ne sont que de simples exercices de style. Érasme avoue lui-même qu'il ne les destinait pas à l'impression : « Tous ces *Colloques*, dit-il, n'ont point été écrits en vue d'être publiés. J'en ai composé quelques-uns pour exercer les jeunes gens au style ; j'en ai dicté d'autres en me promenant sans songer le moins du monde à les publier ; j'en ai rédigé plusieurs pour les écoliers tardifs. De ce genre étaient les *Colloques* qu'un certain Hilène a trouvés je ne sais où, car je n'en ai jamais eu de copie, et qu'il a vendus cher à Jean Froben en feignant que d'autres imprimeurs désiraient les acheter, ce qui le poussa à en faire l'acquisition. » (Lettre à Jean Choler, mai 1536.) Nous avons cru répondre aux intentions d'Érasme en ne traduisant pas ces colloques enfantins.

avec un vif enthousiasme, je fis servir cet engouement au progrès des études. Les médecins n'ordonnent pas toujours aux malades les aliments les plus salubres; ils leur accordent quelquefois ceux qui excitent davantage leur appétit. J'ai voulu de même attirer par cette sorte d'appât le jeune âge, qui se laisse prendre plus aisément aux choses agréables qu'aux choses sérieuses et correctes. J'ai donc retouché ce qui avait paru; puis j'y ai ajouté des morceaux propres à former les mœurs, en m'insinuant en quelque sorte dans l'esprit des jeunes gens, qui, comme l'a dit sagement Aristote, sont incapables de comprendre la philosophie morale, telle qu'on l'enseigne dans des ouvrages sérieux.

Si quelqu'un s'écrie qu'il est inconvenant pour un vieillard de se livrer à de pareilles puérilités, peu m'importe que ce soient des puérilités, pourvu qu'on y trouve l'utile. Du moment que l'on approuve les vieux grammairiens qui encouragent l'enfance par des gâteaux, afin de lui faire apprendre les premiers éléments, je ne pense pas que l'on puisse me faire un crime d'inviter par un attrait de ce genre la jeunesse soit à l'élégance de la langue latine, soit à la vertu. Ajoutez que la sagesse consiste en grande partie à connaître les folles passions du monde et ses opinions absurdes. Je crois qu'il vaut mieux les apprendre par cet ouvrage que par l'expérience, qui est l'école des sots. Les préceptes de la grammaire déplaisent à beaucoup de gens. La morale d'Aristote ne convient pas aux enfants; la théologie de Scot encore moins; c'est tout au plus si elle peut former le jugement des hommes faits. Cependant il est très-important d'inculquer de bonne heure aux jeunes esprits le goût des meilleures choses. Je ne sais s'il est des leçons plus fructueuses que celles qui sont prises en jouant. Assurément c'est une manière de tromper très-respectable que de rendre service à quelqu'un par un mensonge. On loue les médecins qui trompent ainsi leurs malades.

Toutefois si je n'avais écrit dans ce livre que des bagatelles, on l'aurait supporté; mais parce que, indépendamment de la pureté du style, j'y ai inséré quelques instructions sur la religion, la calomnie s'en mêle, et, comme si j'exposais sérieusement les dogmes du christianisme, on épluche rigoureusement jusqu'à mes syllabes. Pour faire mieux sentir l'injustice de ce procédé, je vais montrer que la plupart des colloques sont d'une utilité peu commune.

En effet, sans parler de tant de pensées sérieuses mêlées à des plaisanteries, de tant d'anecdotes, de tant d'histoires, de tant de merveilles de la nature, dignes d'être connues, dans le colloque : le Voyage aux lieux saints [1], je réprime le zèle superstitieux et outré de certaines gens, qui regardent comme le comble de la piété d'avoir vu Jérusalem. On voit y courir, à travers l'immensité des mers et des continents, de vieux évêques, qui abandonnent le troupeau qui leur était confié; des princes, qui laissent leur famille et leur gouvernement; des maris, qui plantent là leurs enfants et leur épouse, dont la conduite et l'honneur exigeaient un gardien; des jeunes gens et des femmes, au grand préjudice de la pureté des mœurs. Quelques-uns y retournent plusieurs fois et ne font que cela toute leur vie. On couvre ainsi du nom de la religion la superstition, l'inconstance, la folie, la témérité, et, contrairement à la doctrine de saint Paul, le déserteur des siens gagne la palme de la sainteté et se flatte d'avoir satisfait à tous les devoirs de la piété. Saint Paul, dans la première épître à Timothée, chap. II dit formellement : « Si quelqu'un n'a pas soin des siens et surtout de ceux de sa maison, il a renié la foi, et il est pire qu'un infidèle. » Dans ce passage, saint Paul semble ne parler que des veuves qui négligent leurs enfants et leurs petits-enfants, sous le prétexte de la religion, et pour se consacrer au service de l'Église. Qu'aurait-il dit des maris qui abandonnent leurs enfants en bas âge, leur jeune épouse, et les laissent dans la pauvreté pour aller à Jérusalem? Entre mille exemples, j'en citerai un seul qui n'est ni assez récent pour craindre qu'il ne m'attire des ennemis, ni assez vieux pour qu'il ne reste pas des descendants à qui l'importance du dommage ne permet point d'oublier le fait.

1. Ce colloque est intitulé : *Les Vœux imprudents*.

Un personnage très-puissant avait résolu de voir Jérusalem avant de mourir. L'intention était pieuse, mais le projet était imprudent. Après avoir réglé ses affaires, il confia à l'archevêque, comme à un père, la garde et la défense de tous ses biens, de ses villes, de ses forteresses et de sa femme qu'il laissa enceinte. Ayant reçu la nouvelle que notre homme avait péri dans ce voyage, l'archevêque se conduisit non en père, mais en brigand. Il s'empara de toutes les possessions du défunt, prit d'assaut une place forte où l'épouse s'était réfugiée, et, pour qu'il ne restât pas un vengeur de cet horrible attentat, il fit égorger la mère avec l'enfant qu'elle portait dans son sein. N'était-ce pas agir pieusement que de détourner cet homme d'un voyage dangereux et sans nécessité? Je laisse aux autres à penser combien d'exemples de ce genre on pourrait citer. Je ne parle pas des dépenses qui, si elles ne sont pas en pure perte, pourraient cependant, tous les gens sensés l'avoueront, être appliquées à un bien meilleur usage. Quant à ce qui concerne la religion, saint Jérôme loue Hilarion, qui était né en Palestine et qui y vivait, de n'avoir visité Jérusalem qu'une seule fois, à cause de sa proximité et pour ne point avoir l'air de mépriser les lieux saints. Si Hilarion a mérité des éloges pour s'être interdit Jérusalem, quoiqu'il en fût tout près, dans la crainte de paraître renfermer Dieu dans un étroit espace, et pour ne l'avoir visitée qu'une seule fois à cause du voisinage, afin de ne scandaliser personne, que dire de ceux qui de l'Angleterre et de l'Écosse s'en vont à Jérusalem, avec de si grands frais, au milieu de tant de dangers, surtout en laissant chez eux les êtres les plus chers, auxquels, suivant la doctrine de l'Apôtre, ils doivent un soin continuel? Saint Jérôme s'écrie : « Ce n'est point une gloire d'avoir été à Jérusalem ; mais c'en est une d'avoir bien vécu. » *Et pourtant il est probable que du temps de saint Jérôme, les traces des anciens monuments étaient plus visibles qu'elles ne le sont aujourd'hui. Je laisse à d'autres le soin de discuter sur les vœux; ce colloque n'a d'autre but que d'empêcher qu'on ne forme des vœux à la légère. J'en atteste mes paroles que voici :* « Surtout quand j'avais à la maison une femme encore jeune, des enfants et des serviteurs qui dépendaient de moi et que je nourrissais de mon travail quotidien », et cætera. Je ne dirai donc rien des vœux faits, sinon que, si j'étais souverain pontife, je ne me ferais point tirer l'oreille pour délier ceux qu'ils enchaînent. Quant aux vœux à faire, tout en reconnaissant qu'un voyage à Jérusalem peut être avantageux à la piété, je n'hésiterais point à conseiller, en général, suivant les circonstances, d'appliquer les dépenses, le temps et la peine qu'il nécessite, à d'autres œuvres qui contribuent davantage à la vraie dévotion. Cette méthode me semble pieuse; et en considérant la légèreté, l'ignorance ou la superstition du grand nombre, j'ai cru bon d'avertir la jeunesse sur ce point. Je ne vois pas qui cet avertissement pourrait offenser, sauf peut-être certaines gens plus sensibles au gain qu'à la piété. Je ne condamne pas les indulgences pontificales ni les dispenses; mais je blâme la sottise insigne de ceux qui, sans songer à réformer leur vie, mettent tout leur espoir dans des pardons humains. Si l'on considère le tort immense qui est résulté pour la piété parmi les hommes, soit par le crime de ceux qui font trafic des indulgences pontificales, soit par la faute de ceux qui ne les reçoivent pas convenablement, on avouera qu'il était à propos d'avertir la jeunesse sur ce point. — Mais à ce compte-là que deviendront les commissaires? — J'entends, mon bon ami; s'ils sont honnêtes, ils se réjouiront de voir les âmes simples averties; si, au contraire, ils préfèrent le gain à la piété, je suis leur serviteur.

Dans le colloque : la Chasse aux bénéfices, je blâme ceux qui courent sans cesse à Rome pour y briguer les charges ecclésiastiques, le plus souvent au préjudice de leurs mœurs et de leur argent. En passant je conseille au prêtre de choisir pour se récréer au lieu d'une concubine, la lecture des bons auteurs.

Dans la Confession du soldat, je critique la conduite des gens de guerre et leur confession impie, afin que les jeunes gens fuient de pareilles mœurs.

Dans les Avis d'un maître, j'enseigne aux enfants la modestie et la conduite qui convient à leur âge.

Dans la Piété de l'enfance, est-ce que par de pieuses leçons, je n'inculque pas dans l'esprit des enfants l'amour de la piété? Les chicanes qui m'ont été faites au sujet de la confession sont une pure calomnie, à laquelle j'ai répondu depuis longtemps. J'enseigne que l'on doit admettre la confession, comme si elle avait été instituée par le Christ. L'a-t-elle été réellement? Je ne veux ni le nier, ni l'affirmer, parce que je n'en suis pas certain, et que je ne pourrais pas en fournir la preuve. Quant aux conseils que je donne sur le choix sérieux d'un état et sur celui du prêtre auquel on confie ses plus secrètes pensées, je les ai jugés nécessaires aux jeunes gens et je ne vois pas pourquoi je m'en repentirais. — Mais alors il y aura moins de moines et de prêtres. — C'est possible, mais ils seront meilleurs. Tous les vrais moines m'approuveront; quant à ceux qui recrutent des prosélytes soit par intérêt, soit par superstition, ils méritent assurément d'être flétris dans tous les écrits, afin qu'ils s'amendent.

Dans le Repas profane, je ne désapprouve pas les constitutions de l'Église sur le jeûne et sur le choix des aliments. Je dénonce la superstition de certaines gens qui estiment ces choses-là plus qu'il ne faut et qui en négligent d'autres plus salutaires pour la piété. Je blâme la cruauté de ceux qui les imposent à des personnes que le vœu de l'Église en dispense, et la fausse dévotion de ceux qui condamnent le prochain pour de semblables choses. Si l'on songe à tout le mal qui en est résulté pour la vraie piété parmi les hommes, on reconnaîtra qu'il n'y avait pas d'avertissement plus nécessaire, mais je me réserve de répondre ailleurs plus complétement sur ce sujet.

Dans le Repas religieux, bien que mes interlocuteurs soient tous des gens laïques et mariés, je montre assez quel doit être le repas de tous les chrétiens. Si certains prêtres et certains moines comparent leurs repas à celui-là, ils verront combien ils sont loin de la perfection en quoi ils devraient exceller au-dessus des laïques.

Dans l'Apothéose, je montre tout l'honneur qui est dû aux hommes de talent, qui par leurs veilles ont bien mérité des belles-lettres.

Il y a des sots qui trouvent lascif le colloque : l'Amant et la Maîtresse, quoiqu'on ne puisse rien imaginer de plus chaste. Si le mariage est une chose honnête, le rôle d'amant l'est aussi. Plût à Dieu que tous les amants ressemblassent à celui que je dépeins ici, et que les mariages n'eussent pas pour prélude d'autres colloques! Comment faire avec ces caractères sombres et ennemis des Grâces qui taxent d'impudique tout ce qui respire l'amitié et l'enjouement? Cette maîtresse refuse un baiser à son amant qui la quitte, afin de lui conserver pure toute sa virginité. Qu'est-ce que les maîtresses aujourd'hui n'accordent pas d'ordinaire à leurs amants? De plus, ils ne remarquent pas le grand nombre de réflexions philosophiques semées à travers les plaisanteries : qu'on ne doit pas conclure un mariage précipitamment; qu'il ne faut pas s'attacher seulement au physique, mais plus encore au moral; que le mariage est indissoluble; qu'on ne doit pas le contracter sans l'aveu des parents; qu'il faut vivre chastement dans cet état et élever saintement ses enfants. En terminant, la maîtresse prie le Christ de bénir son union. N'est-il pas à propos que les jeunes gens sachent tout cela? Et ceux qui prétendent que cette lecture est nuisible aux enfants à cause de l'obscénité leur font expliquer Plaute et les facéties du Pogge. Le beau discernement!

Dans la Fille ennemie du mariage, je maudis ceux qui attirent dans un monastère les jeunes gens et les jeunes filles malgré leurs parents, en abusant de leur simplicité ou de leur superstition, et en leur persuadant que hors de là il n'y a pour eux aucun espoir de salut. Si le monde n'était pas plein de pareils pêcheurs; si une foule de nobles intelligences, qui eussent été des vases d'élection du Seigneur en choisissant avec réflexion un genre de vie conforme à leur nature, n'étaient pas tristement ensevelies et enterrées vives par leurs mains, mes avertissements seraient déplacés. Mais quand il m'a fallu exprimer mon sentiment à cet égard, j'ai dépeint ces ravisseurs et l'énormité de leur crime de telle sorte que tout le monde reconnaîtra la justesse de mes avis, et d'ailleurs, je l'ai fait avec modération pour ne point donner prise à la méchanceté.

Dans le colloque suivant : la Fille repentante, je n'introduis pas une jeune fille qui change d'état après avoir prononcé ses vœux, mais qui, avant d'avoir fait profession, retourne chez ses parents qui étaient de très-braves gens.

Dans la Femme qui se plaint de son mari, que de réflexions philosophiques sur la nécessité de cacher les défauts des maris, de ne point troubler l'affection des époux, d'oublier les offenses, de corriger les mœurs des maris et de leur témoigner de la déférence! Plutarque, Aristote et Xénophon n'enseignent pas autre chose; ici, la seule différence, c'est que les personnages donnent une certaine vie au discours.

Dans le colloque : le Soldat et le Chartreux, je dépeins simultanément la folie des jeunes gens qui courent à la guerre et la vie d'un pieux chartreux, laquelle sans l'amour de l'étude ne peut être que triste et maussade.

Dans le Menteur, je décris certains caractères qui sont nés pour mentir, espèce d'hommes la plus exécrable de toutes. Plût à Dieu qu'il y en eût moins!

Dans le colloque : le Jeune homme et la Fille de joie, est-ce que je ne rends pas chastes même les mauvais lieux? Que pouvait-on dire de plus efficace soit pour inspirer aux jeunes gens l'amour de la pudeur, soit pour retirer d'un genre de vie non moins misérable qu'infâme les filles qui font métier de la prostitution? Quelques personnes se sont scandalisées d'un mot, parce que la jeune impudique, caressant le jeune homme, l'appelle sa mentule, bien que chez nous cette expression soit très-usitée, même dans la bouche des femmes honnêtes. Celui qui s'en offense n'a qu'à écrire, au lieu de ma mentule, ma joie, ou tel autre terme qu'il lui plaira.

Dans le Repas poétique, je montre comment doit être le repas entre les gens d'étude; frugal, mais spirituel et enjoué, assaisonné de propos littéraires, sans dispute, sans dénigrement, sans obscénité.

Dans l'Inquisition, j'expose les principes du catholicisme avec plus de force et de clarté que ne l'ont fait certains théologiens d'un grand nom, parmi lesquels je place Gerson lui-même, que je cite par honneur. Je mets en scène un luthérien afin de rétablir plus facilement l'accord entre ceux qui s'entendent sur les principaux articles de l'orthodoxie. Si je n'ai point ajouté la seconde partie de l'Inquisition, c'est à cause de la violente exaspération des esprits dans les temps où nous vivons.

Dans l'Entretien des vieillards ne voit-on pas comme dans un miroir une foule de choses qui sont à fuir dans la vie ou qui rendent la vie tranquille ? Il vaut mieux que les jeunes gens soient instruits de tout cela par des conversations gaies que par l'expérience. Socrate a fait descendre la philosophie du ciel sur la terre ; à mon tour, je l'ai introduite dans les jeux, les conversations et les repas, car il faut que les amusements des chrétiens respirent la philosophie.

Dans les Mendiants riches que de choses d'après lesquelles les pasteurs campagnards, ignorants et grossiers, et rien moins que pasteurs, peuvent corriger leur vie ; ensuite contre la sotte vanité des costumes, puis contre la démence de ceux qui détestent l'habit des moines, comme si par lui-même cet habit était mauvais ! Je montre en passant tels que doivent être les moines qui courent les villages. Car il n'y en a pas beaucoup qui ressemblent à ceux que je dépeins ici.

Dans la Savante, tout en rappelant l'ancien exemple des Paule, des Eustochie et des Marcelle, qui à la pureté des mœurs joignirent l'étude des lettres, je me sers de l'exemple d'une femme mariée pour pousser les moines et les abbés, ennemis des saintes lettres, adonnés au luxe, à l'oisiveté, à la chasse et au jeu, vers un genre d'occupation qui leur convient mieux.

Dans le Spectre, je découvre les fourberies des imposteurs qui abusent de la crédulité des âmes simples en feignant des apparitions de démons et d'esprits et des voix prophétiques. Que de mal ces artifices ont causé à la piété chrétienne ! Or, comme les gens simples et ignorants sont le plus exposés aux tromperies de ce genre, j'ai voulu faire voir par un exemple amusant de quelle façon s'opère l'imposture. C'est ainsi qu'on en a imposé au pape

Célestin; c'est ainsi qu'à Berne un jeune homme a été mystifié par des moines; c'est ainsi qu'aujourd'hui encore beaucoup de gens sont dupes d'oracles mensongers.

L'Alchimie, qui en impose même aux gens doctes et sensés, n'est pas la moindre partie des misères humaines, tant cette maladie plaît à ceux qui en sont atteints. A côté d'elle se place la Magie naturelle, dont l'objet est le même et qui séduit par son surnom. Je blâme de semblables impostures dans le *Maquignon* et la *Mendicité*, puis dans le *Repas anecdotique*. Quand ces colloques n'apprendraient aux enfants qu'à parler latin, n'aurai-je pas plus de mérite d'avoir atteint ce but sous forme d'amusement et de plaisir, que ceux qui fourrent dans la tête des malheureux jeunes gens les *Mametrectus*, les *Catholicon* et les *Significandi modi*?

Dans l'*Accouchée*, outre la connaissance des choses naturelles, que de réflexions morales sur le soin des mères envers leurs enfants, qui, d'abord petits, deviendront bientôt grands!

Dans le *Pèlerinage*, je blâme ceux qui, en guerre, ont banni toutes les images des temples, et ceux qui ont la folie des voyages entrepris sous le couvert de la religion, ce qui a même donné lieu à des confréries. Ceux qui ont été à Jérusalem prennent le nom de chevaliers de l'Éperon d'or; ils se traitent de frères, et, le jour des Rameaux, ils jouent sérieusement une comédie ridicule, traînant un âne avec une corde, et ne différant guère eux-mêmes de l'âne de bois qu'ils traînent. Ceux qui sont allés à Compostelle en font autant. Sans doute il faut pardonner cela à la faiblesse humaine, mais ne point souffrir qu'on s'en fasse des titres à la piété. Je censure également ceux qui montrent comme authentiques des reliques douteuses, qui leur attribuent plus de mérite qu'elles n'en ont, et qui s'en font un gain sordide.

Dans l'*Ichthyophagie*, je traite la question des constitutions humaines, que quelques-uns rejettent complétement, au mépris de la raison, tandis que d'autres les préfèrent presque aux lois divines, sans parler de ceux qui abusent des constitutions divines et humaines au profit de leur intérêt et de leur tyrannie. Je tâche donc d'amener les deux partis à la modération. J'étudie d'où sont nées les constitutions humaines, et par quels degrés elles sont arrivées au point où elles sont; qui elles obligent et dans quelle mesure; à quoi elles sont bonnes; en quoi elles diffèrent des constitutions divines. Je signale en passant les jugements à rebours dont le monde est plein depuis longtemps et qui ont donné naissance à tous ces troubles qui agitent l'univers. Je me suis un peu étendu sur ce sujet, afin de fournir aux savants l'occasion d'approfondir la matière, car tout ce que l'on a publié jusque-là ne satisfait point la curiosité. Je ne me suis pas attaché à flétrir la débauche, l'ivrognerie, l'adultère, parce que ces vices ne trompent personne; les vices dangereux pour la vraie piété sont ceux que l'on ne remarque pas ou qui séduisent par un faux air de sainteté. Si l'on m'accuse d'avoir prêté une controverse théologique à des personnages grossiers, ces sortes de discussions sont communes dans tous les repas, et de tels personnages étaient nécessaires pour traiter le sujet d'une manière simple et familière.

Dans l'Enterrement, comme la mort révèle ordinairement la confiance des chrétiens, j'ai dépeint dans deux laïques deux genres de mort opposés, en mettant sous les yeux comme dans une vivante image la fin différente de ceux qui se fient à des choses mensongères et de ceux qui ont fondé dans la miséricorde du Seigneur l'espoir de leur salut. Je critique en passant la folle vanité des riches qui étalent même au delà de la mort leur luxe et leur orgueil, que la mort devrait du moins effacer. Je blâme également le tort de ceux qui, dans leur intérêt, abusent de la folie des riches, qu'ils devraient surtout corriger. Qui osera dire la vérité aux grands et aux riches, si les moines, qui font profession d'être morts au monde, caressent leurs vices? Si les portraits que j'ai dépeints n'existent pas, j'ai du moins mis sous les yeux un exemple qu'il faut éviter; si, au contraire, il se passe communément des faits bien plus exécrables que ceux que j'ai cités, les esprits droits reconnaîtront ma modération et se corrigeront de leurs défauts; s'ils n'ont rien à se reprocher, ils corrigeront ou réprimeront les défauts d'autrui. Je n'ai blessé aucun ordre, à moins que ce ne soit accuser tout le christianisme que de faire quelques observations, à titre d'avertissement, contre les mœurs corrompues des chrétiens. Ceux qui sont si sensibles à l'honneur de l'ordre auraient dû commencer par contenir ceux dont la conduite déshonore publiquement leur ordre. Mais du moment qu'ils les reconnaissent pour leurs frères, qu'ils les entourent de leur affection et de leur appui, de quel front osent-ils se plaindre que l'on blesse la dignité de l'ordre par de sages avertissements? D'ailleurs, pourquoi ménager telle ou telle congrégation humaine jusqu'à lui sacrifier l'intérêt général des chrétiens?

Dans la Différence des mots et des choses, je blâme les jugements à rebours de certaines gens.

Dans le Repas disparate, j'indique ce qu'exige la civilité.

Dans Caron, je maudis la guerre entre les chrétiens.

Dans le Synode des grammairiens, je me moque du savoir d'un certain chartreux, très-docte selon lui, qui, après s'être emporté follement contre la littérature grecque, vient de donner à son livre un titre grec, mais d'une façon ridicule, en appelant Anticomaritœ ceux qu'il aurait dû nommer Antimariani ou Antidicomariani.

Dans le Cyclope, je blâme ceux qui ont toujours l'Évangile à la bouche, et dont la vie n'a rien d'évangélique.

Dans l'Union mal assortie, je mets sous les yeux du public la folie de ceux qui, dans les fiançailles, calculent l'importance de la dot, sans s'inquiéter si le futur n'est pas atteint d'un mal pire que la lèpre. Cette manière d'agir est aujourd'hui si commune que personne ne s'en étonne, quoiqu'il n'y ait rien de plus cruel pour les enfants.

Dans la Fausse Noblesse, je dépeins une espèce d'hommes qui sous ombre de noblesse s'imaginent que tout leur est permis. Cette peste infecte surtout l'Allemagne.

Dans le Petit Sénat, je voulais relever certains défauts des femmes, avec modération toutefois et sans imiter le ton de Juvénal; mais à peine avais-je commencé qu'un certain chevalier sans cheval apparut comme le loup de la fable. Ce qui reste vise généralement à plaire, mais d'une façon délicate : ce n'est point là déshonorer un ordre, mais l'instruire. On servirait bien mieux tous les ordres en général et en particulier, si, renonçant à la fureur de dénigrer, nous acceptions tous loyalement tout ce qui est inspiré par de bonnes intentions dans l'intérêt public. Les talents sont différents, les goûts varient, et l'homme peut de mille manières accomplir le devoir. On a loué le travail de Juvencus, qui a mis en vers l'histoire sacrée des Évangiles. Arator, qui en a fait autant pour les Actes des Apôtres, n'a pas été frustré de sa gloire. Saint Hilaire sonne de la trompette contre les hérétiques, suivant l'expression de saint Augustin. Saint Jérôme combat par des dialogues; Prudence lutte avec différents genres de vers; saint Thomas et Scot livrent bataille sous l'égide de la dialectique et de la philosophie. Tous ont le même mobile, mais chacun emploie des moyens différents. La diversité qui vise au même but n'est point blâmée. On fait lire d'abord aux enfants Pierre d'Espagne afin de leur faciliter l'intelligence d'Aristote. C'est leur faire faire de véritables progrès que de leur inspirer le goût de l'étude. De même ce livre, mis entre les mains de l'enfance, la rendra plus apte à une foule de connaissances, à la poésie, à la rhétorique, à la physique, à la morale, enfin à tous les devoirs de la piété chrétienne. Je remplis le rôle d'un fou en me faisant moi-même le panégyriste de mes œuvres; mais j'y suis forcé, d'une part par la méchanceté de gens qui dénigrent tout, et de l'autre par l'intérêt de la jeunesse chrétienne à laquelle nous devons consacrer tous nos efforts.

Bien que ce soit là une vérité qui saute aux yeux de tous ceux qui ont étudié les belles-lettres, on ne laisse pas de rencontrer une espèce d'hommes d'une absurdité étonnante[1]. Les Français les nomment députés, sans doute parce qu'ils sont mal réputés ou du moins réputés au delà de leur mérite. Ces gens-là déclarent

---

1. Érasme entend par là les docteurs de la Sorbonne qui condamnèrent ses Colloques.

que mes Colloques sont un ouvrage que doivent fuir principalement les moines, dits religieux, et les jeunes gens, attendu qu'on y fait peu de cas des jeûnes et abstinences de l'Église; qu'on y tourne en dérision les suffrages de la bienheureuse Vierge et des saints; que la virginité, comparée au mariage, y est représentée comme rien ou peu de chose; qu'on y dissuade tout le monde d'entrer en religion, et que des questions de théologie ardues et difficiles y sont proposées à des grammairiens, contrairement aux statuts jurés par les maîtres ès arts. Tu reconnais là, cher lecteur, l'éloquence attique. Pour répondre en premier lieu au dernier reproche, je ne sais pas ce que les maîtres ès arts proposent aux grammairiens; ce qui est dit dans les Colloques au sujet du symbole, de la messe, du jeûne, des vœux, de la confession, ne renferme aucune difficulté théologique, mais est de nature à ne devoir être ignoré de personne. Et puisqu'on fait lire aux enfants les Épîtres de saint Paul, quel danger y a-t-il à leur donner le goût de la discussion théologique? En outre, puisque mes adversaires n'ignorent point qu'on propose aux enfants qui commencent leur philosophie, relativement aux personnes divines, des questions ambiguës, d'une très-grande difficulté, pour ne pas dire d'une subtilité oiseuse, pourquoi ne veulent-ils pas que les enfants apprennent ce qui intéresse le commun de la vie? S'ils croient que tout ce que l'on peut dire sur les personnes divines est sans importance, ils n'ignorent pas sans doute qu'il existe dans les écrits des évangélistes et des apôtres mille passages qui, suivant cette règle, renferment un blasphème manifeste. Dans plusieurs endroits j'approuve le jeûne, je ne le condamne nulle part. Si quelqu'un dit le contraire, je prouverai qu'il ment avec la dernière impudence. Mais, dit-on, dans la Piété de l'enfance, on lit ces mots : « Je n'ai rien à démêler avec le jeûne. » Supposons que ces paroles soient dites sous le masque d'un soldat ou d'un homme ivre, Érasme condamne-t-il pour cela le jeûne? Je ne crois pas. Maintenant ces paroles sont dites par un adolescent qui n'est pas encore adulte et que la loi n'oblige pas à jeûner. Toutefois, cet adolescent se prépare aux jeûnes réguliers, car il ajoute : « Si j'en sens la nécessité, je déjeune et je dîne sobrement afin d'être plus apte aux exercices de piété pendant les jours de fête. »

Les paroles suivantes qu'on lit dans le Repas profane montrent combien je condamne les abstinences : « En général, ce n'est pas le fait mais l'intention qui nous distingue des Juifs. Ceux-ci ne touchaient pas à de certains aliments comme à des choses immondes et pouvant souiller l'âme. Nous qui savons que tout est pur pour les cœurs purs, nous privons cependant de nourriture la chair rebelle, comme un cheval fougueux, afin qu'elle soit plus docile à la voix de l'Esprit. Nous corrigeons quelquefois par les rigueurs de l'abstinence l'usage immodéré des choses agréables. » *Un peu plus loin, j'explique pourquoi l'Église interdit l'usage de certains aliments.* « Cette interdiction, *dis-je*, profitera à tout le monde. Les pauvres pourront se nourrir d'escargots et de grenouilles, croquer des oignons et des poireaux. Les gens d'une fortune médiocre se procureront un peu de marée. Si les riches saisissent cette occasion pour satisfaire leur sensualité, ce sera la faute de leur gourmandise et non celle des constitutions de l'Église. » *Je continue sur ce ton, puis j'ajoute :* « Je sais que les médecins condamnent fort l'usage du poisson; mais nos pères en ont jugé autrement, et la religion commande de leur obéir. » *En même temps je montre qu'il faut éviter en cela de scandaliser les faibles.*

Il est également faux que dans les Colloques on tourne en dérision les suffrages de la bienheureuse Vierge et des autres saints. Je me moque de ceux qui demandent aux saints des choses qu'ils n'oseraient demander à un honnête homme, ou qui s'adressent à certains saints dans la persuasion que telle ou telle faveur dépend de tel ou tel saint plutôt que de tel autre ou du Christ lui-même. Loin de là, dans la Piété de l'enfance, l'enfant s'exprime ainsi : « J'ai présenté mes hommages à quelques personnes. — A qui ? — Au Christ et à des saints. » *Et un peu plus loin :* « J'adresse encore une courte salutation à Jésus, aux saints et aux saintes, mais particulièrement à la Vierge mère et à mes patrons. » *Il cite plus bas par leur nom les saints qu'il salue tous les jours.*

Quoi d'étonnant que l'Amant qui aspire à la main de sa maîtresse loue le mariage et prétende qu'une chaste union est presque aussi estimable que la virginité, quand saint Augustin met la polygamie des patriarches au-dessus de notre célibat!

Ce que l'on m'objecte au sujet de l'entrée en religion est d'une fausseté manifeste à en juger par mes paroles dans la Fille ennemie du mariage. La jeune fille s'exprime ainsi : « Vous condamnez donc entièrement cette profession? » *Le jeune homme répond :* « Nullement. Mais, de même que je ne voudrais pas conseiller à quelqu'un qui s'est jeté dans ce genre de vie de s'efforcer d'en sortir, j'engage volontiers toutes les jeunes filles et principalement celles qui annoncent un bon naturel à ne pas se lancer étourdiment dans un guêpier dont elles ne pourront plus se dépêtrer. » *Telle est la conclusion de ce dialogue nonobstant les arguments invoqués de part et d'autre. Je le demande, est-ce là dissuader tout le monde d'entrer en religion? On ne blâme point ceux qui y entrent, mais ceux qui s'y jettent sans réflexion. Mes adversaires dénaturent malicieusement cela dans le but de calomnier, sans considérer combien de choses y apprennent les grammairiens qui combattent les décrets des luthériens.*

Dans la Piété de l'enfance, on indique la manière d'entendre la messe convenablement et utilement; on enseigne de même à faire une confession bonne et efficace. On avertit l'enfant qu'avant de recevoir l'Eucharistie il doit purifier son âme par la confession. On y apprend également aux grammairiens que les pratiques mises en usage chez les chrétiens, lors même qu'elles ne sont pas recommandées par les Saintes Écritures, doivent être observées uniquement pour ne scandaliser personne.

Dans le Repas profane, il est démontré qu'on doit obéir plutôt aux constitutions des papes qu'aux avis des médecins; mais on fait remarquer qu'en cas de nécessité, l'autorité de la constitution humaine et le vœu du législateur perdent leur effet. Dans le même dialogue, un interlocuteur approuve la libéralité envers les communautés de moines, à la condition de donner pour le nécessaire, non pour le luxe, et de donner surtout à ceux qui observent la discipline de leur ordre.

Voici ce qu'on lit au sujet des constitutions humaines dans le colloque l'Ichthyophagie : « Y contredise qui voudra ; pour moi, je suis d'avis que les lois de nos pères doivent être accueillies avec respect et observées religieusement comme venant de Dieu, et qu'il n'est ni prudent ni pieux de concevoir ou de semer de mauvais soupçons sur l'autorité publique. S'il se présente quelque mesure tyrannique qui toutefois n'entraîne point à l'impiété, il vaut mieux la supporter que lui opposer une résistance séditieuse. » Les grammairiens apprennent beaucoup de choses semblables dans mes Colloques qui sont l'objet de telles censures. Mais, ajoutent mes adversaires, il est inconvenant pour un théologien de badiner. Qu'ils me permettent du moins de faire devant des enfants ce qu'ils se permettent eux-mêmes d'homme à homme dans leurs vespéries [1], mot absurde par lequel ils désignent une chose absurde.

J'ai montré que les sottes accusations portées contre moi par des Espagnols sont de pures rêveries de gens dépourvus de bon sens et qui ne savent pas le latin. C'est avec la même ignorance qu'un certain personnage a prétendu qu'il était hérétique de dire, dans le Symbole, que le Père est le principe unique (auctor) de toutes choses. Trompé par son ignorance du latin, il s'imagine qu'auctor ne signifie pas autre chose que créateur ou fabricateur. Mais s'il consultait ceux qui connaissent l'élégance de la langue latine, s'il lisait saint Hilaire et d'autres vieux auteurs, il verrait que le mot auctoritas est l'équivalent de ce que les scolastiques nomment la supériorité par excellence, qu'ils attribuent

---

[1]. On appelle ainsi le dernier acte de théologie que soutenait un licencié avant de recevoir le bonnet de docteur. Cet acte avait lieu le soir ; de là son nom.

spécialement au *Père*, lequel ils désignent souvent sous le nom d'*auctor* lorsqu'ils comparent les personnes entre elles. A-t-on raison de dire que le Père est la cause du Fils? Cela m'importe peu, attendu que je ne me suis jamais servi de ce mot; mais ce qu'il y a de très-vrai, c'est que nous ne pouvons parler de Dieu qu'en termes impropres, et que les mots: source, principe ou origine, ne sont pas plus propres que le mot cause.

Considère maintenant, cher lecteur, quels sont ces hommes qui par leurs jugements conduisent quelquefois les autres sur le bûcher. Rien n'est plus honteux que de blâmer ce que l'on ne comprend pas. Cette manie de chicaner sur tout, qu'engendre-t-elle, sinon l'aigreur et la discorde? Ah! plutôt interprétons favorablement les opinions d'autrui, ne tenons point à passer nous-mêmes pour des oracles et ne considérons point comme tels les jugements de ceux qui ne comprennent pas ce qu'ils lisent. Le conseil où préside la haine rend un jugement aveugle. Que le Saint-Esprit, ce pacificateur universel qui se sert de ses voix de différentes manières, nous rende tous pleins d'accord et d'union dans la saine doctrine et les saintes mœurs, afin que nous ayons le bonheur d'habiter en commun la Jérusalem céleste qui ne connaît pas la discorde. Ainsi soit-il.

Bâle, le 20 juin 1527.

ÉRASME DE ROTTERDAM

A JEAN-ÉRASME FROBEN

ENFANT DE LA PLUS BELLE ESPÉRANCE

SALUT

L'OUVRAGE que je t'ai dédié, très-cher Érasme, a dépassé mon attente; c'est à toi de faire en sorte de ne pas tromper mon espoir. Ce livre est tellement goûté, il s'enlève si vite, la jeunesse studieuse se plaît tant à le lire, que ton père a été obligé de le réimprimer plusieurs fois et que j'ai dû, à diverses reprises, l'enrichir de nouveaux suppléments. On pourrait lui appliquer l'épithète d'Ἐράσμιος [1], car il fait les délices des adorateurs des Muses. Il faut donc déployer tous tes efforts pour justifier ton nom, c'est-à-dire pour te faire aimer de tous les gens de bien par ton savoir et par tes vertus. Ce serait une honte impardonnable si, lorsque ce livre a rendu tant de gens et plus habiles en latin et meilleurs, tu ne cherchais pas à recueillir les mêmes avantages que tous ont obtenu par toi.

---

[1]. Mot grec qui signifie *aimable* et qui a fourni à Érasme son nom.

Quand une foule de jeunes gens te rendent grâces à cause des Colloques, ne serait-il pas vraiment absurde que, par ta faute, tu ne pusses pas me rendre grâces au même titre? Ce petit livre a atteint une dimension raisonnable; tâche aussi, à mesure que tu croîtras en âge, de croître en science et en vertu. On fonde sur toi de hautes espérances; il est nécessaire d'y répondre, il sera glorieux de les surpasser, mais assurément tu ne peux les tromper sans te couvrir de honte. Je ne dis pas cela pour être mécontent de tes progrès jusqu'à présent, mais afin de stimuler ta course et de lui imprimer plus d'ardeur; d'autant plus que tu es entré dans l'âge qui est plus propre à recevoir les semences de la science et de la vertu. Fais donc en sorte que l'on puisse dire que ces Colloques sont véritablement les tiens. Que le Seigneur Jésus conserve ton adolescence pure de toute souillure, et qu'il te fasse toujours progresser dans le bien! Adieu.

Bâle, le 1ᵉʳ août 1524.

LES COLLOQUES

D'ÉRASME

LES VOEUX IMPRUDENTS

ARNOLD, CORNEILLE.

Arnold. Je vous salue bien, Corneille; il y a près d'un siècle que je vous attends.

Corneille. Salut, ami très-désiré.

Arnold. Nous désespérions de vous revoir. Où avez-vous voyagé pendant si longtemps?

Corneille. Aux enfers.

Arnold. Ce que vous dites là n'est pas tout à fait invraisemblable, tant vous revenez malpropre, maigre et pâle!

Corneille. J'arrive, au contraire, de Jérusalem et non du fond de l'Érèbe.

Arnold. Quel dieu ou quel vent vous a poussé là-bas?

Corneille. Quel motif y pousse tant d'autres?

Arnold. La folie, si je ne me trompe.

Corneille. Le blâme ne retombe donc pas sur moi seul.

Arnold. Qu'alliez-vous chercher là-bas?

Corneille. La misère.

Arnold. Vous pouviez la trouver chez vous. Y a-t-il quelque chose que vous jugiez digne d'être vu?

Corneille. A vous parler franchement, presque rien. On montre quelques monuments de l'antiquité qui me paraissent tous apocryphes et inventés pour attirer les gens simples et crédules. Je crois même que l'on ne sait pas au juste en quel endroit était située jadis Jérusalem.

Arnold. Qu'avez-vous donc vu?

Corneille. Partout l'empreinte de la barbarie.

Arnold. Ne revenez-vous pas plus dévot?

Corneille. Au contraire, je suis pire sous bien des rapports.

Arnold. Vous êtes donc plus chargé d'écus?

Corneille. Je suis plus nu qu'une peau de serpent.

Arnold. Ne regrettez-vous pas d'avoir entrepris vainement un si long voyage?

Corneille. Je n'en rougis pas, parce que je vois une foule de gens qui ont partagé ma folie; je ne m'en repens pas, parce que maintenant le repentir ne servirait à rien.

Arnold. Ne rapportez-vous pas quelque fruit d'un voyage si pénible?

Corneille. Si fait.

Arnold. Lequel?

Corneille. Je vivrai désormais plus agréablement.

Arnold. Est-ce parce qu'il est doux de se rappeler les souffrances passées?

Corneille. Oui, c'est quelque chose, mais ce n'est pas tout.

Arnold. Y a-t-il un autre avantage?

Corneille. Certainement.

Arnold. Lequel? Dites-le-moi.

Corneille. Je me causerai à moi et aux autres un grand plaisir, quand il m'en prendra envie, en mentant chaque fois que je raconterai mon voyage dans les réunions ou dans les repas.

Arnold. Certes, votre calcul n'est pas mauvais.

Corneille. Ensuite je n'éprouverai pas moins de plaisir à entendre les autres mentir sur des choses qu'ils n'ont jamais vues ni entendues. Ils le font avec tant de confiance que, lorsqu'ils racontent des choses plus futiles que les fadaises siciliennes, ils s'imaginent dire la vérité.

Arnold. Singulier plaisir. Vous n'aurez pas tout à fait perdu, comme l'on dit, votre huile et votre peine.

Corneille. Je crois du moins avoir agi plus sagement que ceux qui s'engagent pour un peu d'argent et partent pour la guerre, qui est l'école de tous les crimes.

Arnold. Mais c'est un plaisir dégradant que celui qu'on goûte par le mensonge.

Corneille. C'est moins dégradant que de se plaire à la médisance ou de perdre au jeu son temps et son avoir.

Arnold. En vérité, je suis forcé de partager votre avis.

Corneille. Il y a encore un autre avantage.

Arnold. Lequel ?

Corneille. Si un de mes bons amis est atteint de cette folie, je lui conseillerai de rester chez lui, de même que les matelots, échappés au naufrage, avertissent les navigateurs des périls qu'ils ont à éviter.

Arnold. Plût à Dieu que vous m'eussiez donné ce conseil en temps utile !

Corneille. Quoi ! avez-vous été pris d'une semblable maladie ? Cette contagion vous a-t-elle aussi frappé ?

Arnold. Je suis allé à Rome et à Compostelle.

Corneille. Grand Dieu ! que je suis heureux de trouver en vous un compagnon de ma folie ! Quelle Pallas vous a suggéré cette idée ?

Arnold. Ce n'est point Pallas, mais la Folie en personne, surtout quand j'avais à la maison une femme encore jeune, des enfants et des serviteurs qui dépendaient de moi et que je nourrissais de mon travail quotidien.

Corneille. Il a fallu un motif sérieux pour vous séparer de tout ce que vous aviez de plus cher. Racontez-moi cela, je vous prie.

Arnold. J'ai honte de le dire.

Corneille. Pas à moi qui, comme vous le savez, ai été possédé du même mal.

Arnold. Nous buvions entre voisins. Quand le vin nous eut monté à la tête, il y en eut un qui dit qu'il voulait rendre visite à saint Jacques, un autre à saint Pierre. Aussitôt un ou deux promirent de les accompagner. Enfin, il fut décidé que tout le monde y irait. Craignant de passer pour un compagnon peu facile, je promis aussi. Alors on se mit à délibérer si nous irions de préférence à Rome ou à Compostelle. On rédigea un sénatus-consulte portant que tous partiraient le lendemain sous de bons auspices pour les deux localités.

Corneille. O le grave décret, plus digne d'être inscrit sur le vin que sur l'airain !

Arnold. Aussitôt une large coupe circule à la ronde. Quand chacun l'a toute bue à son tour, le vœu est réputé inviolable.

Corneille. Étrange religion ! Sont-ils tous revenus sains et saufs ?

Arnold. Tous, excepté trois, dont l'un mourut au moment du départ et nous recommanda de saluer pour lui saint Pierre et saint Jacques. Le second mourut à Rome et nous pria de saluer en son nom sa femme et ses enfants. Nous laissâmes le troisième à Florence dans un état désespéré. Je le crois maintenant au ciel.

Corneille. Il était donc très-pieux ?

Arnold. Au contraire, c'était un grand libertin.

Corneille. Pourquoi supposez-vous donc cela ?

Arnold. Parce qu'il avait une besace gonflée d'indulgences plénières.

Corneille. J'entends ; mais la route est longue pour aller au ciel, et on la dit peu sûre à cause des voleurs qui interceptent le milieu de l'air.

Arnold. Oui, mais il était suffisamment muni de passe-ports.

Corneille. Écrits en quelle langue ?

Arnold. En langue romaine.

Corneille. Il est donc en sûreté?

Arnold. Oui, à moins de rencontrer par hasard un génie qui ne sache pas le latin. En ce cas il lui faudra retourner à Rome pour réclamer un nouveau passeport.

Corneille. Vend-on aussi là-bas des bulles aux morts?

Arnold. Parfaitement.

Corneille. Je dois vous donner un conseil, c'est de ne point parler inconsidérément, car aujourd'hui tout est plein de mouchards.

Arnold. Je ne rabaisse nullement les indulgences; je me moque de la folie de mon compagnon de bouteille qui, étant un libertin fieffé, a fait consister, comme l'on dit, la proue et la poupe de son salut dans un parchemin plutôt que dans la réforme de ses passions. Mais quand jouirons-nous du plaisir dont vous me parliez tout à l'heure?

Corneille. Dès que nous aurons le temps, nous préparerons une collation à laquelle nous inviterons des gens de notre rang; là, nous mentirons à qui mieux mieux et nous prendrons plaisir à prodiguer mutuellement les mensonges.

Arnold. C'est entendu.

LA CHASSE AUX BÉNÉFICES

PAMPHAGE, COCLÈS.

PAMPHAGE. Ou j'ai la berlue, ou j'aperçois mon vieux compagnon de bouteille, Coclès.

Coclès. Non, tes yeux ne te trompent pas : tu vois ton camarade dévoué. Nous n'espérions plus ton retour après tant d'années d'absence ; tout le monde ignorait en quel endroit de la terre tu te trouvais. Mais d'où viens-tu ? Dis-le-moi, je t'en prie.

Pamphage. Des Antipodes.

Coclès. Je crois, au contraire, que tu reviens des îles Fortunées.

Pamphage. Je suis bien aise que tu aies reconnu ton

camarade, car je craignais en rentrant chez moi d'éprouver le sort d'Ulysse.

Coclès. Qu'est-il arrivé à Ulysse?

Pamphage. Sa femme ne l'a pas reconnu. Seul un vieux chien, en remuant la queue, a reconnu son maître.

Coclès. Depuis combien d'années était-il absent?

Pamphage. Depuis vingt ans.

Coclès. Ton absence a été plus longue, et pourtant ta figure ne m'a pas trompé. Mais qui raconte cela d'Ulysse?

Pamphage. Homère.

Coclès. Oh! on dit que c'est le père de la Fable. La femme d'Ulysse, dans l'intervalle, s'était peut-être pourvu d'un autre taureau, et c'est pour cela qu'elle n'aura pas reconnu son mari.

Pamphage. Du tout, il n'y avait rien de plus chaste qu'elle; mais Pallas avait vieilli Ulysse pour empêcher de le reconnaître.

Coclès. A quoi l'a-t-on enfin reconnu?

Pamphage. A une grosseur qu'il avait à un orteil; sa nourrice, qui était extrêmement vieille, s'en aperçut en lui lavant les pieds.

Coclès. O la curieuse Lamie! Et tu t'étonnes que je t'aie reconnu à ton fameux nez?

Pamphage. Je ne regrette pas mon nez.

Coclès. Tu n'as pas lieu de regretter un instrument qui te sert à tant de choses.

Pamphage. A quoi?

Coclès. D'abord, il te tiendra lieu d'éteignoir pour éteindre les chandelles.

Pamphage. Après?

Coclès. Ensuite, si tu as quelque chose à retirer d'un trou profond, il te servira de trompe.

Pamphage. Bah!

Coclès. Si tes mains sont embarrassées, tu pourras t'en faire un pieu.

Pamphage. Est-ce tout?

Coclès. Il te servira à allumer le feu, à défaut de soufflet.

Pamphage. C'est très-joli; et ensuite?

Coclès. Si la lumière te gêne pour écrire, il te prêtera de l'ombre.

Pamphage. Ah! ah! ah! n'as-tu plus rien à dire?

Coclès. Dans un combat naval il te servira de grappin.

Pamphage. Et dans un combat de terre?

Coclès. Il te tiendra lieu de bouclier.

Pamphage. Ensuite?

Coclès. Il te servira de coin pour fendre le bois.

Pamphage. Bien.

Coclès. Il te servira de trompette pour faire le crieur public; de clairon pour sonner la charge; de hoyau pour bêcher; de faucille pour moissonner; d'ancre pour naviguer; de fourchette pour manger; d'hameçon pour pêcher.

Pamphage. Suis-je heureux! Je ne me savais pas porteur d'un meuble si utile.

Coclès. Mais, en attendant, quel coin de terre t'a possédé?

Pamphage. Rome.

Coclès. Comment se fait-il que dans un tel foyer de lumières personne n'ait su que tu étais vivant ?

Pamphage. Au contraire, nulle part les honnêtes gens ne sont mieux cachés : c'est au point que souvent on n'en voit pas un seul en plein midi sur les places les plus fréquentées.

Coclès. Tu nous reviens donc chargé de bénéfices ?

Pamphage. A la vérité j'ai chassé tant que j'ai pu, mais Diane m'a été peu favorable. Il y en a beaucoup dans ce pays-là qui pêchent, comme l'on dit, avec un hameçon d'or.

Coclès. Sotte manière de pêcher.

Pamphage. Elle profite pourtant à quelques-uns, mais ce jeu ne réussit pas à tout le monde.

Coclès. N'est-ce pas une folie insigne d'échanger de l'or contre du plomb ?

Pamphage. Tu ne comprends pas que le plomb sacré renferme des veines d'or.

Coclès. Quoi ! tu ne ramènes donc tout simplement que Pamphage ?

Pamphage. Non.

Coclès. Quoi donc ?

Pamphage. Un loup affamé.

Coclès. Les ânes qui s'en reviennent chargés de gros bénéfices sont plus heureux. Pourquoi préfères-tu un bénéfice à une femme ?

Pamphage. Parce que j'aime le repos. J'adore la vie d'épicurien.

Coclès. Mais, à mon sens, on vit plus agréablement en ayant chez soi une jolie femme que l'on embrasse quand on veut.

Pamphage. Ajoute encore : quelquefois quand on ne veut pas. J'aime un plaisir constant. Celui qui prend femme est heureux un mois ; celui qui obtient un gros bénéfice est heureux toute sa vie.

Coclès. Mais la solitude est triste, au point qu'Adam n'aurait pas goûté de bonheur dans le paradis si Dieu ne lui eût adjoint Ève.

Pamphage. Ève ne manque pas à qui possède un riche bénéfice.

Coclès. Mais le plaisir n'est plus du plaisir quand il blesse la réputation et la conscience.

Pamphage. Tu dis vrai : aussi ai-je l'intention de tromper l'ennui de la solitude en conversant avec les livres.

Coclès. A la vérité il n'y a point de plus aimable compagnie. Mais retourneras-tu à ta pêche ?

Pamphage. J'y retournerai si je puis préparer une nouvelle amorce.

Coclès. Sera-t-elle d'or ou d'argent ?

Pamphage. L'un ou l'autre.

Coclès. Tu es sans inquiétude ; ton père t'aidera.

Pamphage. Il n'y a rien de plus ladre que lui. Il ne me prêtera plus lorsqu'il verra que j'ai perdu même le capital.

Coclès. Mais c'est la loi du jeu.

Pamphage. Ce jeu-là ne lui plaît pas.

Coclès. S'il refuse, je t'indiquerai où tu pourras prendre autant d'argent que tu voudras.

Pamphage. Quel bonheur ! Voyons, montre-le-moi ; mon cœur bat déjà.

Coclès. C'est sous ta main.

Pamphage. As-tu trouvé un trésor?

Coclès. Si j'en avais trouvé un il serait pour moi et non pour toi.

Pamphage. Si je pouvais réunir cent ducats mon espoir renaîtrait.

Coclès. Eh bien! je vais t'indiquer où tu pourras en puiser cent mille.

Pamphage. Que ne me rends-tu donc heureux? Ne me fais pas mourir plus longtemps, dis, où est-ce?

Coclès. Dans le *Traité de la monnaie* de Budé. Tu y trouveras des myriades innombrables d'espèces d'or ou d'argent.

Pamphage. Va te promener avec ta plaisanterie. Je te payerai avec cela l'argent que je te devrai.

Coclès. Oui, l'argent que je t'aurai prêté sur ce fonds.

Pamphage. Maintenant je connais ton nez.

Coclès. A côté de toi mon nez ne paraît pas.

Pamphage. Si fait, il n'y a pas de plus long nez que le tien; tu es tout nez.

Coclès. Tu plaisantes sur une chose sérieuse. A ce sujet je suis plus tenté de me mordre les lèvres que de rire. L'affaire est trop grave pour badiner. Si tu étais à ma place tu ne plaisanterais pas.

Pamphage. Tu te moques de moi. Tu me railles et me persifles. Tu me tournes en dérision à propos d'une chose qui n'a rien de risible.

Coclès. Je ne me moque point, je dis ce qui est. Je ne ris pas, au contraire je dis la vérité. Je parle sérieusement. Je parle du fond du cœur. Je parle franchement. Je parle avec sincérité.

Pamphage. Je souhaite que ton chapeau se tienne

toujours sur ta tête aussi droit que tu parles sincèrement. Mais il me tarde d'aller chez moi pour voir ce qui s'y passe.

Coclès. Tu trouveras bien du changement.

Pamphage. Je le crois; Dieu veuille que les choses aillent comme je le voudrais !

Coclès. C'est un vœu que tout le monde fait, mais qui jusqu'à présent ne s'est réalisé pour personne.

Pamphage. Les voyages ont cela de bon que l'on finit par se plaire davantage chez soi.

Coclès. J'en doute, car je vois des gens qui les recommencent jusqu'à sept fois, tant cette gale démange ceux qu'elle a une fois atteints.

LA CONFESSION DU SOLDAT

HANNON, THRASYMAQUE.

Hannon. Comment se fait-il que vous reveniez Vulcain, vous qui étiez parti d'ici Mercure ?

Thrasymaque. Qu'entendez-vous par vos Vulcains et par vos Mercures ?

Hannon. Parce qu'au moment de partir vous sembliez avoir des ailes et que maintenant vous boitez.

Thrasymaque. C'est ordinairement comme cela qu'on revient de la guerre.

Hannon. Qu'avez-vous de commun avec la guerre, vous qui êtes plus fuyard qu'un daim ?

Thrasymaque. L'espoir du butin m'avait rendu courageux.

Hannon. Vous rapportez donc un gros magot?

Thrasymaque. Non, ma ceinture est vide.

Hannon. C'est autant de moins pour votre bagage.

Thrasymaque. Mais je reviens chargé de crimes.

Hannon. Voilà un lourd fardeau, si le Prophète dit vrai en appelant le péché du plomb!

Thrasymaque. J'ai vu et j'ai commis là plus de crimes qu'auparavant dans toute ma vie.

Hannon. Qu'a donc d'attrayant la vie militaire?

Thrasymaque. Il n'y a rien de plus criminel et de plus funeste.

Hannon. A quoi songent donc ceux qui, s'engageant pour un écu et souvent même pour rien, courent à la guerre comme à un festin?

Thrasymaque. Je ne puis que penser qu'ils sont tourmentés par les Furies, qu'ils se sont voués à un mauvais démon et à la misère, et qu'ils cherchent uniquement par là à accélérer leur mort.

Hannon. Je le crois aussi : car ils ne peuvent à aucun prix s'adonner à des occupations honnêtes. Mais dites-moi comment s'est passée la bataille et de quel côté a penché la victoire.

Thrasymaque. Le bruit des trompettes, le tonnerre des clairons, les hennissements des chevaux, les cris des hommes, faisaient un tel vacarme que, loin de voir ce qui se passait, je ne savais même pas où j'étais.

Hannon. D'où vient donc que la plupart de ceux qui arrivent de la guerre racontent en détail ce que chacun a dit ou fait, comme s'ils avaient assisté à tout en spectateurs oisifs?

Thrasymaque. A mon avis, ce sont de fameux menteurs. Ce qui a eu lieu dans ma tente, je le sais; ce qui s'est passé sur le champ de bataille, je l'ignore complétement.

Hannon. Ne savez-vous même pas ce qui vous a rendu boiteux?

Thrasymaque. Tout au plus, que Mars me soit toujours défavorable! je crois que j'ai été blessé au genou par une pierre ou par un coup de pied de cheval.

Hannon. Eh bien! moi, je le sais.

Thrasymaque. Vous le savez! Est-ce que quelqu'un vous l'a dit?

Hannon. Non, mais je le devine.

Thrasymaque. Dites-le donc.

Hannon. En fuyant de peur, vous êtes tombé par terre et vous vous êtes heurté contre une pierre.

Thrasymaque. Que je meure si vous n'avez pas mis le doigt dessus! Vous avez deviné la vérité.

Hannon. Rentrez chez vous et racontez vos victoires à votre femme.

Thrasymaque. Elle me chantera des louanges peu agréables, en me voyant revenir tout nu.

Hannon. Comment ferez-vous pour restituer vos rapines?

Thrasymaque. Je les ai restituées depuis longtemps.

Hannon. A qui?

Thrasymaque. Aux femmes de mauvaise vie, aux marchands de vin et à ceux qui m'ont gagné au jeu.

Hannon. C'est agir militairement. Il est juste que l'argent mal acquis se dissipe encore plus mal. Mais, je suppose, on n'a point commis de sacriléges.

Thrasymaque. Si fait, il n'y avait rien de sacré. On n'a respecté ni le profane ni le divin.

Hannon. Comment réparerez-vous le dommage?

Thrasymaque. On prétend que les dommages commis à la guerre n'exigent pas de réparation. Tout ce qui s'y fait s'y fait de plein droit.

Hannon. Du droit de la guerre, sans doute.

Thrasymaque. Précisément.

Hannon. Mais ce droit est une injustice souveraine. Ce n'est point l'amour de la patrie, c'est l'espoir du butin qui vous a conduit à la guerre.

Thrasymaque. Je l'avoue, et je crois que bien peu y vont pour un plus saint motif.

Hannon. Il est beau de partager la folie de plusieurs.

Thrasymaque. Le prédicateur a dit en chaire que la guerre était juste.

Hannon. Cette chaire n'a point l'habitude de mentir. Mais parce que la guerre est juste pour le prince, il ne s'ensuit pas qu'elle soit juste pour vous.

Thrasymaque. J'ai entendu dire par des rabbins qu'il est permis à chacun de vivre de son métier.

Hannon. Joli métier de brûler les maisons, de piller les temples, de violer les religieuses, de dépouiller les malheureux, de tuer des gens inoffensifs !

Thrasymaque. Les bouchers sont payés pour immoler des bœufs : pourquoi blâmer notre métier, parce que nous sommes payés pour immoler des hommes?

Hannon. N'étiez-vous pas inquiet sur le sort de votre âme, s'il vous arrivait de succomber à la guerre?

Thrasymaque. Pas le moins du monde. J'étais très-rassuré, car je m'étais recommandé une fois à sainte Barbe.

Hannon. Vous avait-elle pris sous sa protection?

Thrasymaque. Oui, j'ai cru la voir me faire un petit signe de tête.

Hannon. Quand avez-vous vu cela? le matin?

Thrasymaque. Non, après dîner.

Hannon. Mais à ce moment-là, j'imagine, les arbres même vous ont paru marcher.

Thrasymaque. Comme il devine tout! Mais je comptais principalement sur saint Christophe, dont je contemplais tous les jours l'image.

Hannon. Dans les tentes? Qu'est-ce que les saints ont à faire là?

Thrasymaque. Nous l'avions dessiné au charbon sur un drapeau.

Hannon. Certes, ce saint Christophe de charbon n'est pas, comme l'on dit, un protecteur en bois de figuier. Mais, plaisanterie à part, je ne vois pas comment vous pourrez vous purifier de tant de crimes, à moins d'aller à Rome.

Thrasymaque. Je connais un chemin bien plus court.

Hannon. Lequel?

Thrasymaque. J'irai vers les Dominicains; là, je transigerai un peu avec les commissaires.

Hannon. Même pour des sacriléges?

Thrasymaque. Quand j'aurais dépouillé le Christ en personne et que je lui aurais même coupé le cou, ils ont des indulgences suffisantes et le pouvoir d'accommoder.

Hannon. Tant mieux, si Dieu ratifie votre accommodement.

Thrasymaque. Je crains plutôt que le diable ne le ratifie pas, car Dieu est essentiellement miséricordieux.

Hannon. Quel prêtre choisirez-vous?

Thrasymaque. Celui en qui je reconnaîtrai le moins de gravité et de bon sens.

Hannon. Pour que les deux fassent la paire. Purifié par lui, vous irez communier?

Thrasymaque. Pourquoi pas? Une fois que j'aurai versé ma sentine dans son capuchon, je me serai déchargé de mon fardeau. C'est à celui qui absout de voir.

Hannon. Comment savez-vous s'il vous absout?

Thrasymaque. Je le sais.

Hannon. A quelle marque?

Thrasymaque. Parce qu'il me met la main sur la tête, en marmottant je ne sais quoi.

Hannon. Et si, lorsqu'il vous met la main sur la tête, il vous rendait tous vos péchés, en vous disant tout bas : « Je t'absous de toutes les bonnes actions, n'en ayant rencontré aucune en toi; je te rends à tes mœurs, et je te renvoie tel que je t'ai reçu! »

Thrasymaque. C'est à lui de savoir ce qu'il dit. Il suffit pour moi de me croire absous.

Hannon. Mais vous croyez cela à vos risques et périls. Dieu, à qui vous êtes redevable, ne s'en contentera peut-être pas.

Thrasymaque. Pourquoi vous ai-je rencontré, vous

qui jetez le trouble dans la sérénité de ma conscience ?

Hannon. Félicitez-vous de m'avoir trouvé. La rencontre d'un ami qui donne de sages conseils est d'un bon augure.

Thrasymaque. Je ne sais pas jusqu'à quel point il est bon, mais à coup sûr il est peu agréable.

AVIS D'UN MAITRE

LE MAITRE, L'ENFANT.

Le Maitre. On dirait que vous êtes né non à la cour, mais dans une basse-cour, tant vos manières sont impolies. Un enfant noble doit avoir des manières nobles. Chaque fois que quelqu'un à qui vous devez le respect vous adresse la parole, tenez-vous debout et la tête découverte. Que votre visage ne soit ni triste, ni maussade, ni impudent, ni effronté, ni évaporé, mais qu'il y règne de la modestie et de la gaieté; que vos yeux discrets soient toujours attachés sur la personne à qui vous parlez; ayez les pieds joints, les mains en repos. Ne vous balancez pas tantôt sur une jambe, tantôt sur une autre; ne gesticulez pas des bras, ne vous mordez pas la lèvre, ne vous grattez pas la tête, ne mettez pas les doigts dans vos oreilles. Ayez aussi une mise décente, afin que votre costume, votre air, votre tenue et votre extérieur annoncent une modestie honnête et un bon naturel.

L'Enfant. Si j'essayais?

Le Maître. Essayez.

L'Enfant. Est-ce bien comme cela?

Le Maître. Pas encore.

L'Enfant. Et comme cela?

Le Maître. Peu s'en faut.

L'Enfant. Comme cela?

Le Maître. Ah! vous y êtes, retenez-le bien. Ne soyez ni babillard ni étourdi. Que votre esprit ne batte pas la campagne, mais soyez attentif à ce que l'on vous dit. Si vous avez à répondre, faites-le en peu de mots et sagement, en employant des termes respectueux et en ajoutant quelquefois le surnom de la personne par considération pour elle; de temps en temps fléchissez le genou, surtout en terminant votre réponse. Ne vous retirez pas sans demander permission à votre interlocuteur, ou sans qu'il vous congédie. Maintenant, voyons, donnez-moi un échantillon de votre savoir-faire. Combien y a-t-il de temps que vous avez quitté la maison maternelle?

L'Enfant. Il y a environ six mois.

Le Maître. Il fallait ajouter : Monsieur.

L'Enfant. Il y a environ six mois, Monsieur.

Le Maître. Ne regrettez-vous point votre mère?

L'Enfant. Oui, quelquefois.

Le Maître. Désirez-vous la revoir?

L'Enfant. Je le désirerais, Monsieur, si vous daigniez me le permettre.

Le Maître. Il fallait ici fléchir le genou. C'est bien, continuez de la sorte. Quand vous parlez, prenez garde de vous presser, d'hésiter ou de marmotter entre vos dents, mais habituez-vous à prononcer distinctement, clairement, en articulant bien. Si vous passez devant un vieillard, un magistrat, un prêtre, un docteur ou toute autre personne respectable, n'oubliez pas de vous découvrir et ne craignez pas de fléchir le genou. Faites-en de même quand vous passerez devant une église ou devant l'image de la croix. A table, montrez-vous gai, tout en gardant la décence qui convient à votre âge. Tendez votre assiette le dernier; si on vous offre un morceau délicat, refusez modestement; si on insiste, acceptez en remerciant, puis, après en avoir coupé une petite tranche, rendez le reste à celui qui vous l'a servi ou à l'un de vos proches voisins. Si quelqu'un boit à votre santé, remerciez-le gracieusement, mais pour vous buvez peu; si vous n'avez pas soif, approchez le verre de vos lèvres. Ayez un air riant pour ceux qui vous parlent; ne parlez jamais qu'on ne vous interroge. Si l'on tient des propos déshonnêtes, ne souriez point, mais gardez votre sérieux comme si vous ne compreniez pas. Ne dénigrez personne, ne vous mettez au-dessus de personne. Ne vantez point vos avantages, ne rabaissez pas ceux d'autrui. Soyez poli même envers vos camarades peu fortunés; ne dénoncez personne, ne causez pas indiscrètement. En vous conduisant de la sorte vous obtiendrez des éloges sans exciter l'envie, et vous vous ferez des amis. Si le repas vous paraît trop long, sortez de table après avoir demandé permission et salué les convives. Souvenez-vous bien de ces avis.

L'Enfant. Je tâcherai de ne point les oublier, mon cher précepteur. Avez-vous encore quelque chose à me dire?

Le Maître. Retournez maintenant à vos livres.

L'Enfant. J'y vais.

LA PIÉTÉ DE L'ENFANCE

ÉRASME, GASPARD.

Érasme. D'où venez-vous ? de la taverne ?
Gaspard. Ah ! que dites-vous là ?
Érasme. Du jeu de paume ?
Gaspard. Non plus.
Érasme. Du cabaret ?
Gaspard. Nullement.
Érasme. Puisque je ne parviens pas à deviner, dites-le vous-même ?
Gaspard. Je viens de l'église de Notre-Dame.
Érasme. Qu'aviez-vous à faire là ?
Gaspard. J'ai présenté mes hommages à quelques personnes.

Érasme. A qui?

Gaspard. Au Christ et à des saints.

Érasme. Vous êtes trop dévot pour votre âge.

Gaspard. Du tout; la dévotion convient à tous les âges.

Érasme. Si j'avais envie d'être dévot j'endosserais le froc.

Gaspard. Et moi j'en ferais de même si le froc procurait autant de piété que de chaleur.

Érasme. On dit vulgairement que les enfants qui sont des anges deviennent des démons en vieillissant.

Gaspard. Ce dicton, selon moi, a été forgé par un démon. Je crois, au contraire, qu'il n'y a de vieillard véritablement pieux que celui qui a pris cette habitude dès son jeune âge. Rien ne se retient mieux que ce qu'on apprend dès l'enfance.

Érasme. Qu'est-ce donc que la religion?

Gaspard. C'est le culte pur que l'on rend à la divinité et l'observation de ses commandements.

Érasme. Quels sont ces commandements?

Gaspard. L'énumération en serait longue; mais, pour abréger, la religion consiste en quatre choses.

Érasme. Savoir?

Gaspard. Premièrement, à concevoir une idée juste et pieuse de Dieu et des Saintes Écritures; à ne pas seulement craindre Dieu comme un maître, mais encore à l'aimer de toute notre âme, comme le père le plus bienfaisant; secondement, à conserver précieusement notre innocence, c'est-à-dire à ne faire de tort à personne; troisièmement, à pratiquer la charité, c'est-à-dire à faire du bien à tout le monde autant que possible; quatrièmement, à s'armer de patience. Elle nous aide à supporter avec résignation le mal que l'on nous fait, lorsque nous ne pouvons y remédier; à ne point nous venger et à ne point rendre le mal pour le mal.

Érasme. Certes, vous êtes un bon prédicateur. Mais pratiquez-vous ce que vous enseignez?

Gaspard. Je tâche de le faire aussi virilement que je puis.

Érasme. Comment pouvez-vous le faire virilement, puisque vous n'êtes qu'un enfant?

Gaspard. J'y travaille de toutes mes forces, et je fais chaque jour mon examen. Je relève toutes les fautes que j'ai commises : ceci était inconvenant, cette parole était offensante, cet acte était irréfléchi; il fallait taire ceci, il ne fallait pas oublier cela.

Érasme. Quand établissez-vous ce compte?

Gaspard. Ordinairement le soir, ou quand j'ai le temps.

Érasme. Mais, voyons, dites-moi, quelles sont vos occupations pendant toute la journée?

Gaspard. Je ne cacherai rien à un ami aussi sincère. Le matin, dès que je me réveille (ce qui arrive ordinairement sur les cinq ou six heures), je fais le signe de la croix avec mon pouce sur mon front et sur ma poitrine.

Érasme. Ensuite?

Gaspard. Je commence ma journée au nom du Père et du Fils et du Saint-Esprit.

Érasme. C'est pieusement fait.

Gaspard. Ensuite je fais une courte prière au Christ.

Érasme. Que lui dites-vous?

Gaspard. Je lui rends grâces de m'avoir accordé une bonne nuit, et je le prie de me continuer ses faveurs pendant toute cette journée, pour sa gloire et pour le salut de mon âme. Comme il est la vraie lumière qui ne connaît point de couchant, le soleil éternel qui vivifie, entretient et réjouit tout, je le prie d'éclairer mon intelligence afin que je ne me heurte contre aucun péché, et que, sous sa conduite, j'arrive à la vie éternelle.

Érasme. Voilà une journée qui ne commence pas sous de mauvais auspices.

Gaspard. Puis, lorsque j'ai salué mon père et ma mère, que je dois le plus aimer après Dieu, je vais au collége quand il est temps, en faisant en sorte de passer par une église.

Érasme. Qu'y faites-vous?

Gaspard. J'adresse encore une courte salutation à Jésus, aux saints et aux saintes, mais particulièrement à la Vierge Mère et à mes patrons.

Érasme. Certes, je vois que vous avez lu avec soin le mot de Caton : *Saluez volontiers.* N'était-ce pas assez d'avoir fait une salutation le matin sans recommencer un moment après. Ne craignez-vous pas d'être importun par excès de zèle?

Gaspard. Dieu aime qu'on l'invoque souvent.

Érasme. Mais il est sot de parler à quelqu'un que l'on ne voit pas.

Gaspard. Je ne vois pas non plus cette partie de mon être avec laquelle je lui parle.

Érasme. Quelle est-elle?

Gaspard. L'âme.

Érasme. Mais ce n'est pas la peine de saluer quelqu'un qui ne répond point à votre salut.

Gaspard. Il y répond fréquemment par un souffle mystérieux. D'ailleurs celui qui accorde ce qu'on lui demande rend d'abondantes salutations.

Érasme. Que lui demandez-vous donc? Car je vois que vos salutations sont aussi intéressées que celles des mendiants.

Gaspard. Oui, vous ne vous trompez pas. Je le prie, lui qui, à l'âge de douze ans, assis dans le Temple, enseigna les docteurs eux-mêmes; lui à qui son père, par une voix partie du ciel, donna le pouvoir d'enseigner le genre humain, en disant : *Voilà mon fils bien-aimé, en qui j'ai mis toutes mes complaisances, écoutez-le;* lui qui est la sagesse éternelle du Père tout-puissant, je le prie de daigner éclairer mon intelligence pour apprendre les belles-lettres, afin de m'en servir pour sa gloire.

Érasme. Quels sont vos patrons?

Gaspard. Parmi les apôtres, saint Paul; parmi les martyrs, saint Cyprien; parmi les docteurs, saint Jérôme; et parmi les vierges, sainte Agnès.

Érasme. Qui vous les a procurés? Est-ce le choix ou le hasard?

Gaspard. Je les tiens du hasard.

Érasme. Ne faites-vous que les saluer? Ne leur mendiez-vous pas aussi quelque chose?

Gaspard. Je les prie de me recommander au Christ par leurs suffrages, et de faire qu'il m'accorde la grâce d'entrer un jour dans leur compagnie.

Érasme. Certes, vous ne leur demandez pas peu de chose. Et après cela?

Gaspard. Je me hâte d'aller en classe, et je travaille à mes devoirs de toute mon âme. J'implore le secours du Christ, persuadé que sans son assistance notre travail est nul; j'étudie, sachant qu'il ne vient en aide qu'à celui qui travaille avec ardeur. Je fais tout mon possible pour ne mériter aucune punition, et pour ne point offenser en parole ou en action mon maître ni mes camarades.

Érasme. C'est fort bien pensé.

Gaspard. En sortant de classe, je retourne vite à la maison, et, si je puis, je passe encore par une église pour y faire de nouveau au Christ une courte salutation. Si j'ai quelque devoir à remplir pour mes parents, je le fais. Si j'ai du temps de reste, je répète, tout seul ou avec un camarade, ce qu'on a expliqué en classe.

Érasme. Vous êtes bien avare de votre temps.

Gaspard. Il n'est pas étonnant que je sois avare d'une chose aussi précieuse qu'irréparable.

Érasme. Cependant Hésiode enseigne qu'il faut ménager quand on est au milieu, qu'au commencement il est trop tôt pour le faire, et qu'à la fin il est trop tard.

Gaspard. Hésiode a raison de parler ainsi du vin; mais il n'est point mal à propos de ménager le temps. Si l'on ne touche pas au tonneau, il ne s'épuise point, tandis que le temps s'écoule toujours, soit que l'on dorme, soit que l'on veille.

Érasme. C'est vrai. Que faites-vous ensuite?

Gaspard. Quand j'ai mis le couvert pour mes parents, je récite le bénédicité, puis je les sers pendant le repas, en attendant qu'on m'invite à déjeuner à mon tour. Les grâces dites, si j'ai le temps, je me récrée en jouant avec mes camarades à un jeu honnête jusqu'à ce que l'heure me rappelle du jeu à la classe.

Érasme. Saluez-vous encore Jésus?

Gaspard. Je le salue si je puis. Si le temps me manque, ou si les circonstances ne le permettent pas, en passant devant l'église je le salue par la pensée. Rentré au collége je travaille à mes devoirs de toutes mes forces. De retour à la maison, je fais la même chose qu'avant le déjeuner. Après le souper, je me distrais par des lectures agréables, ensuite, après avoir souhaité une bonne nuit à mes parents et à toute la maison, je regagne de bonne heure mon nid. Là, je me mets à genoux devant mon lit et j'examine, comme je vous l'ai dit, l'emploi que j'ai fait de ma journée. Si j'ai commis une faute grave, j'implore la clémence du Christ pour me pardonner et je promets de me corriger; si je n'ai rien à me reprocher, je rends grâces à sa bonté de m'avoir préservé de tout péché. Ensuite je me recommande à lui de toute mon âme en le priant de me garantir des embûches de l'esprit malin et des rêves impurs. Ceci fait, je me mets au lit en faisant le signe de la croix sur mon front et sur ma poitrine, et je m'arrange pour dormir.

Érasme. Comment vous arrangez-vous?

Gaspard. Je ne me couche ni sur le ventre ni sur le dos; je m'appuye tout d'abord sur le côté droit, les bras croisés en sautoir de manière à munir ma poitrine du signe de la croix, la main droite placée sur l'épaule gauche, et la main gauche sur l'épaule droite. Je dors ainsi agréablement jusqu'à ce que je m'éveille de moi-même ou que l'on me réveille.

Érasme. Vous êtes un petit saint en agissant ainsi.

Gaspard. C'est vous qui êtes un petit sot en parlant de la sorte.

Érasme. Je loue votre manière de vivre, que je voudrais pouvoir imiter.

Gaspard. Il suffit de le vouloir. Quand vous en aurez contracté l'habitude pendant quelques mois, vous y prendrez goût tant cela vous deviendra naturel.

Érasme. Mais vous ne me dites rien des offices.

Gaspard. Je n'y manque jamais, surtout les jours de fête.

Érasme. Comment vous y comportez-vous?

Gaspard. Avant tout j'examine d'abord si mon âme a été souillée par la tache du péché.

Érasme. Et si cela est, que faites-vous? Vous éloignez-vous de l'autel?

Gaspard. Je ne m'en éloigne pas de corps, mais d'esprit; m'en tenant en quelque sorte à une grande distance, et n'osant lever les yeux vers Dieu le père que j'ai offensé, je me frappe la poitrine en disant avec le Publicain de l'Évangile : *Seigneur, soyez-moi propice, car j'ai péché.* Ensuite, si je m'aperçois que j'ai offensé quelqu'un, je m'empresse de l'apaiser sur-le-champ s'il se peut, sinon je prends la résolution de me réconcilier avec mon prochain le plus tôt qu'il me sera possible. Si quelqu'un m'a offensé, je renonce à la vengeance et je fais en sorte que l'offenseur reconnaisse sa faute et s'en repente; si je n'y parviens pas, je laisse à Dieu toute vengeance.

Érasme. Cela est dur.

Gaspard. Est-il dur de pardonner une faute légère à votre frère qui a si souvent à vous pardonner, quand le Christ nous a pardonné une fois toutes nos fautes et nous les pardonne journellement? Ce n'est point là de la générosité pour le prochain, c'est de l'usure envers Dieu, de même que si un esclave abandonnait trois drachmes à l'un de ses camarades à condition que son maître lui accordât dix talents.

Érasme. Vous raisonnez à merveille; reste à savoir si ce que vous dites est certain.

Gaspard. Exigez-vous quelque chose de plus certain que la parole de l'Évangile?

Érasme. Ce ne serait pas juste. Mais il y a des gens qui ne se croiraient pas chrétiens s'ils n'entendaient tous les jours ce qu'on appelle la messe.

Gaspard. Je suis loin de condamner cette habitude, surtout chez ceux qui ont beaucoup de loisir et qui emploient tout leur temps à des occupations profanes. Seulement je n'approuve pas ceux qui s'imaginent superstitieusement que leur journée se passera mal s'ils ne commencent par entendre la messe; à peine sortis de l'église, ils s'en vont trafiquer, piller, intriguer; et tous les succès qu'ils obtiennent par les moyens les plus détestables, ils les imputent à la messe.

Érasme. Y a-t-il des gens aussi fous que cela?

Gaspard. La majeure partie du genre humain.

Érasme. Revenez maintenant à l'office.

Gaspard. Si je puis, je me tiens près de l'autel où

l'on officie afin de pouvoir entendre ce que récite le prêtre, principalement l'Épître et l'Évangile. Je tâche de recueillir un passage que je grave dans ma mémoire et que je rumine en moi-même quelque temps.

Érasme. Vous ne priez donc pas?

Gaspard. Je prie, mais par la pensée plutôt que par le bruit des lèvres. D'après ce que récite le prêtre je saisis l'occasion de prier.

Érasme. Expliquez-vous mieux, je ne comprends pas bien ce que vous voulez dire.

Gaspard. Voici. Supposez qu'on récite l'Épître : *Purifiez-vous du vieux levain, afin que vous soyez une pâte toute nouvelle comme vous êtes vraiment des pains azymes.* A ces mots, je parle ainsi en moi-même au Christ : « Plût à Dieu que je fusse véritablement un pain azyme pur de tout levain de méchanceté! Vous, Seigneur Jésus, qui seul êtes pur et exempt de toute méchanceté, accordez-moi de me dépouiller tous les jours de plus en plus du vieux levain. » Puis, si par hasard on lit l'Évangile du semeur, je me dis intérieurement : « Heureux l'homme qui a le mérite d'être une bonne terre! » Et je prie celui sans la grâce duquel il n'y a rien de bon de faire par sa bonté que ma terre peu fertile devienne une bonne terre. Je me borne à ces exemples, car il serait trop long de tout énumérer. Mais si je rencontre un prêtre muet, comme il y en a tant en Allemagne, ou que je ne puisse pas m'approcher de l'autel, je porte ordinairement sur moi un petit livre qui contient l'Évangile et l'Épître du jour, je les récite à voix basse ou je les lis des yeux.

Érasme. Je comprends ; mais quelles sont vos principales pensées pendant ce temps-là ?

Gaspard. Je remercie Jésus-Christ de la charité ineffable qui lui a fait racheter par sa mort le genre humain. Je le prie de ne point permettre que son sang sacré ait été répandu en vain pour moi, mais de toujours repaître mon âme de son corps et de vivifier mon esprit de son sang, afin que, grandissant petit à petit dans la pratique de la vertu, je devienne un digne membre de ce corps mystique qui est l'Église, et que je ne trahisse jamais cette sainte alliance qu'à la dernière cène, en distribuant le pain et en présentant la coupe, il a conclue avec ses disciples choisis, et dans leur personne avec tous ceux qui par le baptême sont entrés en communion avec lui. Si j'éprouve des distractions, je lis quelques psaumes ou d'autres sujets pieux qui empêchent mon esprit de se distraire.

Érasme. N'avez-vous pas fait pour cela un choix de psaumes ?

Gaspard. Oui, mais je ne me les suis pas imposés au point de ne pas m'en passer s'il me survient une pensée qui me réconforte mieux que la lecture de ces psaumes.

Érasme. Que pensez-vous de l'obligation du jeûne ?

Gaspard. Je n'ai rien à démêler avec le jeûne. Saint Jérôme m'a appris qu'il ne fallait pas ruiner sa santé par les jeûnes tant que le corps n'avait point acquis par l'âge une force suffisante. Or je n'ai pas encore dix-sept ans. Toutefois, si j'en sens la nécessité, je déjeune et je dîne sobrement, afin d'être plus apte aux exercices de piété pendant les jours de fête.

Érasme. Puisque j'ai commencé, je continuerai mes questions jusqu'au bout. Quelle idée vous faites-vous des sermons?

Gaspard. Une idée excellente. J'y vais non moins religieusement qu'à la sainte table. Mais cependant je choisis mes prédicateurs, car il y en a qu'il vaut mieux ne pas entendre. Si j'en rencontre un de ceux-là ou si je n'en rencontre point, j'emploie mon temps à de saintes lectures. Je lis l'Évangile et l'Épître avec l'explication de saint Chrysostôme, de saint Jérôme ou de tout autre pieux et savant commentateur.

Érasme. Mais la parole vivante produit plus d'effet?

Gaspard. J'en conviens, et je préfère l'entendre si l'on me donne un prédicateur supportable; mais je ne crois pas être complétement privé de prédication en entendant saint Chrysostôme ou saint Jérôme me parler par écrit.

Érasme. C'est mon avis. Est-ce que vous aimez la confession?

Gaspard. Beaucoup. Je me confesse tous les jours.

Érasme. Tous les jours?

Gaspard. Oui.

Érasme. Il faut donc entretenir un prêtre exprès pour vous.

Gaspard. Je me confesse à celui qui seul remet véritablement les péchés et dont le pouvoir est universel.

Érasme. A qui donc?

Gaspard. Au Christ.

Érasme. Croyez-vous que cela suffise?

Gaspard. A mon sens, ce serait suffisant si les princes de l'Église et si l'usage reçu s'en contentaient.

Érasme. Quels sont ceux que vous appelez les princes de l'Église?

Gaspard. Les pontifes, les évêques, les apôtres.

Érasme. Parmi eux comptez-vous le Christ?

Gaspard. Il occupe incontestablement le premier rang.

Érasme. Est-il l'auteur de cet usage de la confession?

Gaspard. Il est assurément l'auteur de tout bien. Je laisse aux théologiens à examiner si c'est lui qui a institué la confession telle qu'on la pratique maintenant dans l'Église; pour moi, qui ne suis qu'un enfant et un ignorant, je m'en rapporte au témoignage de mes pères. Cette confession est certainement la meilleure, car il n'est pas facile de se confesser au Christ. On ne se confesse à lui que lorsqu'on déteste du fond du cœur son péché. Si j'ai commis une faute grave, je la lui expose en gémissant, je crie, je pleure, je me lamente, je m'exècre moi-même, j'implore sa miséricorde, et je ne cesse pas que je n'aie senti l'amour du péché disparaître entièrement du fond de mon âme et faire place à un calme et à un contentement qui me garantissent le pardon de mon crime. Quand vient le moment de me présenter à la sainte table du corps et du sang de Notre-Seigneur, je me confesse à un prêtre, mais en peu de mots et en n'énonçant que ce qui me paraît certainement un péché ou ce que j'ai tout lieu de regarder comme tel. Car je ne considère pas comme une impiété, c'est-à-dire un gros péché, ce qui porte atteinte à quelques constitutions humaines, à moins qu'il ne s'y mêle un mépris coupable. Je ne crois pas non plus qu'il y ait péché mortel quand on n'y joint pas de la méchanceté, c'est-à-dire une volonté perverse.

Érasme. Je vous loue d'être religieux sans pour cela vous montrer superstitieux. C'est le cas de citer le proverbe : *Ni tout, ni partout, ni de tous.*

Gaspard. Je choisis le prêtre à qui je confie les secrets de mon âme.

Érasme. C'est agir sagement. Car il est reconnu qu'il y en a beaucoup qui répètent ce qu'on leur a dit en confession. Quelques-uns, licencieux et impudents, questionnent le pénitent sur des détails qu'il vaudrait mieux taire. D'autres, ignorants et stupides, mus par un gain sordide, prêtent l'oreille plutôt que l'intelligence ; incapables de distinguer entre le bien et le mal, ils ne savent ni instruire, ni consoler, ni conseiller. J'ai souvent entendu dire par plusieurs qu'il en était ainsi, et j'en ai fait moi-même l'expérience.

Gaspard. Moi aussi je ne l'ai que trop éprouvé. Par conséquent je choisis un homme instruit, grave, d'une vertu reconnue, et discret.

Érasme. Vous êtes bien heureux d'avoir pris de bonne heure ce sage parti.

Gaspard. D'ailleurs, mon premier soin est de ne rien commettre qu'il soit dangereux de confier à un prêtre.

Érasme. Rien de mieux si vous pouvez prendre vos sûretés.

Gaspard. Par nous-même c'est extrêmement difficile, mais avec l'aide du Christ c'est facile. Avant tout il faut de la bonne volonté. Je renouvelle la mienne de temps en temps, surtout le dimanche. Ensuite j'évite autant que possible les mauvaises compagnies, et je recherche mes camarades les plus vertueux afin que leur contact me rende meilleur.

Érasme. Vous avez raison. *Car les mauvais discours corrompent les bonnes mœurs.*

Gaspard. Je fuis l'oisiveté comme la peste.

Érasme. Ce n'est pas étonnant, car l'oisiveté est la mère de tous les vices. Mais par le temps qui court, il faut vivre seul si l'on veut s'éloigner de la société des méchants.

Gaspard. Ce que vous dites là n'est pas tout à fait dénué de fondement. En effet, comme l'a dit un sage de la Grèce, les méchants fourmillent. Mais je choisis les meilleurs dans le petit nombre, car quelquefois un camarade vertueux rend son camarade meilleur. J'évite les jeux qui poussent au mal, je n'use que des jeux innocents. Je suis affable à tout le monde, mais je ne témoigne de l'amitié qu'aux bons. Si par hasard je rencontre des méchants, ou je les reprends doucement, ou je dissimule et je patiente. Si je vois que cela ne sert à rien, je m'esquive aussitôt que je le puis.

Érasme. N'avez-vous jamais été tenté de prendre le froc?

Gaspard. Jamais; mais j'ai été maintes fois sollicité par certaines gens qui voulaient m'arracher au siècle comme à un naufrage, pour me faire entrer dans le port d'un couvent.

Érasme. Qu'entends-je? Convoitaient-ils une proie?

Gaspard. Ils ont assailli mes parents et moi par des ruses incroyables. Mais je suis résolu de n'embrasser ni le mariage, ni la prêtrise, ni l'état religieux, ni tout autre genre de vie dont je ne pourrais plus me dépêtrer, avant de bien me connaître.

Érasme. Quand sera-ce?

Gaspard. Peut-être jamais. Mais je ne déciderai rien avant vingt-huit ans.

Érasme. Pourquoi cela?

Gaspard. Parce que j'entends dire de tous côtés que beaucoup de prêtres, de moines et de maris regrettent de s'être précipités aveuglément dans l'esclavage.

Érasme. En homme prudent, vous ne voulez pas être pincé.

Gaspard. En attendant, j'ai trois choses à cœur.

Érasme. Quelles sont-elles?

Gaspard. Je m'applique à faire des progrès dans la vertu. Puis, si je n'y parviens pas, je m'efforce du moins de conserver intacts mon innocence et ma réputation. Enfin j'étudie les belles-lettres et les sciences, qui me serviront dans n'importe quelle carrière.

Érasme. Vous abstenez-vous de lire les poëtes?

Gaspard. Pas complétement; je lis de préférence les plus chastes. Si je rencontre un passage peu décent, je passe outre, comme Ulysse passa devant les Sirènes en se bouchant les oreilles.

Érasme. Mais à quelle étude vous adonnez-vous particulièrement? A la médecine? au droit civil ou canonique? à la théologie? Car les langues, les belles-lettres, la philosophie, mènent à toutes les professions.

Gaspard. Je ne me suis pas encore adonné spécialement à une étude. Je prends une teinture de chacune, afin de ne pas être sans les connaître et qu'après avoir goûté de toutes, je puisse choisir sûrement celle à laquelle je serai propre. La médecine est un viatique assuré sur toute la terre; la jurisprudence ouvre la route des honneurs; la théologie me plairait par-dessus tout si les mœurs de certains théologiens et leurs querelles fastidieuses ne me choquaient.

Érasme. On ne risque pas de tomber quand on marche avec autant de précaution. Beaucoup de personnes renoncent actuellement à la théologie, parce qu'elles craignent de chanceler dans la foi catholique en voyant que tout est mis en question.

Gaspard. Pour moi, ce que je lis dans les saintes Écritures et dans le Symbole des Apôtres, je le crois avec une confiance absolue, et je ne vais pas au delà. Je laisse aux théologiens le soin de disputer sur le reste, et de le définir si bon leur semble. Pourtant, si l'usage autorise parmi les chrétiens certaines pratiques qui ne soient pas trop en désaccord avec les saintes Écritures, je m'y conforme, uniquement pour ne scandaliser personne.

Érasme. Quel Thalès vous a enseigné cette philosophie?

Gaspard. J'ai été très-lié dans mon enfance avec un homme d'une rare vertu, Jean Colet [1]. Le connaissez-vous?

Érasme. Si je le connais! comme je vous connais.

---

1. Théologien anglais, ami d'Érasme, qui fut un des grands promoteurs de l'instruction dans son pays.

Gaspard. C'est lui qui a nourri mon enfance de pareilles leçons.

Érasme. Vous ne serez point jaloux si je cherche à vous rivaliser dans votre conduite ?

Gaspard. Au contraire, je vous en aimerai davantage, car vous savez que la conformité des mœurs est le ciment de la bienveillance et de l'amitié.

Érasme. Oui, mais pas entre les compétiteurs de la même charge, qui éprouvent la même passion.

Gaspard. Ni entre les prétendants de la même fille qui souffrent du même amour.

Érasme. Plaisanterie à part, j'essayerai de vous imiter.

Gaspard. Je souhaite que vous réussissiez.

Érasme. Peut-être vous atteindrai-je.

Gaspard. Dieu veuille que vous me devanciez ! Cependant je ne vous attendrai pas : je m'efforce tous les jours de me surpasser moi-même ; mais tâchez de prendre les devants sur moi, si vous le pouvez.

LE REPAS PROFANE

CHRISTIAN, ÉRASME, AUGUSTIN.

CHRISTIAN. Qu'avez-vous donc, Érasme, que vous n'êtes pas gai? Que signifie ce front rembruni, ce silence? M'en voulez-vous de vous recevoir d'une façon trop frugale?

Érasme. Au contraire, je suis fâché que vous ayez fait pour moi tant de dépense. Augustin vous avait défendu de ne pas faire de fête pour lui; vous voulez que nous ne revenions plus dorénavant, car on ne donne un tel repas que lorsqu'on ne veut en donner qu'un. Quels convives tenez-vous donc à recevoir? Vous avez préparé un repas non pour des amis, mais pour des grands seigneurs. Nous prenez-vous pour des gloutons? Ce n'est point là donner un repas, c'est gorger les gens pour trois jours.

Christian. Vous aussi vous faites donc comme Déméa[1]? Vous discuterez demain tout à votre aise; aujourd'hui, je vous en prie, ressemblez à Micion. Demain, quand nous serons à jeun, nous discuterons sur la dépense; à présent, il ne faut entendre que de pures bagatelles.

Augustin. Christian, lequel aimez-vous le mieux du bœuf ou du mouton?

Christian. Je préfère le bœuf, mais je crois le mouton plus salutaire. L'esprit de l'homme est ainsi fait qu'il désire passionnément ce qu'il y a de plus pernicieux.

Augustin. Les Français sont très-friands de cochon.

Christian. Les Français aiment ce qui coûte peu.

Augustin. Sous ce rapport-là seulement je suis Juif, car je ne déteste rien autant que le cochon.

Christian. Et avec raison, car rien n'est plus insalubre; en cela je ne pense pas comme les Français, mais comme les Juifs.

Érasme. Quant à moi, j'aime autant le mouton que le cochon, mais d'une manière différente. Je mange avec plaisir du mouton, parce que je l'aime; je ne touche pas au cochon, tout en l'aimant, dans la crainte qu'il ne m'incommode.

Christian. Érasme, vous êtes un homme aimable et spirituel. En vérité, je m'étonne de la grande diversité

---

[1]. Déméa et Micion sont deux personnages des *Adelphes* de Térence, d'un caractère tout opposé.

des goûts humains. Et, pour citer Horace, *il me semble voir trois convives qui ne s'entendent pas, et dont le palais réclame des mets tout différents.*

Érasme. Quoique, au dire d'un poëte comique, *il y ait autant d'opinions que d'hommes et que chacun ait sa manière de voir*, on ne me fera pas croire que les caractères sont plus variés que les palais. Vous en trouverez à peine deux qui aient les mêmes goûts. J'en ai vu plusieurs qui ne pouvaient pas même sentir le beurre et le fromage. Il y en a à qui la viande donne des nausées; celui-ci s'abstient de bouilli, celui-là de rôti. Beaucoup préfèrent l'eau au vin. Et, chose incroyable, j'ai connu quelqu'un qui ne touchait ni au pain ni au vin.

Christian. De quoi vivait donc ce malheureux ? Que mangeait-il ?

Érasme. Il mangeait de tout le reste : viande, poisson, légumes, fruits.

Christian. Vous voulez que je croie cela ?

Érasme. Si bon vous semble.

Christian. Je le crois, mais à condition que vous me croirez à votre tour quand je mentirai.

Érasme. Je veux bien, pourvu que vous mentiez discrètement.

Christian. Comme s'il y avait rien de plus impudent que votre invention.

Érasme. Que diriez-vous si je vous montrais le personnage ?

Christian. Ce doit être un individu maigre et décharné.

Érasme. Au contraire, on dirait un athlète.

Christian. Pourquoi pas un Polyphème?

Érasme. Je suis surpris que cela vous étonne, quand il y a tant de gens qui mangent du poisson durci à l'air en guise de pain, et d'autres à qui des racines d'herbe tiennent lieu de pain.

Christian. Je le crois; mais continuez vos mensonges.

Érasme. Je me souviens d'avoir vu, pendant mon séjour en Italie, quelqu'un qui se passait de boire et de manger ; le sommeil l'engraissait.

Christian. Quelle impudence ! Je ne puis m'empêcher de répéter ces paroles du Satirique : *C'est alors que leurs poumons vomissent d'énormes mensonges.* Vous poétisez. Vous faites maintenant le poëte, car je n'ose dire que vous mentez.

Érasme. Je mentirais si Pline, qui est un auteur très-digne de foi, n'avait écrit qu'un ours s'était engraissé d'une manière étonnante en ne faisant que dormir pendant quatorze jours, d'un sommeil si profond que les coups ne pouvaient pas même le réveiller. Pour vous surprendre davantage, j'ajouterai ce que dit Théophraste, que si l'on conserve pendant ce nombre de jours la viande de l'ours, même cuite, elle revit.

Christian. Je crains que le Parménon de Térence ne puisse pas garder cela [1]; pour moi, je vous crois

---

1. Allusion à ces paroles de Parménon : « Ce que j'entends dire de vrai, je le tais et le garde parfaitement; mais pour les mensonges, les contes et les faussetés, ils m'échappent tout de suite : je suis un panier percé qui fait eau de toutes parts. »

aisément. Je vous servirais un morceau de cerf, si j'étais poli.

Érasme. D'où tenez-vous cette venaison ? D'où vous vient ce gros gibier ?

Christian. Midas, l'homme le plus généreux de la terre, et qui m'aime beaucoup, m'en a fait cadeau ; mais ces sortes de cadeaux me reviendraient souvent moins cher en les achetant.

Érasme. Pourquoi cela ?

Christian. Parce qu'il faut donner aux domestiques plus que cela ne coûterait au marché.

Érasme. Qui vous y oblige ?

Christian. Le plus despotique des tyrans.

Érasme. Quel est-il ?

Christian. L'usage.

Érasme. Assurément, ce tyran impose souvent aux mortels les lois les plus injustes.

Christian. Midas, selon sa coutume, a tué ce cerf à la chasse avant-hier. Et vous, êtes-vous toujours passionné pour cet exercice ?

Augustin. Je l'ai complétement abandonné, et je ne fais plus la chasse qu'aux lettres.

Christian. Mais il me semble que les lettres fuient plus vite que les cerfs.

Augustin. Toutefois, pour les atteindre, nous avons deux chiens excellents, savoir : l'admiration et le travail opiniâtre. A force d'admirer on prend l'amour de l'étude, et, comme l'a dit un poëte très-éloquent, *un travail opiniâtre triomphe de tout.*

Christian. Vous conseillez en ami, Augustin, comme toujours ; aussi je ne cesserai pas, je ne m'arrêterai pas, je ne me lasserai pas que je ne sois arrivé au but.

Augustin. Ce cerf vient fort à propos. Pline raconte, au sujet de cet animal, quelque chose d'admirable.

Christian. Quoi, je vous prie?

Augustin. Chaque fois qu'il dresse les oreilles, il a l'ouïe très-fine; mais s'il les baisse, il est sourd.

Christian. Cela m'arrive souvent. Car s'il est question de recevoir des écus, nul n'entend mieux que moi. Je fais alors comme le Pamphile de Térence, je dresse les oreilles. Mais si on me parle de débourser, je les baisse aussitôt.

Augustin. Je vous loue d'agir comme vous le devez.

Christian. Voulez-vous cette cuisse de lièvre?

Augustin. Servez-vous.

Christian. Aimez-vous mieux le râble?

Augustin. Cet animal n'a d'appétissant que les flancs et les cuisses.

Christian. N'avez-vous jamais vu de lièvre blanc?

Augustin. Souvent. Pline prétend que l'on rencontre dans les Alpes des lièvres blancs qui, à ce que l'on croit, se nourrissent de neige pendant l'hiver. Pline a dû vérifier le fait. Si la neige blanchit la peau du lièvre, il faut nécessairement qu'il ait l'estomac blanc.

Christian. Pour moi, cela ne me paraît pas vraisemblable.

Augustin. Écoutez quelque chose de plus étonnant, dont vous avez peut-être entendu parler. Le même Pline atteste que chaque lièvre possède les deux sexes, et que la femelle engendre sans le mâle. Ce fait est garanti par beaucoup de gens, surtout par les chasseurs.

Christian. C'est comme vous le dites. Mais goûtons, si vous le voulez, de ces lapins, qui sont gras et tendres. J'en servirais à cette demoiselle si j'étais assis auprès d'elle. Augustin, occupez-vous, s'il vous plaît, de votre voisine; vous vous entendez fort bien à servir les Grâces.

Augustin. Je comprends ce que vous voulez dire, moqueur.

Christian. Aimez-vous l'oie?

Augustin. Je l'aime assez, car je ne suis pas difficile. Mais cette oie, je ne sais pourquoi, ne me plaît nullement; je n'ai jamais rien vu de plus sec; elle est plus sèche que de la pierre ponce ou que la belle-mère de ce Furius, sur lequel Catulle plaisante tant. On la dirait de bois. Ma foi, autant que je puis croire, c'est un vieux soldat qui s'est miné par des veilles excessives, car on dit que de tous les animaux l'oie est le plus vigilant. Assurément, si mes conjectures ne me trompent pas, cette oie est du nombre de celles qui, pendant que les chiens et les gardes étaient endormis, ont défendu jadis le Capitole romain.

Christian. Vous dites bien vrai, car je crois qu'elle date de cette époque.

Augustin. Il en est de même de cette poule : ou elle a eu un engraisseur avare, ou elle a aimé, ou du moins elle a vécu en proie à la jalousie, maladie qui afflige surtout cette sorte d'animaux. Ce chapon s'est beaucoup mieux engraissé. Voyez ce qu'occasionnent les soucis. Si de notre ami Théodoric, qui est un coq, nous faisions un chapon, il engraisserait bien plus vite.

Théodoric. Je ne suis pas coq.

Augustin. J'avoue que vous n'êtes ni un Galle, prêtre de Cybèle, ni un coq de basse-cour, mais vous êtes peut-être un Français, coureur de belles [1].

Christian. Qu'est-ce que cela veut dire?

Augustin. Je vous laisse à deviner cette énigme. J'ai fait le Sphinx; soyez Œdipe.

Christian. Dites-moi franchement, Augustin, n'avez-vous jamais eu de liaison avec les Français? N'avez-vous eu avec eux aucun rapport, aucun commerce?

Augustin. Non, jamais.

Christian. Vous n'en valez pas mieux.

Augustin. Mais j'ai eu quelques liaisons avec les Françaises.

Christian. Voulez-vous du foie d'oie, que les anciens aimaient par-dessus tout?

Augustin. Je n'ai rien à refuser de ce qui vient de votre main.

Christian. Ne comptez pas sur ce qui faisait le régal des Romains.

Augustin. Quoi?

Christian. Des artichauts, des escargots, des tortues, des couleuvres, des champignons, des bolets, des truffes.

Augustin. Pour moi, je préfère une rave à tout cela. Vous êtes libéral, vous êtes généreux, Christian.

Christian. Personne ne touche à ces perdrix ni à ces pigeons. Demain est un jour de jeûne prescrit par l'Église; munissez-vous contre la faim. Lestez le na-

---

1. Jeu de mots intraduisible en ce qu'il roule sur la répétition du mot *gallus*, qui signifie tout à la fois prêtre de Cybèle, coq et Français.

vire contre la tempête qui le menace. La guerre approche, garnissez-vous l'estomac.

Augustin. Plût à Dieu que vous n'eussiez pas prononcé ces mots, nous nous serions levés de table plus gais. Vous nous rendez malheureux avant le temps.

Christian. Pourquoi cela?

Augustin. Parce que j'ai moins de répugnance pour le serpent que pour le poisson.

Christian. Vous n'êtes pas le seul.

Augustin. Qui nous a procuré ce désagrément?

Christian. Qui a enseigné à donner en remède l'aloès, l'absinthe et la scammonée?

Augustin. Ces remèdes-là se donnent aux malades.

Christian. Les autres se donnent à ceux qui se portent trop bien. Il vaut quelquefois mieux être malade que d'avoir trop de santé.

Augustin. Il me semble que les Juifs d'autrefois étaient traités avec moins de rigueur. Je me passerais facilement d'anguille et de porc, à condition de pouvoir me gorger de chapons et de perdrix.

Christian. En général ce n'est pas le fait, mais l'intention qui nous distingue des Juifs. Ceux-ci ne touchaient pas à de certains aliments comme à des choses immondes et pouvant souiller l'âme. Nous qui savons que tout est pur pour les cœurs purs, nous privons cependant de nourriture la chair rebelle, comme un cheval fougueux, afin qu'elle soit plus docile à la voix de l'esprit. Nous corrigeons quelquefois par les rigueurs de l'abstinence l'usage immodéré des choses agréables.

Augustin. J'entends; mais à ce compte-là on pourrait plaider pour la circoncision du prépuce, car elle émousse la sensation de la volupté, et cause de la douleur. Si tout le monde détestait le poisson autant que moi, j'oserais à peine condamner un parricide à un supplice aussi atroce.

Christian. Il y en a qui aiment mieux le poisson que la viande.

Augustin. Le poisson convient donc à ceux qui mangent par gourmandise et non par raison de santé.

Christian. En effet, j'ai ouï dire qu'autrefois les Esopus et les Apicius mettaient leur principal luxe dans le poisson.

Augustin. Alors quel rapport y a-t-il entre un régal et une pénitence?

Christian. Tout le monde n'a pas des murènes, des scares ni des esturgeons.

Augustin. Il n'y aura donc de punis que les pauvres, qui ont assez de peine à se nourrir de viande. Car il arrive souvent que quand l'Église leur permet d'en manger, leur bourse ne le leur permet pas.

Christian. Cette défense est vraiment inhumaine.

Augustin. Si l'usage de la viande interdit au riche se change en un régal, et si le pauvre peut rarement manger de la viande, même quand cela lui est permis, et encore moins du poisson qui coûte ordinairement plus cher, à qui profitera cette défense?

Christian. A tout le monde. Les pauvres pourront se nourrir d'escargots et de grenouilles, croquer des oignons et des poireaux. Les gens d'une fortune médiocre retrancheront quelque chose de leur ordinaire.

Si les riches saisissent cette occasion pour satisfaire leur sensualité, ce sera la faute de leur gourmandise et non celle des constitutions de l'Église.

Augustin. Vous parlez à merveille ; mais en attendant exiger que les pauvres, qui élèvent leur famille à force de sueurs, et qui demeurent loin des rivières et des lacs, soient privés de viande, c'est leur faire subir la famine ou plutôt *la boulimie.* Or, si nous en croyons Homère, le genre de mort le plus triste est de périr de faim.

Christian. Homère, qui était aveugle, en a jugé ainsi ; mais aux yeux des chrétiens celui qui meurt bien n'est point à plaindre.

Augustin. Soit : mais cependant il est inhumain d'exiger de quelqu'un qu'il meure.

Christian. Les pontifes n'interdisent pas l'usage de la viande dans le but de faire mourir les hommes, mais afin de leur infliger une légère punition s'ils ont péché, et, par la suppression des aliments substantiels, de rendre leurs corps moins rebelles à l'esprit.

Augustin. Un usage modéré de la viande produira le même effet.

Christian. Mais dans une si grande variété de tempéraments on ne peut pas prescrire une sorte de viande déterminée, on peut prescrire un genre d'aliment.

Augustin. Il y a des poissons qui sont très-nourrissants ; il y a des viandes qui le sont très-peu.

Christian. Mais en général les viandes sont plus nourrissantes.

Augustin. Voyons, dites-moi, si vous aviez un voyage à faire, lequel aimeriez-vous le mieux d'un cheval vif et emporté, ou d'un cheval malade, qui, bronchant à chaque pas jettera son cavalier à terre?

Christian. Pourquoi me demandez-vous cela?

Augustin. Parce que l'usage du poisson, en corrompant les humeurs, expose notre corps à de grandes maladies qui l'empêchent d'obéir à l'esprit.

Christian. Quelles maladies?

Augustin. La goutte, la fièvre, la lèpre, la jaunisse.

Christian. Comment le savez-vous?

Augustin. Je m'en rapporte aux médecins; j'aime mieux cela que d'en faire l'expérience.

Christian. Ces cas sont peut-être rares.

Augustin. Je les crois nombreux. Or, puisque l'âme agit par les organes matériels du corps, qui subissent l'impression des humeurs bonnes ou mauvaises, quand ses instruments sont viciés, elle ne peut pas manifester sa puissance comme elle le veut.

Christian. Je sais que les médecins condamnent fort l'usage du poisson, mais nos pères en ont jugé autrement, et la religion commande de leur obéir.

Augustin. La religion commandait aussi autrefois de ne point violer le sabbat, mais il était plus important de sauver un homme que d'observer le sabbat.

Christian. Chacun doit veiller à sa conservation.

Augustin. Au contraire, si nous en croyons saint Paul, *on ne doit pas chercher son avantage, mais celui des autres.*

Christian. Mais d'où vient ce nouveau théologien à table? Quel est ce nouveau notre Maître inattendu?

Augustin. C'est que je déteste le poisson.

Christian. Quoi donc? Est-ce que vous ne faites pas maigre?

Augustin. Si fait, mais en murmurant et à mon grand détriment.

Christian. La charité supporte tout.

Augustin. Oui, mais elle exige le moins possible. Si elle supporte tout, pourquoi ne souffre-t-on pas que nous nous nourrissions des aliments que permet la liberté évangélique? Pourquoi ceux à qui Dieu a fait promettre tant de fois l'amour du prochain exposent-ils les corps de tant d'hommes à des maladies mortelles, et leurs âmes à la damnation éternelle, pour une chose qui n'est pas défendue par le Christ et qui en elle-même n'est pas nécessaire?

Christian. Quand la nécessité veut qu'on passe outre, adieu le règlement, adieu le vœu du législateur.

Augustin. Mais pour les esprits faibles le scandale subsiste toujours; le scrupule d'une conscience méticuleuse ne s'efface pas. D'ailleurs, on ne sait guère comment déterminer cette nécessité. Est-ce quand le mangeur de poisson commence à rendre l'âme? Il est trop tard pour donner de la viande à un mourant. Est-ce quand la fièvre épiale s'est emparée de tout le corps? Ce n'est pas la peine de choisir des mets.

Christian. Que voudriez-vous donc que l'on prescrivît?

Augustin. Je sais bien ce que je ferais si l'on me confiait la dictature de l'Église.

Christian. Que feriez-vous?

Augustin. Si j'étais souverain pontife, j'engagerais tous les fidèles à vivre constamment dans la sobriété, mais surtout aux approches des jours de fête. Du reste, je laisserais chacun libre de manger ce qui lui conviendrait pour sa santé, pourvu qu'il en usât modérément et avec actions de grâces ; et je ferais en sorte, tout en relâchant ces prescriptions charnelles, d'augmenter le zèle de la vraie piété.

Christian. Certes, votre proposition me paraît si belle que nous devrions vous faire pape.

Augustin. Vous riez, mais pourtant cette tête aurait bien la force de porter une tiare.

Christian. Prenez garde, en attendant, que votre opinion ne soit consignée dans les articles des Parisiens.

Augustin. Tout ce que nous disons sera écrit dans le vin, comme on doit faire des propos de table. Mais voilà assez de théologie pour un repas. Nous sommes à table, nous ne sommes pas à la Sorbonne.

Christian. Qui empêche d'appeler Sorbonne un lieu où l'on absorbe bien ?

Augustin. Absorbons donc et ne disputons point, si nous ne voulons pas faire dériver Sorbonne de sorbe[1], et non d'absorber.

Christian. Maintenant, hôtes très-bienveillants, trouvez bon, je vous en prie, ce petit dîner, tout maigre qu'il soit. Montrez-vous gais et de bonne humeur, malgré la pauvreté et la frugalité du repas. C'est en comptant sur votre bonté que j'ai osé vous inviter en amis. Assurément, votre arrivée et votre présence me comblent de plaisir et de joie.

---

1. Fruit connu pour son âpreté.

Les Convives. Votre dîner, excellent Christian, nous paraît de toutes façons délicat et somptueux. Vous n'avez qu'un tort, c'est de vous excuser. Il n'a pas été plus magnifique qu'il ne fallait. Un repas véritablement copieux et recherché se compose de mets simples, qu'assaisonnent la gaieté, le rire, les bons mots et les plaisanteries; rien de tout cela n'a manqué à notre repas.

Christian. Mais je songe au nombre des convives qui, au dire de Varron, ne doit pas être au-dessous de trois ni au-dessus de neuf. En effet, les Grâces, qui président à la douceur et à l'amitié, sont au nombre de trois, et les Muses, ces reines des beaux-arts, sont au nombre de neuf. Cependant je vois ici dix invités, sans compter les jeunes filles.

Augustin. Il ne pouvait donc rien arriver de mieux. Nous sommes un peu plus sages que Varron lui-même, car nous avons invité trois jeunes filles charmantes, qui ressemblent aux trois Grâces; puis, comme Apollon est censé ne jamais quitter le chœur des neuf Muses, nous avons ajouté avec raison un dixième convive.

Christian. Vous parlez poétiquement. Si j'étais près d'un laurier, je vous en tresserais une couronne, et vous seriez un poëte lauréat.

Augustin. Si j'étais couronné de mauves, j'aurais le ventre relâché. Je ne m'attribue pas tant d'honneur. Cet honneur est trop grand pour moi. Je ne me juge pas digne d'un tel honneur.

Christian. Ne voulez-vous pas tous faire pour moi ce que je ferai pour vous?

Les Convives. Si fait, et de bon cœur.

Christian. Vous viderez donc ce verre chacun à votre tour, en prenant exemple sur moi. Je commence par vous l'offrir, Midas.

Midas. J'accepte avec plaisir. On dit communément : Après vous. Je ne refuse pas. Je n'ai rien à vous refuser.

Christian. Vous le ferez ensuite passer aux autres.

Midas. Érasme, je bois la moitié de la coupe à votre santé.

Érasme. A la vôtre. Grand bien vous fasse! Que cela vous profite! *Prosit tibi! Proficiat* serait un terme un peu dur [1].

Christian. Mais pourquoi la coupe s'arrête-t-elle? Pourquoi ne circule-t-elle pas? Le vin nous manque-t-il? Où as-tu les yeux, pendard? Vite, apporte deux setiers du même vin.

Le Valet. Érasme, salut; il y a quelqu'un à la porte qui veut vous parler.

Érasme. Qui est-ce?

Le Valet. Il dit qu'il est le domestique de Morus ; que son maître est arrivé d'Angleterre, et qu'il désire que vous alliez le voir, attendu qu'il doit partir de grand matin pour l'Allemagne.

Érasme. Christian, que l'on fasse le compte, car il faut que je m'en aille.

Christian. C'est moi, très-docte Érasme, qui réglerai le compte de ce dîner; ne vous en inquiétez pas.

---

[1]. Érasme accumule à dessein ces diverses manières de rendre sa pensée dans l'intérêt des enfants auxquels il destinait ses premiers colloques.

Je vous remercie d'avoir daigné assister à notre repas; mais il est fâcheux que vous nous quittiez avant que la pièce ne soit terminée.

Érasme. Que reste-t-il encore, sinon que je dise : *Portez-vous bien et applaudissez ?*

Christian. Eh bien, trouvons-le bon, puisque vous allez non du cheval aux ânes, mais de vos amis à ceux que vous aimez le plus.

Érasme. Je vous remercie également de la bonté que vous avez eue de m'inviter à ce repas infiniment agréable. Adieu, excellents amis. Buvez bien et vivez agréablement.

LE REPAS RELIGIEUX

EUSÈBE, TIMOTHÉE, THÉOPHILE, CHRYSOGLOTTE, URANE.

Eusèbe. Maintenant que dans la campagne tout est vert et riant, je m'étonne qu'on puisse se plaire dans la fumée des villes.

Timothée. Tout le monde n'est pas épris de la vue des fleurs, des prairies verdoyantes, des rivières et des fontaines; et, tout en aimant ce spectacle, on peut éprouver pour autre chose un plus vif attrait. C'est ainsi que le plaisir fait place au plaisir, comme un clou en chasse un autre.

Eusèbe. Vous parlez sans doute des usuriers, et des marchands avares, qui leur ressemblent?

Timothée. Oui, de ceux-là ; mais ils ne sont pas les seuls, mon bon ami, il y en a encore une foule d'autres, y compris les prêtres et les moines, qui, uniquement par amour de l'argent, préfèrent le séjour des villes, et des plus populeuses. Ils suivent en cela la méthode non de Pythagore ni de Platon, mais d'un certain mendiant aveugle qui aimait à être pressé par la foule, disant que là où il y avait du monde il y avait du profit.

Eusèbe. Laissons là les aveugles avec leur profit ; nous sommes des philosophes.

Timothée. Le philosophe Socrate préférait aussi les villes aux champs, parce qu'il était amoureux de l'étude, et que les villes lui procuraient les moyens d'étudier, tandis que dans les champs il y a des arbres, des jardins, des fontaines et des rivières qui, à la vérité, repaissent les yeux, mais qui ne disent rien, et par conséquent n'apprennent rien.

Eusèbe. Socrate a raison, si l'on se promène seul dans les champs. Cependant, à mon avis, la nature n'est pas muette ; au contraire, elle élève partout la voix et elle enseigne une foule de choses à celui qui la contemple, pourvu qu'elle rencontre un esprit attentif et docile. Cette face si riante de la nature au printemps ne proclame-t-elle pas que la sagesse du Créateur est égale à sa bonté ? D'ailleurs, combien de vérités Socrate n'enseigne-t-il pas à son ami Phèdre dans la retraite, et combien, à son tour, n'en apprend-il pas de lui ?

Timothée. Avec de pareils hommes, rien ne serait plus charmant que de vivre à la campagne.

Eusèbe. Voulez-vous en faire l'expérience? J'ai un petit domaine situé aux portes de la ville; sans être spacieux il est tenu proprement : je vous y invite à déjeuner pour demain.

Timothée. Nous sommes trop nombreux; nous mangerions tout votre domaine.

Eusèbe. Oh! le repas ne se composera que de légumes. Ce sont des mets, comme dit Horace, qui ne coûtent rien. Le lieu fournit du vin; il y a des concombres, des melons; les arbres présentent d'eux-mêmes des figues, des poires, des pommes, des noix, comme dans les îles Fortunées, au dire de Lucien. On y ajoutera peut-être une poule de la basse-cour.

Timothée. Eh bien, nous ne refusons pas.

Eusèbe. Chacun de vous amènera avec soi l'ombre qu'il voudra. Comme vous êtes quatre, nous égalerons le nombre des Muses.

Timothée. Oui.

Eusèbe. Je vous préviens d'avance d'une chose, c'est que chacun apportera son assaisonnement. Moi je fournirai seulement les mets.

Timothée. Quel assaisonnement voulez-vous dire? Du poivre ou du sucre?

Eusèbe. Non, autre chose de moins cher et de plus agréable.

Timothée. Quoi donc?

Eusèbe. De l'appétit: Un souper léger vous en donnera aujourd'hui; demain la promenade vous aiguisera l'estomac. C'est un avantage que vous devrez à ma petite maison de campagne. Mais à quelle heure voulez-vous déjeuner?

Timothée. A dix heures, avant que le soleil ne soit trop ardent.

Eusèbe. Ce sera prêt.

Le Petit Laquais. Maître, les convives sont à la porte.

Eusèbe. Vous avez tenu parole en venant ; mais je vous suis doublement reconnaissant d'être arrivés de bonne heure avec vos ombres, qui me sont infiniment agréables. Car il y a des personnes d'une politesse mal entendue qui tourmentent par leur retard le maître de maison.

Timothée. Nous sommes venus de bonne heure pour avoir le temps de parcourir et de visiter votre palais : nous avons entendu dire qu'il était plein d'un luxe merveilleux, qui témoigne du bon goût de son maître.

Eusèbe. Vous verrez un palais digne de son roi. Je préfère bien mon petit nid à tous les palais du monde ; et, si pour régner il suffit de vivre librement au gré de ses vœux, je règne ici dans toute l'acception du mot. Mais il vaut mieux, je crois, pendant que la cuisinière apprête les herbes et que l'ardeur du soleil est encore supportable, visiter mes jardins.

Timothée. Vous en avez encore un autre, outre celui-là ? Celui-là, admirablement cultivé, salue tout d'abord les visiteurs par son riant aspect et les accueille gracieusement.

Eusèbe. Cueillez donc chacun quelques fleurs et feuillages, afin de chasser la mauvaise odeur de la maison. Le même parfum ne plaît pas à tout le monde ; ainsi, faites votre choix. N'épargnez pas ; tout ce qui vient ici, je le laisse en quelque sorte à la disposition du public, car la porte de ce vestibule n'est fermée que la nuit.

Timothée. Tiens, vous avez saint Pierre sur la porte.

Eusèbe. J'aime mieux ce portier-là que les Mercures, les Centaures et autres monstres que certaines gens font peindre sur leurs portes.

Timothée. C'est plus digne d'un chrétien.

Eusèbe. Et mon portier n'est pas muet; il parle en trois langues à ceux qui entrent.

Timothée. Que leur dit-il?

Eusèbe. Lisez plutôt vous-même...

Timothée. La distance est un peu trop éloignée pour que ma vue puisse y atteindre.

Eusèbe. Tenez, voici une lunette qui vous rendra un vrai Lyncée.

Timothée. Je vois du latin : *Si vous voulez entrer dans la vie, observez les commandements.* (Mathieu, XIX.)

Eusèbe. Maintenant, lisez le grec.

Timothée. Je vois bien du grec, mais il ne me voit pas. Je charge donc de ce soin Théophile, qui fredonne sans cesse du grec.

Théophile. Repentez-vous et convertissez-vous.

Chrysoglotte. Je prendrai pour moi l'hébreu : *Le juste vivra dans sa foi.*

Eusèbe. Ne trouvez-vous pas obligeant ce portier qui nous avertit d'abord que nous devons fuir le vice et nous appliquer à l'étude de la piété; ensuite, que l'on n'arrive point à la vie par l'accomplissement de la loi mosaïque, mais par la foi évangélique; enfin, que l'observation des préceptes de l'Évangile conduit à la vie éternelle?

Timothée. Voici maintenant une allée à droite qui nous découvre une chapelle fort jolie. Sur l'autel, Jésus-Christ, les yeux levés au Ciel, vers le Père et le Saint-Esprit qui le regardent, tend la main droite en haut et de la gauche invite et attire en quelque sorte le passant.

Eusèbe. Et il ne nous reçoit pas sans rien dire. Voyez le latin : *Je suis la voie, la vérité et la vie;* le grec : *Je suis l'alpha et l'oméga;* l'hébreu : *Venez, enfants, obéissez-moi, je vous enseignerai la crainte du Seigneur.*

Timothée. Le Seigneur Jésus nous a fait un salut de bon augure.

Eusèbe. Pour ne point paraître incivils, il est peut-être convenable que nous lui rendions son salut, en le priant, puisque par nous-mêmes nous ne pouvons rien, que dans son inestimable bonté il ne souffre pas que nous nous écartions jamais de la voie du salut, mais que, dissipant les ombres judaïques et les illusions de ce monde, il nous conduise par la vérité évangélique à la vie éternelle, c'est-à-dire qu'il nous attire par lui-même à lui.

Timothée. C'est très-juste. D'ailleurs, la nature du lieu nous invite à la prière.

Eusèbe. La beauté de ce jardin attire beaucoup d'étrangers, et il est d'usage que personne ne passe devant Jésus sans le saluer. Je l'ai établi le gardien, à la place de l'affreux Priape, non-seulement de mon jardin et de tout ce que je possède, mais de mon corps et de mon âme. Il y a, comme vous voyez, une fontaine, d'où jaillissent agréablement des eaux très-salutaires : c'est une faible image de cette source unique dont la liqueur céleste réconforte ceux qui souffrent et qui sont accablés, et après laquelle soupire l'âme fatiguée des maux de ce monde, comme fait, suivant le Psalmiste, le cerf dévoré de soif pour avoir goûté de la chair des serpents. Tous ceux qui ont soif peuvent en boire gratuitement. Quelques-uns s'en aspergent par religion; il y en a même qui en boivent non par soif, mais par dévotion. Je vois que vous avez peine à vous arracher de ce lieu; mais il est temps de visiter le beau jardin qui est enclavé dans les murs de mon palais. S'il y a quelque chose à voir dans l'intérieur, vous le verrez après déjeuner, quand l'ardeur du soleil nous tiendra pendant quelques heures renfermés comme des limaçons à la maison.

Timothée. Ciel! il me semble voir les jardins d'Épicure.

Eusèbe. Tout ce lieu a été consacré au plaisir, mais au plaisir honnête; il repaît les yeux, récrée l'odorat, repose l'esprit. Il ne vient ici que des plantes odorantes, et il n'y en a point de vulgaires, ce sont seulement les plus belles; chaque espèce a sa plate-bande.

Timothée. Les plantes chez vous ne sont pas muettes, à ce que je vois.

Eusèbe. Vous dites vrai: d'autres ont des maisons opulentes, moi j'en ai une très-bavarde, afin de n'être jamais seul; vous en serez encore plus persuadé quand vous l'aurez toute vue. Comme mes plantes sont rangées en quelque sorte par escadrons, chaque escadron a son étendard avec une inscription. Par exemple, cette marjolaine: *Arrière, porc,* dit-elle, *mon parfum n'est pas pour toi.* Car, bien qu'elle exhale l'odeur la plus suave, les porcs en sont très-incommodés. Chaque espèce de plantes a également son étiquette, avec une inscription qui en indique les propriétés.

Timothée. Je n'ai encore rien vu de plus joli que cette fontaine qui, au milieu de toutes ces plantes, semble leur sourire et leur promet un rafraîchissement contre la chaleur. Mais ce petit canal où l'eau coule avec tant de grâce, qui coupe le jardin en deux, et dans lequel les plantes des deux bords aiment à se mirer, est-il de marbre?

Eusèbe. Que dites-vous? A quoi bon mettre ici du marbre? C'est un marbre artificiel, fait de blocage et blanchi à la chaux.

Timothée. Où se jette donc ce charmant ruisseau?

Eusèbe. Voyez l'injustice humaine! Quand il a bien réjoui nos yeux, il lave la cuisine et en emporte les immondices avec lui dans un égout.

Timothée. C'est de la cruauté, vraiment.

Eusèbe. Ce serait de la cruauté si, dans sa bonté, la Providence éternelle ne l'avait destiné à cet usage. Nous sommes cruels quand nous souillons par nos vices et nos mauvaises passions, la fontaine de la sainte Écriture, infiniment plus belle que celle-ci, qui nous a été donnée pour récréer et purifier nos cœurs, et que nous abusons d'un don si ineffable de Dieu. Car nous n'abusons pas de cette eau en l'appliquant aux différents usages que lui a assignés celui qui pourvoit largement aux besoins de l'humanité.

Timothée. Ce que vous dites là est très-vrai; mais pourquoi les clôtures de votre jardin sont-elles peintes en vert?

Eusèbe. Afin qu'ici tout soit vert. D'autres préfèrent le rouge, parce qu'il se marie agréablement avec la verdure ; moi, j'aime mieux le vert, par la raison que chacun a son goût, même en fait de jardins.

Timothée. Mais ce jardin, qui est très-beau par lui-même, est en quelque sorte assombri par trois galeries.

Eusèbe. Dans ces galeries j'étudie, je me promène seul, je converse avec un ami, je prends mon repas, si bon me semble.

Timothée. Ces colonnes qui, à des intervalles égaux, soutiennent l'édifice et caressent le regard par une admirable variété de couleurs, sont-elles de marbre ?

Eusèbe. Du même marbre que le canal.

Timothée. La supercherie est parfaite ; j'aurais juré que c'était du marbre.

Eusèbe. Gardez-vous donc de croire et de jurer sans réflexion. Les apparences sont souvent trompeuses. Nous suppléons par l'art aux ressources qui nous manquent.

Timothée. Ce jardin si propre, si bien cultivé, ne vous suffisait donc pas, puisque vous avez encore fait peindre d'autres jardins ?

Eusèbe. Un seul jardin ne pouvait pas contenir toutes les espèces de plantes. D'ailleurs, nous éprouvons un double plaisir en voyant une fleur peinte rivaliser avec une fleur naturelle : nous admirons dans l'une l'habileté de la nature, dans l'autre le talent du peintre, dans toutes deux la bonté de Dieu, qui nous accorde tout cela pour notre usage, et se montre dans les moindres choses aussi admirable qu'aimable. Enfin, les jardins ne sont pas toujours verts, les fleurs ne vivent pas toujours : ce jardin-là, même au cœur de l'hiver, est fleuri et riant.

Timothée. Mais il ne sent rien.

Eusèbe. Il n'a pas non plus besoin de culture.

Timothée. Il ne repaît que les yeux.

Eusèbe. Oui, mais il le fait perpétuellement.

Timothée. La peinture a aussi sa vieillesse.

Eusèbe. Oui, mais elle vit plus longtemps que nous, et l'âge lui donne souvent la beauté qu'il nous ôte.

Timothée. Plût à Dieu que votre remarque ne fût pas vraie !

Eusèbe. Dans cette galerie qui est à l'occident, je jouis du soleil levant ; dans celle-ci, qui regarde l'orient, je me réchauffe quelquefois ; dans celle-là, qui est tournée au midi, mais qui s'étend au nord, je prends le frais. Nous nous y promènerons, si vous voulez, afin de les voir de plus près. Tenez, le pavé lui-même est verdoyant, les carreaux sont ornés de couleurs et des fleurs peintes y récréent la vue. Ce bois, que vous voyez peint sur le mur, me montre un spectacle varié. D'abord, tous les arbres que vous distinguez sont des arbres d'essences différentes, reproduits fidèlement d'après nature. Tous les oiseaux que vous voyez sont d'espèces différentes et ont été choisis parmi les plus rares et les plus remarquables. Car, à quoi bon peindre des oies, des poules et des canards ? Au bas sont les quadrupèdes et les oiseaux qui vivent sur terre comme les quadrupèdes.

Timothée. C'est une variété admirable ; tout agit ou dit quelque chose. Que nous raconte ce hibou, presque caché sous le feuillage ?

Eusèbe. L'oiseau de l'Attique parle attique : *Sois sage,* dit-il, *je ne vole pas pour tous.* Il nous recommande d'agir avec prudence, parce que la témérité irréfléchie ne réussit pas à tout le monde. Cet aigle met un lièvre en pièces, malgré les prières d'un escarbot. A côté de l'escarbot est un roitelet, ennemi mortel de l'aigle.

Timothée. Cette hirondelle, que tient-elle dans son bec?

Eusèbe. De la chélidoine. C'est avec cela qu'elle rend la vue à ses petits aveugles. Reconnaissez-vous la forme de la plante?

Timothée. Quelle est cette nouvelle espèce de lézard?

Eusèbe. Ce n'est point un lézard, c'est un caméléon.

Timothée. C'est là ce caméléon fameux par la longueur de son nom? Je le croyais un animal plus grand que le lion, qu'il surpasse par sa dénomination.

Eusèbe. Ce caméléon a toujours la gueule béante et est toujours à jeun. Cet arbre est le figuier sauvage, le seul auquel il fasse la guerre; il ne touche pas aux autres. Comme il a du venin, ne bravez pas sa gueule ouverte.

Timothée. Mais il ne change pas de couleur.

Eusèbe. Non, parce qu'il ne change pas de lieu; dès qu'il aura changé de lieu, vous lui verrez une autre couleur.

Timothée. Que signifie ce joueur de flûte?

Eusèbe. Ne voyez-vous pas à côté un chameau dansant?

Timothée. Je vois un singulier spectacle : un chameau qui danse et un singe qui joue de la flûte.

Eusèbe. Pour contempler chaque chose en détail et à loisir, nous consacrerons plus tard au moins trois jours ; nous nous contenterons aujourd'hui de regarder en gros. Dans cette partie on a peint d'après nature chaque plante remarquable, et, ce qui vous surprendra avec raison, ici les poisons les plus violents peuvent être sans crainte non-seulement vus, mais touchés.

Timothée. Voilà le scorpion, qui fait peu de mal dans nos contrées, mais qui en fait beaucoup en Italie. Toutefois, la couleur que lui a donnée le peintre ne me paraît pas exacte.

Eusèbe. Pourquoi cela ?

Timothée. Parce qu'en Italie ils sont plus noirs ; celui-ci est un peu pâle.

Eusèbe. Ne reconnaissez-vous donc pas la plante sur laquelle il est tombé ?

Timothée. Non.

Eusèbe. Ce n'est pas étonnant ; elle ne vient pas dans nos jardins. C'est l'aconit. Ce poison est si énergique que le scorpion, en le touchant, s'engourdit, pâlit et se laisse prendre. Mais, attaqué par le poison, c'est au poison qu'il demande un remède. Vous voyez tout près les deux sortes d'ellébore. Si le scorpion parvient à se dégager de la feuille d'aconit et à toucher l'ellébore blanc, il recouvre sa première vigueur, et son engourdissement disparaît au contact d'un poison différent.

Timothée. C'en est donc fait de ce scorpion, car il

ne se dégagera jamais de la feuille d'aconit. Ici les scorpions parlent-ils aussi ?

Eusèbe. Oui, et même en grec.

Timothée. Que dit-il ?

Eusèbe. Dieu découvre le coupable. Vous voyez ici, outre les plantes, toutes les espèces de serpents. Voici le basilic, aux yeux de feu, qui est redoutable par les poisons les plus dangereux.

Timothée. Celui-ci dit aussi quelque chose.

Eusèbe. Qu'on me haïsse, dit-il, *pourvu que l'on me craigne.*

Timothée. C'est parler tout à fait en roi.

Eusèbe. Non pas en roi, mais en tyran. Ici, un lézard se bat avec une vipère. Ici, une dipsade ¹ guette sa proie, cachée sous une coquille d'œuf d'autruche. Ici, vous voyez toute la république des fourmis, que nous citent pour modèle le sage des Hébreux, et même notre Horace. Ici vous voyez les fourmis des Indes, qui recueillent l'or et le conservent.

Timothée. Dieu tout-puissant ! qui pourrait s'ennuyer au milieu de ce théâtre ?

Eusèbe. Une autre fois, vous dis-je, vous aurez le temps de tout voir jusqu'à satiété. Bornez-vous maintenant à regarder de loin la troisième paroi. Elle contient les lacs, les fleuves et les mers, avec leurs poissons les plus remarquables. Voici le Nil; vous y voyez le dauphin, ami de l'homme, combattant contre le crocodile, qui est le plus mortel ennemi de la race humaine. Sur les grèves et les rivages vous voyez des

---

1. Vipère dont la blessure cause une soif mortelle.

animaux *amphibies*, tels que l'écrevisse, le phoque, le castor. Voici le polype rapace pris par un mollusque.

Timothée. Que dit-il ? *En voulant prendre je suis pris.* Le peintre a très-bien su rendre l'eau transparente.

Eusèbe. Il le fallait, sans quoi nous aurions besoin d'autres yeux. A côté est un autre polype, qui navigue sur la surface de l'eau, fier de ressembler à une galère. Vous voyez une torpille couchée dans le sable, qui est de même couleur qu'elle ; ici vous pouvez la toucher sans crainte, même avec la main. Mais il nous faut aller ailleurs. Tout cela nourrit les yeux, mais ne remplit pas le ventre. Passons au reste.

Timothée. Y a-t-il encore autre chose ?

Eusèbe. Vous allez voir ce que nous réserve le derrière de la maison. Vous voyez ici un jardin assez spacieux, divisé en deux parties : dans l'une sont toutes les plantes alimentaires soumises au gouvernement de ma femme et de ma servante ; dans l'autre sont les plantes médicinales les plus remarquables. A gauche est une pelouse qui ne contient que du gazon vert ; elle est entièrement bordée d'une haie vive, formée de ronces entrelacées ; je m'y promène quelquefois ou j'y joue avec mes amis. A droite est un verger où, quand vous aurez le temps, vous verrez plusieurs arbres étrangers, que je tâche d'habituer peu à peu à notre climat.

Timothée. Peste ! en vérité, vous surpassez Alcinoüs lui-même.

Eusèbe. Tout près d'ici est une volière adossée au

bout de la galerie; vous la verrez après déjeuner. Vous remarquerez différentes formes et vous entendrez diverses langues. Les caractères ne sont pas moins variés. Entre certains oiseaux règne une parenté et un amour réciproque; entre d'autres, une haine implacable. Mais ils sont tous si apprivoisés et si doux que quand je dîne ici, la fenêtre ouverte, ils volent sur la table et prennent à manger jusque dans les mains. Si je me promène sur ce pont volant que vous voyez, en causant avec un ami, ils accourent, observent et se perchent sur mes épaules ou sur mes bras; ils ont perdu tout sentiment de crainte, parce qu'ils savent qu'on ne leur fera pas de mal. Au bout du verger est le royaume des abeilles. C'est un spectacle qui ne manque pas de charme. Pour le moment, je ne vous laisserai pas regarder davantage, afin que vous ayez plus tard à voir du nouveau. Après déjeuner, je vous montrerai le reste.

Le Petit Laquais. Votre femme et votre servante crient que le déjeuner se gâte.

Eusèbe. Dis-leur de se tranquilliser; nous accourons. Lavons-nous, mes amis, afin de nous mettre à table les mains et le cœur purs. Si pour les païens eux-mêmes la table était un objet pieux, combien doit-elle être plus sainte aux yeux des chrétiens, à qui elle retrace l'image de ce festin sacré que le Seigneur Jésus fit pour la dernière fois avec ses disciples. On a adopté l'usage de se laver les mains, afin que si quelqu'un a dans le cœur un sentiment de haine, d'envie ou de concupiscence, il l'en bannisse avant de se mettre à table. Je crois, en effet, que les aliments sont plus salutaires au corps lorsqu'on les prend avec un esprit purifié.

Timothée. Nous sommes parfaitement de votre avis.

Eusèbe. Puisque le Christ lui-même nous a enseigné par son exemple à commencer et à finir nos repas par un hymne (j'en juge par plusieurs passages de l'Évangile où nous voyons qu'avant de rompre le pain il le bénissait et rendait grâces à son père), si vous le voulez, je vous réciterai un hymne dont saint Chrysostôme fait un éloge pompeux dans une des homélies, et qu'il a même daigné traduire.

Timothée. C'est nous, au contraire, qui vous en prions.

Eusèbe. Dieu béni, qui me nourrissez dès ma jeunesse et qui donnez leur subsistance à tous les êtres vivants, remplissez nos cœurs de joie et d'allégresse, afin qu'après avoir pleinement satisfait à nos besoins, nous abondions en toutes sortes de bonnes œuvres, dans Notre-Seigneur Jésus-Christ, qui partage la gloire, l'honneur et la puissance avec vous et avec le Saint-Esprit, dans tous les siècles.

Timothée. Ainsi soit-il.

Eusèbe. Maintenant asseyez-vous, et que chacun mette son ombre à côté de soi. La première place est due à vos cheveux blancs, Timothée.

Timothée. Vous avez caractérisé d'un mot tout mon mérite. C'est à ce titre seul que je suis supérieur aux autres.

Eusèbe. Dieu est juge des autres qualités; nous apprécions, nous, ce que nous voyons. Sophron, joignez-vous à votre corps. Théophile et Eulale, occupez le côté droit de la table; Chrysoglotte et Théodidacte se placeront à gauche; Urane et Néphale occuperont le restant. Moi, je me mettrai dans ce coin.

Timothée. Nous ne le souffrirons pas; la première place est due à l'hôte.

Eusèbe. Toute cette maison est à moi et à vous; si j'ai quelque autorité dans mon royaume, la place qui revient à l'hôte est celle qu'il s'est choisie. Maintenant, que le Christ, qui réjouit tout et sans lequel il n'y a point de vrai plaisir, daigne assister à notre repas et égayer nos cœurs par sa présence.

Timothée. J'espère qu'il le daignera. Mais où s'assiéra-t-il, puisque toutes les places sont occupées?

Eusèbe. Puisse-t-il se mêler à tous les plats et les verres, afin que tout soit pénétré de sa personne et qu'il se glisse dans nos cœurs ! Pour qu'il veuille bien le faire et que nous nous rendions dignes d'un tel hôte, si cela ne vous contrarie pas, vous entendrez quelques lignes de la sainte Écriture, ce qui ne vous empêchera pas, si le cœur vous en dit, de faire main basse sur les œufs et les laitues.

Timothée. Nous le ferons volontiers, mais nous écouterons avec plus de plaisir.

Eusèbe. Cet usage me paraît devoir être adopté sous plusieurs rapports, en ce qu'il coupe court aux conversations oiseuses et fournit la matière d'un entretien fructueux. Car je suis loin de partager l'opinion de ceux qui prétendent qu'un repas ne saurait être gai s'il n'abonde en propos sots et licencieux, et s'il ne retentit d'obscènes chansons. La vraie gaieté émane d'une conscience pure et honnête ; les propos vraiment joyeux sont ceux que l'on aime toujours avoir dits ou entendus, que l'on est toujours heureux de se rappeler, et non ceux dont on se repent bientôt et qui pèsent sur la conscience comme un remords.

Timothée. Dieu veuille que nous sentions tous combien cette méthode est raisonnable!

Eusèbe. Outre son utilité réelle et inappréciable, on y trouve même du plaisir quand on l'a pratiquée pendant un mois.

Timothée. Il n'y a donc rien de mieux que de contracter de bonnes habitudes.

Eusèbe. Lis, petit laquais, hautement et clairement.

Le Petit Laquais. Le cœur du roi est dans la main du Seigneur comme une eau courante; il le fait tourner de tel côté qu'il veut. Toutes les voies de l'homme lui paraissent droites; mais le Seigneur pèse les cœurs. Faire miséricorde et justice est plus agréable au Seigneur que de lui offrir des victimes [1].

Eusèbe. En voilà assez. Il vaut mieux apprendre peu avidement que de dévorer beaucoup avec ennui.

Timothée. Oui, sans doute, mais votre raisonnement ne se borne pas là. Pline a écrit que le *Traité des devoirs* de Cicéron ne devrait jamais sortir des mains. Cet ouvrage mérite, assurément, selon moi, que tout le monde, et principalement ceux qui se destinent au gouvernement de l'État, l'apprennent par cœur; mais j'ai toujours pensé que ce petit livre des *Proverbes* était digne que nous l'eussions constamment sur nous.

Eusèbe. Comme je savais que le déjeuner serait sans

---

[1]. Proverbes, XXI, 1, 2, 3.

goût ni saveur, j'ai voulu nous procurer cet assaisonnement.

Timothée. Ici tout est somptueux ; mais quand il n'y aurait que des bettes sans poivre, sans vin et sans vinaigre, une telle lecture assaisonnerait tout.

Eusèbe. J'éprouverais cependant plus de charme si je comprenais parfaitement ce que j'ai entendu. Plût à Dieu que nous eussions ici un vrai théologien, qui non-seulement comprît ce passage, mais qui le sentît. Je ne sais si nous, qui sommes des laïques, avons le droit de nous entretenir d'un pareil sujet.

Timothée. Pour moi, je crois que ce droit appartient même aux matelots, pourvu que l'on se garde d'établir des définitions. Le Christ, qui a promis de paraître chaque fois que deux individus se réuniraient pour parler de lui, nous inspirera peut-être, nous qui sommes plus nombreux.

Eusèbe. Ne ferions-nous pas bien de partager les trois sentences entre nous neuf?

Les Convives. Oui, à la condition que le maître de maison commencera.

Eusèbe. Je ne refuserais pas cet honneur si je ne craignais de vous traiter sous ce rapport encore plus mal que je ne vous traite à table. Toutefois, pour ne point paraître un maître de maison difficile, je laisse de côté les diverses conjectures que les commentateurs ont entassées sur ce passage, et voici le sens moral que j'y trouve. La plupart des hommes se laissent fléchir par les avertissements, les reproches, les lois et les menaces ; mais comme un roi ne craint personne, en le contrariant on ne fait que l'irriter. Par conséquent, chaque fois que les princes désirent ardemment quelque chose, il faut les laisser faire, non qu'ils veuillent toujours le bien, mais, parce que Dieu se sert quelquefois de leur folie et de leur méchanceté pour corriger ceux qui ont péché. C'est ainsi qu'il a défendu de résister à Nabuchodonosor, parce qu'il avait résolu de s'en servir pour châtier son peuple. C'est peut-être ce que Job a voulu dire par ces paroles (chap. 34) : *C'est lui qui fait régner l'homme hypocrite, à cause des péchés du peuple.* C'est peut-être aussi pour cela que David dit, en pleurant son péché (ps. 51) : *J'ai péché devant vous seul, et j'ai fait le mal en votre présence.* Non que les rois ne pèchent pas sans faire à leur peuple un tort considérable, mais parce qu'il n'y a pas d'homme qui ait le pouvoir de les condamner, tandis que personne, si puissant qu'il soit, ne peut échapper au jugement de Dieu.

Timothée. Votre interprétation ne me déplaît pas. Mais que signifie l'*eau courante?*

Eusèbe. C'est une comparaison que l'on emploie pour expliquer la pensée. La passion d'un roi est une chose violente et sans frein ; on ne peut la diriger ni d'un côté ni de l'autre ; elle suit sa propre impulsion, poussée pour ainsi dire par une fureur divine. De même la mer se répand sur le continent ; puis, changeant brusquement son cours, comme si elle dédaignait les champs, les édifices et tout ce qui lui fait obstacle, elle s'enfonce sous la terre ; vouloir arrêter son impétuosité ou la détourner serait perdre son temps. Il en est de même des grands fleuves, témoin ce que la mythologie rapporte au sujet de l'Achéloüs.

Il y a moins de danger à leur céder avec douceur qu'à leur résister violemment.

Timothée. N'y a-t-il donc point de remède contre les excès des mauvais rois?

Eusèbe. Peut-être faudrait-il d'abord ne point admettre le lion dans l'État; ensuite, modérer sa puissance par l'autorité du sénat, des magistrats et des citoyens, pour qu'il ne se jette pas dans la tyrannie. Mais le meilleur moyen c'est, quand il est encore enfant et qu'il ne sait pas qu'il est prince, de former son cœur par de saintes leçons. Les prières et les avertissements sont bons, mais présentés avec douceur et à propos. L'ancre de salut consiste à supplier Dieu d'incliner l'esprit du roi vers une conduite digne d'un vrai chrétien.

Timothée. Que parliez-vous de laïque? Si j'étais bachelier en théologie, je ne rougirais point de cette interprétation.

Eusèbe. Je ne sais pas si elle est vraie; il me suffit que le sens n'en soit ni impie ni hérétique. J'ai obéi à votre volonté. Maintenant, comme il convient dans un repas, je désire vous entendre tour à tour.

Timothée. Si vous avez quelque déférence pour mes cheveux blancs, il me semble que ce passage peut être interprété dans un sens plus abstrait.

Eusèbe. Je le crois, et je suis curieux de l'apprendre.

Timothée. On peut entendre par roi l'homme parfait qui, domptant les appétits de la chair, n'obéit qu'aux inspirations de l'Esprit divin. Or, il ne convient peut-être pas de réduire un tel homme à la condition ordinaire par les lois humaines; on doit le laisser à son maître dont l'inspiration le guide, et il ne faut pas le juger d'après les moyens qu'emploie la faiblesse des imparfaits pour s'avancer dans la vraie piété. S'il fait autrement que les autres, il faut dire avec saint Paul (aux Romains, XIV): *Le Seigneur l'a reçu; s'il demeure ferme, ou s'il tombe, cela regarde son maître;* et encore: *L'homme spirituel juge de tout, et n'est jugé de personne* (aux Corinthiens, 1, 2). Par conséquent, à de tels hommes nul ne doit faire la loi, car le Seigneur, qui a prescrit des bornes à la mer et aux fleuves, tient le cœur de son roi dans sa main et le dirige partout où il veut. Quel besoin y a-t-il de commander à celui qui de son chef se conduit mieux que ne l'exigent les lois humaines, ou quelle témérité d'astreindre à des constitutions un homme qui, selon des témoignages certains, est gouverné par le souffle de l'Esprit divin?

Eusèbe. Cher Timothée, vous n'avez pas seulement les cheveux blancs, vous avez encore une maturité de savoir qui vous attire le respect. Oui, plût au ciel que parmi les chrétiens, qui devraient être tous de pareils rois, il s'en trouvât beaucoup dignes de ce surnom! Mais c'est assez préludé avec les œufs et les légumes; faites ôter cela, et que l'on serve le reste.

Timothée. Cette ovation [1] nous satisfait largement,

---

1. Timothée oublie que *ovation* vient d'*ovis*, brebis, et non d'*ovum*, œuf, et son jeu de mots, qui vise les dernières paroles d'Eusèbe, porte à faux.

lors même qu'il ne lui succéderait ni supplications, ni triomphe.

Eusèbe. Mais puisque, avec l'aide du Christ, comme je le crois, nous avons réussi pour la première sentence, je voudrais que votre ombre nous expliquât la seconde, qui me paraît un peu plus obscure.

Sophron. Si vous voulez bien prendre en bonne part mes explications, je dirai franchement ma pensée. D'ailleurs, comment une ombre pourrait-elle apporter de la lumière sur un point obscur?

Eusèbe. Je vous promets, au nom de tous, qu'il sera fait comme vous le désirez. Des ombres telles que vous ont une lumière mieux proportionnée à notre vue.

Sophron. L'auteur des *Proverbes* semble enseigner la même doctrine que saint Paul. On arrive à la piété par différents genres de vie. L'un aime le sacerdoce, l'autre le célibat, celui-ci le mariage, celui-là la retraite, un autre les emplois publics, suivant la variété des caractères et des tempéraments. En outre, l'un mange de tout, l'autre distingue entre ses aliments; celui-ci établit une différence entre les jours, celui-là n'en met aucune. En cela saint Paul veut que chacun suive son goût sans offenser autrui. Il ne faut juger personne sur de pareilles choses, mais déférer le jugement à Dieu, qui sonde les cœurs. Car il arrive souvent que celui qui mange plaît plus à Dieu que celui qui ne mange pas; que celui qui viole un jour de fête est mieux venu de Dieu que celui qui paraît l'observer, et que le mariage d'un tel est plus agréable aux yeux de Dieu que le célibat de plusieurs. Ombre, j'ai dit.

Eusèbe. Plût au ciel que je pusse m'entretenir souvent avec de pareilles ombres! Si je ne me trompe, vous avez touché la chose non du doigt, comme l'on dit, mais de la langue. Maintenant en voici un qui a vécu dans le célibat ; il n'est pas du nombre des bienheureux qui se sont châtrés pour le royaume de Dieu, mais il a été châtré par force pour mieux satisfaire le ventre, *jusqu'à ce que Dieu ait détruit et le ventre et la nourriture.* C'est un chapon qui sort de notre basse-cour. Je préfère le bouilli. Ce bouillon n'est pas mauvais ; ce qui nage dedans ce sont des laitues de premier choix. Que chacun prenne ce qui lui plaît. Pour ne point vous tromper, vous aurez après cela un petit rôti, puis du dessert, ensuite le dénoûment de la pièce.

Timothée. Mais, en attendant, nous excluons votre femme du repas.

Eusèbe. Quand vous viendrez accompagnés des vôtres, la mienne se mettra à table. Que ferait-elle ici, sinon un personnage muet? Elle a plus de plaisir à bavarder avec d'autres femmes, et nous philosophons plus librement. Autrement il serait à craindre qu'il ne nous arrivât ce qui est arrivé à Socrate. Un jour qu'il avait pour convives des philosophes qui prenaient plus de plaisir à ces sortes de conversations qu'au manger, la discussion se prolongeant, Xantippe, en colère, renversa la table.

Timothée. Je suis persuadé que rien de semblable n'est à craindre de la part de votre femme : elle a un caractère trop doux.

Eusèbe. Pour moi, elle est assurément telle que je

ne voudrais pas la changer, quand même je le pourrais, et, sous ce rapport, je me trouve extrêmement heureux. Car je ne suis pas de l'avis de ceux qui considèrent comme un bonheur de n'avoir point été mariés; j'aime mieux ce que dit le sage des Hébreux : qu'*un bon lot est échu à celui qui a une bonne femme.*

Timothée. C'est souvent par notre faute que les femmes sont mauvaises ; soit parce que nous les choisissons ou que nous les rendons telles, soit parce que nous ne les formons ni ne les instruisons comme il faut.

Eusèbe. Vous dites vrai ; mais j'attends l'explication de la troisième sentence, et Théophile me paraît avoir envie de parler, *sous l'inspiration de Dieu.*

Théophile. Du tout, mon esprit était dans les plats ; je parlerai néanmoins, puisqu'on le peut impunément.

Eusèbe. Vous mériterez la reconnaissance, même en vous trompant, car vous fournirez ainsi le moyen de trouver.

Théophile. Cette sentence me paraît la même que celle qu'a exprimée le Seigneur dans le prophète Osée (chap. VI) : *C'est la miséricorde que je veux, et non le sacrifice ; et j'aime mieux la connaissance de Dieu que les holocaustes.* Le Seigneur Jésus est l'interprète vivant et efficace de ce passage dans l'Évangile de saint Matthieu (chap. IX). Un jour qu'il assistait à un repas dans la maison de Lévi, qui était publicain, et qui avait invité à ce repas plusieurs personnes de son ordre et de sa profession, les pharisiens, qui se targuaient d'observer scrupuleusement la loi, mais qui négligeaient les préceptes d'où dépendaient essentiellement la loi et les prophètes, les pharisiens, dis-je, voulant aliéner à Jésus ses disciples, leur demandèrent pourquoi leur maître s'attablait avec des pécheurs, quand les Juifs, jaloux de passer pour saints, évitaient leur contact et avaient soin de se laver le corps en rentrant chez eux si par hasard ils les avaient abordés. Comme les disciples, encore novices, ne savaient que répondre, le Seigneur répondit et pour lui et pour eux : *Ce ne sont pas ceux qui se portent bien, dit-il, mais les malades, qui ont besoin de médecin. Allez donc, et apprenez ce que veut dire cette parole : J'aime mieux la miséricorde que le sacrifice; car je ne suis pas venu appeler les justes, mais les pécheurs.*

Eusèbe. Vous expliquez très-bien la chose en comparant les passages, ce qui est la meilleure méthode à employer dans les saintes Écritures; mais je voudrais savoir ce que Dieu entend par *sacrifice* et par *miséricorde*. Car, comment se fait-il que Dieu repousse les sacrifices, après les avoir prescrits tant de fois?

Théophile. Dieu nous apprend lui-même, au premier chapitre d'Isaïe, comment il repousse les sacrifices. Il y a dans la loi judaïque certaines prescriptions qui annoncent la sainteté plus qu'elles ne l'opèrent, tels que les jours de fête, le sabbat, les jeûnes, les sacrifices. Mais il y a d'autres pratiques qu'il faut toujours observer, parce qu'elles sont essentiellement bonnes, et non parce qu'elles sont commandées. Or, Dieu repousse les Juifs non pas parce qu'ils n'observaient point les formalités de la loi, mais parce que, follement orgueilleux de remplir ces formalités, ils négligeaient ce que Dieu réclame principalement de nous, et que, pétris d'avarice, d'orgueil, de rapines, de haine, d'envie et d'autres vices, ils s'imaginaient que Dieu devait leur savoir beaucoup de gré d'assister au temple les jours de fête, d'immoler des victimes, de s'abstenir des mets défendus, de jeûner de temps en temps. Ils s'attachaient à l'ombre et négligeaient la réalité. Quant à ces paroles : *Je veux la miséricorde et non le sacrifice*, je crois que c'est un hébraïsme qui signifie : Je veux la miséricorde plutôt que le sacrifice. Salomon l'interprète dans ce sens lorsqu'il dit : *Les œuvres de miséricorde et de justice plaisent plus au Seigneur que les victimes*. D'ailleurs, tous les bons offices qui tendent à soulager le prochain, l'Écriture les désigne sous le nom de *miséricorde* et d'*aumône*, qui dérive de *miséricorde*. Je pense que le mot *victimes* s'applique à tout ce qui concerne les cérémonies corporelles et a un certain rapport avec le judaïsme, tels que le choix des aliments, la forme déterminée des vêtements, le jeûne, le sacrifice, les prières récitées comme une tâche, le repos des jours de fête. Car bien que ces pratiques ne soient pas à dédaigner en temps utile, elles ne sont pas agréables à Dieu quand, s'appuyant sur elles, on néglige la miséricorde chaque fois que les besoins d'un frère réclament l'exercice de la charité. C'est un acte pieux que d'éviter la fréquentation des méchants, mais il doit cesser chaque fois que l'exige la charité envers le prochain. L'obéissance veut que l'on se repose les jours de fête, mais il serait impie, à cause de cette obligation, de laisser périr son frère. Par conséquent, observer le dimanche est, pour ainsi dire, la victime ; se réconcilier avec son frère est la miséricorde. Quant à la justice, quoique l'on puisse la rapporter aux puissants qui oppriment souvent les faibles, il ne me semble pas déraisonnable de la faire coïncider avec cette parole d'Osée : *Et la science plus que les holocaustes.* On n'observe pas la loi quand on ne l'observe pas selon l'esprit de Dieu. Les Juifs retiraient l'âne tombé dans la fosse le jour du sabbat, et ils reprochaient au Christ de sauver un homme pendant le sabbat. C'était un jugement faux et contraire à la science de Dieu ; ils ignoraient que ces pratiques étaient faites pour l'homme et que l'homme n'était pas fait pour elles. Ce que je dis là semblerait impudent si je ne parlais d'après vos ordres ; j'aimerais mieux apprendre des autres des choses plus sensées.

Eusèbe. Vos réflexions me paraissent si impudentes que je crois que c'est le Seigneur Jésus qui les a prononcées par votre bouche. Mais tout en repaissant largement nos âmes, ne négligeons pas leurs collègues.

Théophile. Quels collègues ?

Eusèbe. Nos corps ; ne sont-ce pas les collègues de nos âmes ? J'aime mieux ce nom-là que celui d'instrument, de domicile ou de sépulcre.

Timothée. Assurément, la réfection est complète quand l'homme est restauré tout entier.

Eusèbe. Je vois que vous y allez mollement ; par conséquent, si vous le voulez, je vais dire qu'on apporte le rôti, pour ne pas vous faire faire un long repas au lieu d'un bon repas. Vous voyez le menu de ce petit déjeuner : une épaule de mouton qui est excellente, un chapon et quatre perdrix ; j'ai acheté ces dernières au marché, le reste provient de cette métairie.

Timothée. Je vois un repas d'épicurien, pour ne pas dire de Sybarite.

Eusèbe. Au contraire, il est à peine digne d'un carme. Mais, tel qu'il est, acceptez-le de bon cœur. Du moins l'intention est pure si la table laisse à désirer.

Timothée. Votre maison est si peu muette que non-seulement les murs, mais encore les verres, disent quelque chose.

Eusèbe. Que vous dit le vôtre ?

Timothée. Nul n'est blessé que par soi-même.

Eusèbe. Ce verre plaide en faveur du vin. Car on impute généralement au vin la fièvre ou la pesanteur de tête causée par la boisson, quand on s'est attiré soi-même le mal en buvant avec excès.

Sophron. Le mien parle grec : *La vérité est dans le vin.*

Eusèbe. Il avertit qu'il n'est pas prudent aux prêtres et aux serviteurs des rois de s'adonner au vin, parce qu'il transporte ordinairement sur la langue tout ce qui se cache au fond du cœur.

Sophron. Chez les Égyptiens, il était défendu jadis aux prêtres de boire du vin, quoique les mortels ne leur confiassent pas encore leurs secrets.

Eusèbe. Aujourd'hui tout le monde peut boire du vin ; cette liberté est-elle profitable ? je n'en sais rien. Eulale, quel livre sortez-vous de votre poche ? Il paraît fort joli, car l'extérieur en est tout doré.

Eulale. A l'intérieur, il renferme plus que des diamants. Ce sont les Épîtres de saint Paul, dont je fais mes plus chères délices, et que je porte toujours sur moi. Je le sors de ma poche parce que vos paroles m'ont rappelé un passage qui m'a longtemps tourmenté dernièrement, et sur lequel je ne suis pas encore fixé. C'est au sixième chapitre de la première Épître aux Corinthiens : *Tout m'est permis, mais tout n'est pas convenable. Tout m'est permis, mais je ne me rendrai esclave de quoi que ce soit.* Premièrement, si nous en croyons les stoïciens, tout ce qui est utile est en même temps honnête. Comment se fait-il donc que saint Paul distingue ce qui est utile de ce qui est convenable? Assurément la débauche et l'ivrognerie ne sont point permises, pourquoi donc dire que tout est permis? Si saint Paul parle de certaines choses déterminées qui, selon lui, seraient permises à tout le monde, je ne puis guère deviner, d'après la teneur de ce passage, quelles sont ces sortes de choses. D'après ce qui suit, on peut supposer qu'il parle du choix des aliments. Car quelques-uns s'abstenaient des mets offerts aux idoles; et d'autres de ceux défendus par Moïse. Quant aux mets offerts aux idoles, il en parle au chapitre VIII; puis au chapitre X, comme pour expliquer le sens de ce passage, il dit : *Tout m'est permis, mais tout n'est pas convenable. Tout m'est permis, mais tout n'est pas édifiant. Que personne ne cherche sa propre satisfaction, mais le bien des autres. Mangez de tout ce qui se vend à la boucherie.* Ce que saint Paul ajoute ici concorde avec ce qu'il avait dit plus haut : *La nourriture est pour le ventre, et le ventre est pour la nourriture; mais un jour Dieu détruira l'un et l'autre.* Quant à ce qu'il pense du choix judaïque des aliments, la fin du chapitre dixième le démontre : *Ne donnez occasion de scandale ni aux Juifs, ni aux gentils, ni à l'Église de Dieu, comme je tâche moi-même de plaire à tous en toutes choses, ne cherchant point ce qui m'est avantageux, mais ce qui est avantageux à plusieurs, afin qu'ils soient sauvés.* Par les gentils, il entend les sacrifices aux idoles ; par les *Juifs*, le choix des aliments ; par l'*Église de Dieu*, les faibles réunis des deux nations. Il était donc permis de manger de n'importe quel aliment, *et tout était pur pour des cœurs purs.* Mais il survient un cas où cela n'est pas convenable. Cette permission générale était le fruit de la liberté évangélique ; mais la charité regarde partout ce qui contribue au salut du prochain, et pour cela elle s'abstient souvent de ce qui est permis, aimant mieux se plier à l'intérêt du prochain qu'user de sa liberté. Mais il me vient ici deux scrupules : le premier, c'est que dans l'ensemble du discours rien de ce qui précède ou de ce qui suit ne se rapporte à cette interprétation-là. Saint Paul avait reproché aux Corinthiens d'être séditieux, de se souiller par la débauche, l'adultère et même l'inceste, de plaider devant des juges impies. Comment concilier cela avec ces paroles : *Tout m'est permis, mais tout n'est pas convenable ?* Dans ce qui suit il revient au sujet de l'impudicité, qu'il avait repris précédemment, en laissant de côté la question des procès. *Le corps, dit-il, n'est pas pour la fornication, mais pour le Seigneur, et le Seigneur est pour le corps.* Mais je puis lever tant bien que mal ce scrupule, parce que peu auparavant, dans le catalogue des vices, il avait fait mention de l'idolâtrie : *Ne vous y trompez pas : ni les fornicateurs, ni les idolâtres, ni les adultères,*

Or, l'usage des viandes offertes aux idoles tournait à l'idolâtrie. C'est pourquoi il ajoute ensuite : *La nourriture est pour le ventre et le ventre est pour la nourriture*; marquant par là que suivant les besoins du corps et les circonstances on peut manger de tout, à moins que la charité du prochain ne s'y oppose; mais que l'impudicité doit être partout et toujours détestée. Manger est une nécessité dont nous serons affranchis au jour de la résurrection; se livrer à la débauche est un vice. Mais je ne puis dissiper mon second scrupule, savoir, comment rattacher à cela ces paroles : *Je ne me rendrai esclave de quoi que ce soit*. Car saint Paul dit qu'il a pouvoir sur tout et qu'il n'est au pouvoir de personne. Si c'est dépendre de quelqu'un que de s'abstenir d'une chose dans la crainte de le scandaliser, saint Paul parle ainsi de lui-même au chapitre neuvième : *Quoique je fusse indépendant de tout, je me suis fait l'esclave de tous, afin de gagner tout le monde*. Saint Ambroise, éprouvant sans doute le même scrupule, pense que l'Apôtre s'exprime ainsi pour préparer la voie à ce qu'il dit au chapitre neuvième, qu'il était libre de faire ce que faisaient les autres apôtres, c'est-à-dire de recevoir de la nourriture de ceux à qui il prêchait l'Évangile. Mais quoique cela lui fût permis, il s'en abstenait dans l'intérêt des Corinthiens, auxquels il reprochait des vices si nombreux et si énormes. Quiconque reçoit devient en quelque sorte l'obligé de celui de qui il reçoit, et il perd quelque chose de la force de son autorité. Car celui qui reçoit n'est plus aussi libre dans ses réprimandes, et celui qui donne supporte moins bien la censure de son obligé. Saint

Paul dans cette circonstance s'est donc abstenu de ce qui lui était permis, par égard à la liberté apostolique qu'il ne voulait pas compromettre afin de reprendre les vices des Corinthiens plus librement et avec plus d'autorité. J'avoue que cette explication de saint Ambroise ne me déplaît point. Cependant, si l'on préférait rapporter ce passage aux aliments, selon moi, ces paroles de saint Paul : *Je ne me rendrai esclave de quoi que ce soit*, pourraient être entendues de la sorte : Bien que je m'abstienne quelquefois des aliments offerts aux idoles ou défendus par la loi de Moïse, pour aider au salut du prochain et au progrès de l'Évangile, mon esprit ne laisse pas d'être libre, car je sais qu'il m'est permis de manger de tout suivant les besoins du corps. Mais les faux apôtres s'efforçaient de persuader que certains aliments étaient impurs par eux-mêmes, qu'il ne fallait pas s'en abstenir par occasion, mais s'en priver toujours comme de choses essentiellement mauvaises, telles que l'homicide et l'adultère. Ceux qui acceptaient cette doctrine étaient réduits sous le pouvoir d'autrui, et perdaient la liberté évangélique. Théophylacte[1] est le seul, autant que je puis me rappeler, qui fournisse une interprétation différente de celles-ci. *Il est permis, dit-il, de manger de tout, mais il ne convient pas de manger avec excès, car l'intempérance engendre l'impudicité.* Cette glose, qui n'a rien d'impie, ne me paraît pas le vrai sens de saint Paul. Je vous ai fait part de ce qui me tour-

---

[1]. Archevêque d'Acrida, en Bulgarie, dans le XIe siècle, qui a laissé des commentaires sur les Épîtres de saint Paul.

mente; il est de votre charité de me délivrer de ces scrupules.

Eusèbe. Certes vous répondez fort bien à votre nom. Quand on sait proposer de la sorte des questions, on n'a besoin de personne pour les résoudre. Vous avez exposé vos doutes de telle manière que tous les miens se sont dissipés. Pourtant saint Paul dans cette épître, ayant voulu traiter plusieurs choses à la fois, passe souvent d'un sujet à l'autre et reprend ensuite ce qu'il avait interrompu.

Chrysoglotte. Si je ne craignais que mon bavardage ne vous empêchât de manger, et si je croyais qu'il fût permis de mêler à des entretiens aussi sacrés un passage des auteurs profanes, je vous proposerais à mon tour quelque chose que j'ai lu aujourd'hui, et qui, loin de m'avoir torturé l'esprit, m'a causé un plaisir extrême.

Eusèbe. On ne doit point qualifier de profane tout ce qui respire la vertu et contribue aux bonnes mœurs. Il est vrai que les saintes Écritures doivent obtenir partout le plus grand crédit; cependant je rencontre quelquefois des choses dites par les anciens, ou écrites par des païens et même par des poëtes, si chastement, si saintement, si divinement, que je ne puis m'empêcher de croire, que, lorsqu'ils écrivaient cela, quelque divinité bienfaisante remuait leur cœur. L'esprit du Christ se répand peut-être plus loin que nous ne pensons. Plusieurs figurent au rang des saints, qui ne sont pas dans notre calendrier. J'ouvre mon cœur à mes amis : je ne puis lire les ouvrages de Cicéron sur *la Vieillesse,* sur *l'Amitié,* sur *les Devoirs,* sur *les Questions*

Tusculanes, sans embrasser de temps en temps le livre, et sans vénérer cette âme sainte, animée d'un souffle divin. Au contraire, quand je lis certains auteurs modernes qui traitent du gouvernement, de l'économie domestique ou de la morale, grand Dieu! comme ils sont froids au prix de cela, et comme ils ne paraissent pas sentir ce qu'ils écrivent! Aussi laisserais-je périr plutôt tout Scot et ceux qui lui ressemblent que les ouvrages de Cicéron ou de Plutarque; non que je condamne absolument les premiers, mais parce que je sens que les seconds me rendent meilleurs, tandis qu'au sortir de la lecture des autres, je ne sais pourquoi, je suis moins enflammé pour la vraie vertu et plus enclin à la dispute. Ne craignez donc point de proposer tout ce que vous voudrez.

Chrysoglotte. Quoique la plupart des ouvrages que Cicéron a écrits sur la philosophie respirent quelque chose de divin, celui qu'il a composé étant vieux sur la Vieillesse, me paraît tout à fait *le chant du cygne*, suivant un proverbe grec. Je l'ai relu aujourd'hui, et j'ai retenu ce passage qui m'a le plus frappé : *Si un dieu m'offrait de redevenir enfant à mon âge et de pousser des vagissements dans un berceau, je refuserais net; je ne voudrais pas, après avoir fourni ma course, être ramené du bout de la carrière au point de départ. Quels sont donc les plaisirs de la vie? ou plutôt quels n'en sont pas les maux? Admettons qu'elle ait des plaisirs : ou ils lassent, ou ils finissent. Je ne veux pas me plaindre de la vie, comme l'ont fait souvent beaucoup de gens, même éclairés. Je ne me repens point d'avoir vécu, parce que j'ai lieu de croire que ma vie n'a pas été inu-*

tile. Je sors de cette vie comme d'une hôtellerie, non comme d'une maison qui m'appartiendrait. La nature n'a point fait de la terre une habitation fixe, mais un lieu de passage. Heureux le jour où je partirai vers cette assemblée des âmes et où je quitterai la foule impure d'ici-bas ! Ainsi parla Caton. Un chrétien pourrait-il s'exprimer plus saintement ? Plût à Dieu que tous les entretiens des moines principalement avec les religieuses ressemblassent à cette conversation d'un vieux païen avec de jeunes païens !

Eusèbe. On vous objectera que ce dialogue a été imaginé par Cicéron.

Chrysoglotte. Peu m'importe que la gloire en revienne à Caton, qui a conçu et exprimé de tels sentiments, ou à Cicéron, dont la mémoire a conservé des pensées si divines, et dont la plume a dépeint ces belles choses avec tant d'éloquence. D'ailleurs, je suis persuadé que si Caton n'a pas tenu précisément ce langage, il avait coutume de raisonner de la sorte dans ses conversations. Car Cicéron n'était pas assez impudent pour représenter Caton autrement qu'il n'était, et dans son dialogue il aurait oublié la bienséance, qui est une des règles principales de ce genre d'écrire, alors surtout que le souvenir de ce grand homme était encore récent dans la mémoire des contemporains.

Théophile. Ce que vous dites là est très-probable ; mais je vais vous dire ce qui m'est venu à l'esprit pendant que vous récitiez ce passage. Je me suis souvent étonné d'une chose : tout le monde désire une longue vie et a horreur de la mort ; cependant à peine trouverait-on quelqu'un d'assez heureux, je ne dis pas parmi les vieillards, mais parmi les personnes de l'âge le plus avancé, qui, interrogé s'il consentirait à redevenir enfant, à la condition d'éprouver entièrement les mêmes biens et les mêmes maux qu'il avait ressentis dans sa vie, ne fît la même réponse que Caton, surtout s'il songeait à ce qui lui était arrivé de triste ou d'agréable dans le passé. Car souvent le souvenir des choses agréables est accompagné de honte ou de remords, en sorte qu'il ne répugne pas moins à la mémoire que le souvenir des choses tristes. C'est ce que nous ont démontré, selon moi, les poëtes pleins de sagesse qui racontent que les âmes commencent à regretter leur corps, quand elles ont bu l'oubli profond dans les eaux du Léthé.

Urane. C'est assurément une chose digne d'étonnement, et moi aussi je l'ai remarquée plusieurs fois. Mais que je suis charmé de ce mot : *Je ne me repens point d'avoir vécu!* Combien peu de chrétiens gouvernent leur vie de manière à pouvoir s'appliquer les paroles de ce vieillard! Le commun des hommes s'imaginent n'avoir pas vécu en vain lorsqu'ils laissent en mourant des richesses amassées par tous les moyens possibles. Mais Caton estime n'être pas venu au monde inutilement, parce qu'il s'est montré envers la république citoyen probe et vertueux, magistrat incorruptible, et qu'il a légué à la postérité des monuments de sa vertu et de son génie. Ensuite, quoi de plus divin que cette pensée : *Je sors de cette vie comme d'une hôtellerie, non comme d'une maison qui m'appartiendrait?* On n'est logé à l'hôtellerie que pour un peu de temps, jusqu'à ce que l'hôte vous renvoie; nul n'est chassé aisément de sa maison. Parfois cependant un écroulement, un incendie ou quelqu'autre accident vous contraint d'en sortir; mais, rien de semblable n'arriva-t-il, l'édifice tombant de vétusté vous avertit qu'il faut déloger.

Néphale. Ces paroles de Socrate dans Platon ne sont pas moins belles : *L'âme humaine, dit-il, a été mise dans le corps comme dans un poste qu'il ne lui est pas permis de quitter sans l'ordre du général, et où elle ne doit pas rester plus longtemps que ne le veut celui qui l'a placée.* Platon se sert d'un terme plus expressif en disant *poste* au lieu de *maison*, car dans une maison on ne fait que demeurer, tandis que dans un poste nous remplissons la fonction que nous a confiée notre général; cette comparaison se rapproche des saintes Écritures, qui appellent la vie humaine tantôt une milice, tantôt un combat.

Urane. Pour moi, je trouve que le langage de Caton s'accorde parfaitement avec celui de saint Paul, qui, écrivant aux Corinthiens (II, chap. 5), nomme la céleste demeure que nous attendons après cette vie οἰκία et οἰκητήριον, c'est-à-dire *maison* et *domicile*. D'ailleurs, il nomme notre corps une tente, en grec σκῆνος. *Car, dit-il, pendant que nous sommes dans un corps comme dans une tente, nous gémissons sous sa pesanteur.*

Néphale. Il ne s'éloigne pas du langage de saint Pierre (II, 1) : *Je crois qu'il est juste que pendant que je suis dans cette tente, je vous réveille en vous en renouvelant le souvenir, car je sais que dans peu de temps je dois quitter cette tente.* Dans saint Matthieu (XXIV), dans saint Marc (XIII) et dans saint Luc (XXI), qu'est-ce que le Christ nous crie, sinon de vivre et de veiller comme si nous devions mourir à l'instant même, et de nous attacher à la pratique du bien comme si nous devions vivre éternellement? Ensuite, quand nous lisons ces paroles : *Heureux le jour!* ne croyons-nous pas entendre saint Paul lui-même disant aux Philippiens (II) : *Je désire la mort pour être avec le Christ.*

Chrysoglotte. Qu'ils sont heureux, ceux qui attendent la mort avec de telles dispositions! Mais dans le discours de Caton on pourrait blâmer une confiance qui tient de l'orgueil, et dont un chrétien doit bien se garder. Aussi n'ai-je rien lu chez les païens qui convînt mieux à l'homme véritablement chrétien que ce que Socrate, au moment de boire la ciguë, dit à Criton : *Je ne sais si Dieu approuvera mes actions; du moins j'ai fait tous mes efforts pour lui plaire. Cependant j'ai bon espoir qu'il ne sera pas mécontent de mes efforts.* Ce grand homme se défiait de ses actions, mais, plein de soumission à la volonté divine, il avait le ferme espoir que Dieu dans sa bonté le traiterait favorablement, parce qu'il s'était efforcé de bien vivre.

Néphale. Voilà des sentiments admirables pour un homme qui ne connaissait ni le Christ, ni les saintes Écritures. Aussi, en lisant de pareils traits de la part de tels hommes, je ne puis m'empêcher de m'écrier : *Saint Socrate, priez pour nous!*

Chrysoglotte. Et moi, bien des fois je ne puis m'empêcher de croire que les saintes âmes de Virgile et de Perse ont une heureuse destinée.

Néphale. Que de chrétiens j'ai vus mourir misérablement! Les uns comptent sur certaines pratiques qui ne doivent inspirer aucune confiance ; d'autres, grâce aux remords et aux scrupules dont des ignorants troublent leurs derniers moments, rendent l'âme presque en désespérés.

Chrysoglotte. Cette mort ne m'étonne pas de la part de gens dont toute la philosophie a consisté uniquement dans des cérémonies.

Néphale. Qu'est-ce que cela veut dire?

Chrysoglotte. Je vais vous l'expliquer. Je déclare d'abord hautement que, loin de blâmer les sacrements et les cérémonies de l'Église, je les approuve fort ; mais qu'il y a des gens malintentionnés ou superstitieux, ou, en termes plus doux, simples et ignorants, qui enseignent au peuple à s'appuyer sur ces pratiques en laissant de côté ce qui nous rend véritablement chrétiens.

Néphale. Je ne comprends pas bien où vous voulez en venir.

Chrysoglotte. Je vais vous le faire comprendre. Si vous envisagez le commun des chrétiens, l'essentiel pour eux ne consiste-t-il pas dans des cérémonies? Au baptême, avec quel soin scrupuleux ne reproduit-on pas les anciens rites de l'Église? L'enfant reste à la porte du temple, on fait l'exorcisme, on fait le catéchisme, on prononce des vœux, on abjure Satan avec ses pompes et ses plaisirs, enfin on oint l'enfant, on lui fait des signes de croix, on lui met du sel sur la langue, on lui verse de l'eau sur la tête. On charge le parrain et la marraine de veiller à l'éducation de l'enfant; ceux-ci, moyennant un écu, rachètent leur liberté. Dès lors l'enfant porte le nom de chrétien, et il l'est en quelque sorte. Ensuite on l'oint une seconde fois, il apprend à se confesser, communie, prend l'habitude de se reposer les jours de fête, d'entendre la messe, de jeûner de temps en temps et de faire maigre. S'il observe ces pratiques, il passe pour un chrétien accompli. Se marie-t-il, survient un autre sacrement; entre-t-il dans les ordres, on l'oint de nouveau, on le consacre, on lui fait changer d'habits, on récite des prières. J'approuve que l'on fasse tout cela; ce que je n'approuve pas, c'est qu'on le fasse plutôt par routine que par conviction; ce que je désapprouve fort, c'est qu'on ne voie rien autre dans le christianisme. En effet, la plupart des hommes, s'appuyant là-dessus, ne s'empressent pas moins d'amasser des richesses par tous les moyens possibles, ils obéissent à la colère, à la débauche, à l'envie, à l'ambition. Ils arrivent ainsi à la mort : là, nouvelles cérémonies. Confession générale, extrême-onction, saint Viatique; on apporte les cierges, la croix, l'eau bénite ; on applique les indulgences; on déploie et on vend au mourant une bulle du pape; on prépare de magnifiques funérailles ; on réitère un engagement solennel; quelqu'un est là qui crie à l'oreille du mourant, et qui même parfois le tue avant l'heure, si, comme cela arrive souvent, ce crieur a la voix forte ou s'il a bien bu. Je veux que toutes ces pratiques soient bonnes, surtout celles que nous a transmises la coutume de l'Église; mais il y en a d'autres plus secrètes qui nous donnent de quitter ce monde avec une joie spirituelle et une confiance chrétienne.

Eusèbe. Vous prêchez, j'en conviens, avec autant de vérité que de piété, mais en attendant, personne ne mange. Ne vous y trompez point ; je vous ai avertis qu'il n'y avait plus que le second service, et encore sera-t-il très-simple ; ne vous promettez ni faisans, ni gélinottes, ni friandises. Petit, enlève cela et apporte ce qui reste. Vous voyez ma corne non d'abondance, mais d'indigence. C'est le produit des jardins que vous avez vus. Si quelque chose vous plaît, ne vous gênez pas.

Timothée. La variété est si grande que l'aspect seul nous récrée.

Eusèbe. Cependant pour que vous ne méprisiez pas trop ma frugalité, sachez qu'un plat comme celui-ci eût réjoui saint Hilarion, moine évangélique, lors même qu'il se fût trouvé parmi cent moines de notre temps ; saint Paul et saint Antoine en eussent vécu pendant un mois.

Timothée. Je crois même que saint Pierre, le prince des apôtres, ne l'eût pas dédaigné lorsqu'il logea chez Simon le corroyeur.

Eusèbe. Et saint Paul non plus, lorsque, pressé par le besoin, il fit pendant la nuit le métier de cordonnier.

Timothée. Nous devons tout à la bonté divine. Mais j'aimerais mieux souffrir la faim avec saint Pierre et saint Paul, pourvu que le manque de nourriture corporelle fût compensé par une abondance de délices spirituelles.

Eusèbe. Apprenons plutôt de saint Paul à jouir de l'abondance et à supporter les privations. Quand nous serons dans le besoin, nous rendrons grâces à Jésus-Christ de nous fournir l'occasion d'être sobres et patients. Lorsque nous serons dans l'abondance, nous le remercierons de nous inviter et de nous exciter à l'aimer par sa munificence; et, usant avec ménagement des biens que la bonté divine nous prodigue, nous n'oublierons pas les pauvres, que Dieu a voulu priver de ce que nous avons en trop pour nous mettre à même les uns et les autres d'exercer réciproquement la vertu. En effet, Dieu nous donne afin qu'en subvenant aux besoins de nos frères nous méritions sa miséricorde, et ceux-ci, soulagés par notre libéralité, rendent grâces à Dieu de nos bonnes dispositions et nous recommandent à lui dans leurs prières. Cette idée-là me vient à propos. Hé! petit, dis à ma femme qu'elle envoie le restant du rôti à notre Gudule. C'est une voisine qui est enceinte; elle n'a point de fortune, mais elle est très-riche du côté du cœur. Son mari est mort dernièrement; c'était un dissipateur et un paresseux, qui n'a laissé à sa femme qu'un troupeau d'enfants.

Timothée. Le Christ veut que l'on donne à quiconque demande; si je le faisais, avant un mois je serais réduit moi-même à la mendicité.

Eusèbe. Je crois que le Christ entend par là ceux qui demandent le nécessaire. Car, pour ceux qui demandent, disons mieux, qui exigent, ou plutôt qui extorquent de grosses sommes à l'aide desquelles ils bâtissent des réfectoires dignes de Lucullus, ou, ce qui est pire, ils alimentent leur luxe et leurs débauches, c'est une aumône que de leur refuser; et c'est même un vol que d'accorder à des gens qui en feront mauvais usage ce qui est dû aux besoins pressants du prochain. Aussi me paraissent-ils coupables d'un péché mortel, ceux qui dépensent des sommes folles pour bâtir ou orner des monastères et des temples, lorsque tant de temples vivants du Christ meurent de faim, tremblent de froid et souffrent toutes les privations du nécessaire. Quand je suis allé en Angleterre, j'ai vu le tombeau de saint Thomas chargé d'innombrables diamants d'un très-grand prix, sans parler d'autres richesses merveilleuses. Pour moi, j'aimerais mieux distribuer aux pauvres ces superfluités que de les garder pour des satrapes qui les pilleront un jour tout d'un coup, et orner ce tombeau de verdure et de fleurs, ce qui, à mon sens, serait plus agréable à ce très-saint homme. Lorsque je suis allé dans le Milanais, j'ai vu un monastère de l'ordre des Chartreux, situé non loin de Pavie; il y a un temple construit en marbre blanc, en dedans et en dehors, depuis le bas jusqu'en haut; autels, colonnes, tombeaux, tout y est de marbre. Était-ce la peine de dépenser tant d'argent pour que quelques moines solitaires chantassent dans un temple de marbre? Ce temple leur est plus à charge qu'à profit, car ils sont souvent incommodés par les étrangers qui ne vont là que pour voir ce temple de marbre. J'y ai appris, chose encore plus insensée, qu'on leur avait légué trois mille ducats par an pour la construction du monastère. Il y a des gens qui regarderaient comme un crime de détourner cette somme pour de pieux usages contre l'intention du testateur, et ils aiment mieux démolir pour rebâtir, que de ne pas construire. Comme ces faits sont remarquables, j'ai cru devoir les citer, bien qu'il se présente une foule d'exemples semblables dans nos temples. Tout cela me paraît de l'ostentation et non de l'aumône. Les riches ambitionnent un monument dans les temples où jadis les saints n'étaient point admis. Ils ont soin de se faire peindre et sculpter, en ajoutant leurs titres et en mentionnant leur donation. Ils remplissent de ces choses-là une bonne partie du temple et je crois qu'ils demanderont un jour que leurs cadavres soient exposés sur les autels mêmes. On me dira peut-être : « Voudriez-vous donc qu'on rejetât leurs présents? » Non, si ce qu'ils offrent est digne du temple de Dieu. Mais, si j'étais prêtre ou évêque, j'engagerais ces courtisans et ces marchands grossiers, s'ils voulaient racheter leurs péchés devant Dieu, à appliquer secrètement ces libéralités au soulagement des vrais pauvres. Ils considèrent comme de l'argent perdu celui que l'on distribue partiellement et en secret pour secourir les besoins pressants des pauvres, et dont rien ne rappellera le souvenir à la postérité. Pour moi, je ne crois pas qu'il y ait de l'argent mieux placé que celui dont le Christ se reconnaît lui-même le débiteur très-solvable.

Timothée. Pensez-vous que ce que l'on donne aux monastères ne soit pas bien placé?

Eusèbe. Je leur donnerais moi-même quelque chose, si j'étais riche, mais je donnerais pour le nécessaire, non pour le luxe, et à ceux où je verrais fleurir la vraie religion.

Timothée. Beaucoup de personnes jugent que ce que l'on donne à ces mendiants publics n'est pas très-bien placé.

Eusèbe. Il faut leur donner quelquefois, mais avec discernement. Cependant il me paraîtrait sage que chaque ville nourrît ses pauvres et qu'on ne laissât pas rôder çà et là des vagabonds, et notamment des gens robustes à qui l'on ferait mieux de donner du travail que de l'argent.

Timothée. Selon vous, à qui doit-on donc donner de préférence? combien et comment doit-on donner?

Eusèbe. Il me serait très-difficile de le préciser exactement. En premier lieu, il faut être disposé à soulager tous les indigents. Ensuite, selon la modicité de mes ressources, je donne ce que je peux chaque fois que l'occasion se présente, principalement à ceux dont la pauvreté et l'honnêteté me sont connues. Si je n'ai pas le moyen de donner, j'invite les autres à la bienfaisance.

Timothée. Nous permettez-vous de parler librement ici dans votre royaume?

Eusèbe. Comment! vous pouvez parler avec plus de liberté que si vous étiez chez vous.

Timothée. Vous n'approuvez pas dans les temples les dépenses exagérées; vous auriez pu bâtir cette maison avec beaucoup moins de frais.

Eusèbe. A dire vrai, je la crois propre, ou, si vous voulez, belle; mais, si je ne me trompe, il n'y a pas de luxe. Ceux qui vivent de mendicité bâtissent avec plus de magnificence. Toutefois mes jardins, tels qu'ils sont, payent un tribut aux indigents, et je prends tous les jours quelque chose sur mes dépenses, en étant plus frugal pour les miens et pour moi, afin de pouvoir être plus généreux pour les pauvres.

Timothée. Si tout le monde pensait comme vous, bien des gens que la misère accable en ce moment, sans qu'ils le méritent, se porteraient mieux; et beaucoup d'autres, à qui l'indigence devrait apprendre la sobriété et la modération, seraient moins chargés de graisse.

Eusèbe. Vous avez peut-être raison. Mais voulez-vous que nous assaisonnions ce dessert insipide par un mets délicieux?

Timothée. Il y a déjà trop de friandises.

Eusèbe. Ce que j'ai à vous offrir ne vous dégoûtera pas, même quand vous seriez rassasiés.

Timothée. Qu'est-ce donc?

Eusèbe. Le livre des Évangiles, que je vous présente à la fin du repas comme étant ce que j'ai de meilleur. Lis, petit, à l'endroit où tu t'es arrêté tout à l'heure.

Le Petit Laquais. Nul ne peut servir deux maîtres; car, ou il haïra l'un et aimera l'autre, ou il soutiendra l'un et méprisera l'autre. Vous ne pouvez servir Dieu et l'argent. C'est pourquoi je vous dis : Ne vous inquiétez point où vous trouverez de quoi manger pour votre vie, ni d'où vous aurez des vêtements pour couvrir votre corps. La vie n'est-elle pas plus que la nourriture, et le corps plus que le vêtement?

Eusèbe. Donne-moi le livre. Dans ce passage, Jésus-Christ me semble avoir dit deux fois la même chose. En effet, au lieu de *haïra* qu'il avait dit d'abord, il dit ensuite *méprisera*, et au lieu d'*aimera* qu'il avait mis d'abord, il met ensuite *soutiendra*. Les personnes étant changées, la pensée reste la même.

Timothée. Je ne saisis pas bien ce que vous voulez dire.

Eusèbe. Je vous le montrerai donc, si vous voulez, par une formule mathématique. Dans la première proposition je pose A pour l'un des maîtres et B pour l'autre : puis dans la seconde, en intervertissant l'ordre, je pose B pour l'un et A pour l'autre. Ou l'on haïra A et l'on aimera B, ou l'on soutiendra B et l'on méprisera A. N'est-il pas évident que A sera deux fois haï et B deux fois aimé?

Timothée. C'est clair.

Eusèbe. Or, la conjonction *ou*, surtout lorsqu'elle est répétée, dénote un sens contraire ou du moins différent. Autrement, ne serait-il pas absurde de dire : *Ou Pierre aura le dessus et moi le dessous, ou moi j'aurai le dessous et Pierre le dessus?*

Timothée. En vérité, le sophisme est joli.

Eusèbe. Je ne le trouverai joli que quand vous me l'aurez expliqué.

Théophile. Mon esprit rêve et enfante je ne sais quoi ; si vous voulez, je vous montrerai ce que c'est ; vous serez mes devins ou mes sages-femmes.

Eusèbe. Bien que le vulgaire regarde comme un mauvais augure de parler de songes à table, et qu'il soit peu décent d'accoucher devant tant d'hommes, nous accueillerons avec plaisir votre songe, ou, si vous aimez mieux, le fruit de votre esprit.

Théophile. Il me semble que dans cette phrase c'est le sujet qui change, et non la personne. Ces mots : « l'un » et « l'un », ne se rapportent point à A et à B, mais ils se rapportent tous deux à l'une ou à l'autre de ces lettres, en sorte que, quelle que soit celle que vous choisissiez, elle se trouve immédiatement en opposition avec l'autre. Comme si l'on disait : ou vous exclurez A et vous admettrez B, ou vous admettrez A et vous exclurez B. Vous voyez que la personne reste et que le sujet change. Ce que l'on a dit de A peut tout aussi bien s'appliquer à B, de cette façon : ou vous exclurez B et vous admettrez A, ou vous admettrez B et vous exclurez A.

Eusèbe. Vous nous avez parfaitement expliqué ce problème, et un mathématicien ne l'aurait pas mieux démontré sur le tableau.

Sophron. Ce qui me frappe davantage, c'est que Dieu nous défend de nous inquiéter du lendemain. Cependant saint Paul lui-même a travaillé de ses mains pour gagner sa vie ; il réprimande vertement ceux qui ne font rien et aiment à vivre aux dépens d'autrui, il leur recommande de travailler et de s'adonner à un art utile afin qu'ils aient de quoi soulager les nécessiteux. N'est-ce pas un pieux et saint travail que celui par lequel un mari nourrit sa femme bien-aimée et ses chers enfants?

Théophile. Cette question, à mon avis, peut se résoudre de plusieurs manières. Premièrement, si nous nous reportons à cette époque, les apôtres voyageant au loin pour prêcher l'Évangile, il fallait les affranchir du soin de pourvoir à leur nourriture, car ils n'avaient pas le temps de gagner leur vie par un travail manuel, d'autant plus qu'ils ne connaissaient d'autre métier que la pêche. Aujourd'hui les choses ont changé, nous aimons tous l'oisiveté et nous fuyons le travail. Il y a une autre manière de résoudre la question : Dieu n'a pas interdit l'activité mais l'inquiétude.

Et par inquiétude il a entendu l'inclination générale des hommes, qui n'ont pas de plus grand souci que de gagner leur vie, qui laissent tout le reste pour cela et qui s'occupent uniquement de ce soin. C'est à peu près ce que le Seigneur nous déclare lui-même lorsqu'il prétend qu'*on ne peut pas servir deux maîtres*. En effet, *servir*, c'est être dévoué à quelqu'un de toute son âme. Il veut donc que l'on s'occupe surtout de propager l'Évangile, mais pas exclusivement. Car il dit : *Cherchez d'abord le royaume de Dieu, et le reste vous sera donné par surcroît*. Il ne dit pas seulement : cherchez, mais *cherchez d'abord*. Quant au mot *lendemain*, je crois que c'est une hyperbole pour désigner l'avenir; les avares de ce monde ayant coutume d'acquérir et d'amasser anxieusement pour la postérité.

Eusèbe. Nous approuvons votre interprétation ; mais que signifient ces paroles : *Ne soyez pas inquiets pour votre âme de ce que vous mangerez?* Le corps est couvert par les vêtements, mais l'âme ne mange pas.

Timothée. L'*âme*, à mon sens, veut dire ici la *vie*. La vie est en danger si l'on est privé de nourriture; il n'en est pas de même si l'on manque de vêtements, lesquels sont plutôt faits pour la décence que pour la nécessité. On peut être nu et ne pas mourir pour cela, tandis que la privation de nourriture est inévitablement mortelle.

Eusèbe. Je ne vois pas bien comment cela s'accorde avec la pensée suivante : *La vie n'est-elle pas plus que la nourriture, et le corps plus que le vêtement?* Car, puisque la vie est d'un si grand prix, nous devons redoubler de vigilance pour ne pas la perdre.

Timothée. Cet argument ne nous ôte pas l'inquiétude, il l'augmente.

Eusèbe. Le Christ ne veut pas dire ce que vous supposez; au contraire, par cet argument il redouble notre confiance dans son père. Si ce bon père a donné gratuitement et de son avoir ce qui vaut le plus, il y ajoutera ce qui vaut le moins. Celui qui a donné la vie ne refusera pas la nourriture; celui qui a donné le corps y ajoutera bien le vêtement. Appuyons-nous donc sur sa bonté, et ne soyons pas dévorés d'inquiétudes et de soucis pour les choses d'ici-bas. Nous n'avons qu'une chose à faire, c'est d'user du monde comme n'en usant pas, et de diriger vers l'amour des choses célestes notre zèle et notre application, c'est de rejeter l'argent, c'est-à-dire Satan avec toutes ses séductions pour servir uniquement et de toute la puissance de notre âme le Seigneur qui n'abandonnera pas ses enfants. Mais en attendant, personne ne touche au dessert. Vous pouvez certainement manger avec plaisir de ce que je récolte sans beaucoup de peine chez moi.

Timothée. Le corps est abondamment satisfait.

Eusèbe. Je voudrais que vous en pussiez dire autant de l'esprit.

Timothée. L'esprit est aussi largement repu.

Eusèbe. Petit, dessers donc et apporte le bassin. Lavons-nous, amis, afin que si nous avons commis quelque faute pendant ce repas, nous soyons purifiés pour chanter un hymne à Dieu. J'achèverai, si vous voulez, ce que j'ai commencé de saint Chrysostôme.

Timothée. Nous vous en prions.

Eusèbe. Gloire à vous, Seigneur; gloire à vous, Saint; gloire à vous, Roi, qui nous avez donné la nourriture. Remplissez-nous de joie et d'allégresse dans le Saint-Esprit, afin que nous soyons trouvés dignes de paraître en votre présence, et que nous n'ayons pas à rougir quand vous rendrez à chacun selon ses œuvres.

Le Petit Laquais. Ainsi soit-il!

Timothée. Cet hymne est pieux et bien fait.

Eusèbe. Saint Chrysostôme n'a pas dédaigné d'en donner l'explication.

Timothée. Où cela?

Eusèbe. Dans sa cinquante-sixième homélie sur saint Matthieu.

Timothée. Je ne manquerai pas de la lire aujourd'hui. Mais en attendant je voudrais vous demander pourquoi nous souhaitons trois fois gloire au Christ, et cela sous le triple surnom de *Seigneur*, de *Saint* et de *Roi*.

Eusèbe. Parce que toute gloire lui est due. Mais nous devons le glorifier surtout pour trois motifs. Comme par son sang sacré il nous a rachetés de la tyrannie du diable et inféodés à lui, nous l'appelons *Seigneur*. Ensuite, comme, non content de nous avoir pardonné gratuitement tous nos péchés, il nous a communiqué par son Esprit sa justice afin que nous aspirions à la sainteté, nous le nommons *Saint*, lui qui sanctifie tout. Enfin, comme nous espérons de lui la récompense du royaume céleste, où il est assis à la droite de Dieu le Père, nous lui donnons le titre de *Roi*. C'est à sa bonté gratuite envers nous que nous devons le bonheur d'avoir, au lieu de la domination ou plutôt de la tyrannie du diable, la domination de Jésus-Christ ; au lieu des immondices et des ordures du péché, l'innocence et la sainteté ; au lieu de l'enfer, les joies de la vie céleste.

Timothée. Voilà de pieuses réflexions.

Eusèbe. Maintenant, puisque c'est la première fois que je vous reçois ici à table, je ne vous congédierai pas sans vous offrir quelques présents qui seront conformes au repas. Hé ! petit, apporte nos cadeaux. Voulez-vous tirer au sort, ou aimez-vous mieux choisir ? Cela importe peu : ils ont presque tous la même valeur, c'est-à-dire qu'ils n'en ont pas. Ce ne sont point les lots d'Héliogabale qui assignaient à l'un cent chevaux et à l'autre autant de mouches. Il y a quatre petits livres, deux montres, une petite lampe et une boîte de plumes de Memphis. Si je vous connais bien, je crois que ces objets vous conviendront mieux que du baume, de la poudre dentifrice, ou un miroir.

Timothée. Ils sont tous si jolis que le choix en est difficile. Distribuez-les plutôt comme vous l'entendrez ; le cadeau n'en sera que plus agréable.

Eusèbe. Ce petit livre en parchemin renferme les *Proverbes* de Salomon ; il enseigne la sagesse, et il est doré parce que l'or est le symbole de la sagesse. Je le donne à notre ami en cheveux blancs, afin que, suivant la doctrine de l'Évangile, la sagesse soit donnée à celui qui la possède, pour qu'il en regorge.

Timothée. Je tâcherai du moins de n'en pas manquer.

Eusèbe. Cette montre, qui vient du fond de la Dalmatie, soit dit pour faire valoir mon petit présent, convient à Sophron. Je sais qu'il est fort économe de son temps, et qu'il ne laisse pas s'écouler sans fruit la moindre partie d'un bien si précieux.

Sophron. Au contraire, vous prêchez la diligence à un paresseux.

Eusèbe. Ce petit livre en parchemin contient l'Évangile selon saint Matthieu. Il mériterait d'être couvert de diamants, si la cassette ou l'étui qu'il préfère n'était pas le cœur de l'homme. Renfermez-le donc dans le vôtre, Théophile, afin de justifier davantage votre nom.

Théophile. Je ferai en sorte que vous n'ayez pas trop mal placé votre présent.

Eusèbe. Voici, Eulale, les *Épîtres* de saint Paul que vous aimez à porter avec vous. Vous avez toujours saint Paul à la bouche, et vous ne l'auriez pas à la bouche si vous ne l'aviez dans le cœur; vous l'aurez désormais commodément dans les mains et sous les yeux.

Eulale. Ce n'est pas un présent que vous me donnez là, mais un conseil. Or un bon conseil est le plus précieux des présents.

Eusèbe. La petite lampe convient à Chrysoglotte, lecteur insatiable et, comme dit Cicéron, grand gourmand de livres.

Chrysoglotte. Je vous remercie doublement : d'abord pour le présent, qui est fort joli, puis parce que vous rappelez à la vigilance un nonchalant.

Eusèbe. La boîte de plumes revient à Théodidacte, très-habile *polygraphe*; et j'estime ces plumes bien heureuses de célébrer la gloire de Notre-Seigneur Jésus-Christ, surtout sous une telle main.

Théodidacte. Plût à Dieu que vous pussiez me fournir l'intelligence comme vous me fournissez les outils!

Eusèbe. Ce livre contient quelques traités de morale de Plutarque, choisis et transcrits par un homme très-versé dans la littérature grecque. J'y trouve tant de pureté que je regarde comme un prodige que des pensées si évangéliques aient pu venir à l'esprit d'un païen. Je le donne à Urane, qui est jeune et *amateur de grec.* Il reste une montre; elle sera pour notre ami Néphale, qui est si *ménager de son temps.*

Néphale. Nous vous remercions non-seulement pour vos présents, mais pour vos témoignages, car vous distribuez moins des cadeaux que des éloges.

Eusèbe. C'est moi au contraire qui vous remercie, pour deux raisons : premièrement, pour avoir bien voulu vous contenter du peu que je vous ai offert, ensuite pour avoir restauré mon âme par des conversations tout à la fois savantes et pieuses. J'ignore dans quelles dispositions vous me quitterez, mais, pour moi, je me séparerai de vous meilleur et plus instruit. Je sais que vous n'aimez ni les joueurs de flûte, ni les bouffons, et encore moins le jeu. Par conséquent, si vous voulez, nous passerons une petite heure à regarder les autres merveilles de mon palais.

Timothée. Nous allions vous le demander.

Eusèbe. Qui promet de bonne foi n'a pas besoin qu'on lui demande. Vous avez, je crois, assez contemplé cette cour d'été. Elle a trois points de vue, et, de quelque côté que l'on tourne les yeux, on découvre la verdure charmante des jardins. Un vitrage mobile permet, si l'on veut, d'intercepter l'air, en cas de brouillard ou de vent; des portes épaisses en dehors et minces en dedans permettent également d'intercepter le soleil, si la chaleur incommode. Quand je mange ici, je crois dîner dans un jardin et non dans une maison, car les murs sont verts et parsemés de fleurs. Il y a aussi des peintures qui ne sont pas laides. Ici le Christ fait la cène avec ses disciples choisis. Là, Hérode célèbre le jour de sa naissance dans un festin funeste. Plus loin, le riche de l'Évangile donne un repas somptueux, et dans un instant il va descendre dans l'enfer. Lazare est jeté à la porte, et bientôt il sera reçu dans le sein d'Abraham.

Timothée. Nous ne reconnaissons pas bien ce sujet.

Eusèbe. C'est Cléopâtre qui rivalise de luxe avec Antoine : elle vient d'avaler une perle, et elle approche sa main d'une autre pour l'arracher. Voici le combat des Lapithes. Ici Alexandre le Grand transperce Clitus d'un coup de lance. Ces exemples nous recommandent la sobriété à table, et nous détournent du luxe et de l'ivresse. Allons voir maintenant la bibliothèque, qui ne contient pas beaucoup de livres, mais des livres de choix.

Timothée. Cet endroit a quelque chose de religieux, tant tout y reluit de propreté.

Eusèbe. Vous voyez ici la meilleure partie de mes richesses, car à table vous n'avez vu que du verre et de l'étain, et dans toute la maison il n'y a pas un seul vase d'argent, sauf une coupe en vermeil que je garde religieusement par affection pour celui qui m'en a fait cadeau. Cette sphère suspendue représente tout l'univers. Sur les murs que voici, chaque pays a été dépeint avec plus d'étendue. Sur les autres murs vous voyez les portraits des auteurs célèbres, car les peindre tous eût été infini. Le Christ occupe le premier rang; il est assis sur une montagne et étend la main; son père plane au-dessus de sa tête, disant : *Écoutez-le*; le Saint-Esprit, les ailes étendues, l'inonde de clarté.

Timothée. En vérité, voilà un tableau digne d'Apelles.

Eusèbe. On a joint à la bibliothèque un cabinet petit mais élégant. S'il fait froid, une planche que l'on retire découvre un foyer; en été, le mur paraît plein.

Timothée. Ici tout est resplendissant, et il s'y exhale une odeur suave.

Eusèbe. Je tiens beaucoup à ce que ma maison soit propre et à ce qu'elle sente bon. Ces deux choses coûtent peu. La bibliothèque a un balcon qui donne sur le jardin, et elle est flanquée d'une petite chapelle.

Timothée. Le lieu convient à la Divinité.

Eusèbe. Maintenant allons voir les trois galeries qui dominent celles que vous avez vues donnant sur le jardin domestique. Dans ces galeries supérieures la vue s'étend des deux côtés par des fenêtres que l'on peut fermer, surtout du côté des murs qui ne regardent pas le jardin intérieur, afin que la maison soit plus en sûreté. Ici, à gauche, comme il y a plus de clarté et que le mur est moins percé de fenêtres, on a peint successivement toute la vie de Jésus, suivant le récit des quatre évangélistes, jusqu'à la descente du Saint-

Esprit et à la première prédication des Apôtres, d'après les *Actes*. On a indiqué les lieux, afin que le spectateur sache auprès de quel lac et sur quelle montagne l'événement s'est passé. On a ajouté des légendes qui expliquent en peu de mots tout le sujet, par exemple, ces paroles de Jésus : *Je le veux, sois guéri*. Vis-à-vis correspondent les figures et les prophéties de l'Ancien Testament, surtout celles des Prophètes et des Psaumes qui ne contiennent autre chose que la vie du Christ et des Apôtres, racontée différemment. Quelquefois je me promène là en conversant avec moi-même et en méditant sur le dessein ineffable de Dieu qui a voulu sauver par son fils le genre humain. Quelquefois je m'y promène en compagnie de ma femme ou d'un ami qui a le goût de la piété.

Timothée. Qui pourrait s'ennuyer dans cette demeure ?

Eusèbe. Pas celui qui sait vivre avec soi. Sur l'extrême bord de la peinture, comme un hors-d'œuvre, on a placé les bustes des pontifes romains avec leurs titres. Vis-à-vis sont les bustes des Césars, comme monument historique. A chaque bout s'étend une chambre suspendue, où l'on peut se reposer et d'où l'on peut voir le verger et nos petits oiseaux. Ici, au fond de la prairie, vous voyez un autre petit bâtiment où nous dînons quelquefois pendant l'été, et où l'on soigne les personnes de la maison qui pourraient être atteintes d'une maladie contagieuse.

Timothée. Il y a des gens qui prétendent que ces maladies ne sont point à éviter.

Eusèbe. Pourquoi ces gens-là évitent-ils donc une

fosse ou le poison? Craignent-ils moins parce qu'ils ne voient pas? Mais le venin du basilic ne se voit pas, puisqu'il se communique par les yeux. S'il le fallait, je n'hésiterais point à risquer ma vie pour mes amis. Braver la mort sans raison est une témérité; compromettre la vie des autres est une cruauté. Il y a encore d'autres choses intéressantes à voir; je chargerai ma femme de vous les montrer. Passez trois jours ici, et regardez cette maison comme la vôtre. Repaissez vos yeux, repaissez vos esprits. Quelques affaires m'appellent ailleurs. Il faut que je me rende à cheval dans des villages voisins.

Timothée. Pour une affaire d'argent?

Eusèbe. Je ne quitterais pas de tels amis pour de l'argent.

Timothée. Vous êtes peut-être attendu quelque part pour une partie de chasse?

Eusèbe. Il s'agit en effet d'une chasse; mais je chasse autre chose que les sangliers et les cerfs.

Timothée. Quoi donc?

Eusèbe. Je vais vous le dire. Dans un village j'ai un ami gravement malade. Le médecin craint pour son corps, et je crains encore plus pour son âme, car il ne me paraît pas en état de faire le voyage comme il convient à un chrétien. Je l'assisterai de mes conseils afin que, soit qu'il meure, soit qu'il recouvre la santé, ma visite lui profite. Dans un autre village il s'est élevé une grande mésintelligence entre deux personnes qui ne sont pas méchantes, mais entêtées. Si cette querelle s'envenime, je crains qu'elle ne forme deux camps ennemis. Je veux faire tous mes efforts pour les réconcilier, car je suis lié avec tous deux par une vieille amitié. Voilà ce que je chasse. Si cette chasse réussit à mon gré, nous célébrerons ici ensemble le *repas du triomphe*.

Timothée. C'est une sainte chasse. Nous souhaitons que le Christ vous favorise, au lieu de Diane.

Eusèbe. J'aimerais mieux cette capture qu'un héritage de deux mille ducats.

Timothée. Reviendrez-vous bientôt?

Eusèbe. Pas avant d'avoir tout tenté; je ne puis donc vous dire au juste quand je reviendrai. En attendant, jouissez de ce qui est à moi comme si c'était à vous, et portez-vous bien.

Timothée. Que le Seigneur Jésus vous conduise heureusement et vous ramène!

L'APOTHÉOSE DE CAPNION[1]

POMPILIUS, BRASSICAN.

Pompilius. D'où venez-vous avec cette coiffure de voyage?
Brassican. De Tubingue.
Pompilius. N'y a-t-il rien de nouveau là-bas?
Brassican. En vérité, je m'étonne de voir à quel point tout le monde a soif de nouveautés. J'ai pourtant entendu à Louvain un certain Chameau[2] prêcher qu'il fallait fuir tout ce qui était nouveau.

---

1. C'est le nom de Reuchlin grécisé.
2. Il y a ici un jeu de mots. Brassican feint de confondre le mot *camelus* (chameau) avec le mot *carmelitanus* (carme).

Pompilius. Voilà une parole digne d'un Chameau. Cet homme-là, si toutefois on peut l'appeler un homme, méritait de ne jamais changer ses vieux souliers ni ses vieilles chausses, de ne manger que des œufs pourris et de ne boire que du vin tourné.

Brassican. Mais, pour tout dire, il n'est pas tellement amoureux des vieilles choses qu'il préfère la sauce de la veille à celle du jour.

Pompilius. Laissons là ce Chameau. Dites-moi si vous apportez quelque chose de nouveau.

Brassican. Oui, j'en apporte, mais, comme disait l'autre, du mauvais.

Pompilius. Cependant ce nouveau sera un jour vieux. Il suit de là que si toutes les vieilles choses sont bonnes et toutes les nouvelles mauvaises, ce qui est bon aujourd'hui sera un jour mauvais, et ce qui est mauvais aujourd'hui sera un jour bon.

Brassican. Oui, d'après la doctrine du Chameau. Il en résulte que tel qui autrefois était un mauvais fou parce qu'il était jeune, est aujourd'hui un bon fou parce qu'il a vieilli.

Pompilius. Voyons, dites-moi de quoi il s'agit.

Brassican. Ce grand savant dans les trois langues, ce phénix d'érudition, Jean Reuchlin, est décédé.

Pompilius. En êtes-vous sûr?

Brassican. Plus sûr que je ne voudrais.

Pompilius. Mais quel mal y a-t-il à laisser à jamais dans la mémoire de la postérité un nom très-honorable et à quitter les maux de cette vie pour partager le sort des bienheureux?

Brassican. Qui vous fait dire cela?

Pompilius. L'évidence. Après une pareille vie, il ne pouvait mourir autrement.

Brassican. Vous en seriez encore plus convaincu si vous saviez ce que je sais.

Pompilius. Quoi? je vous prie.

Brassican. Il m'est défendu de le répéter.

Pompilius. Pourquoi cela?

Brassican. Parce que celui qui m'a confié ce secret y a mis pour condition le silence.

Pompilius. Confiez-le-moi sous la même condition, je vous promets de tenir parole.

Brassican. Ces sortes de promesses m'ont déjà bien souvent trompé; néanmoins je vais vous dire la chose, d'autant plus qu'elle est de nature à intéresser tous les gens de bien. Il y a à Tubingue un membre de l'ordre des Franciscains qui passe aux yeux de tout le monde, excepté aux siens, pour un modèle de sainteté.

Pompilius. C'est là une grande preuve de véritable sainteté.

Brassican. Vous le reconnaîtriez et vous avoueriez que c'est vrai, si je vous disais son nom.

Pompilius. Et si je le devinais?

Brassican. Voyons.

Pompilius. Approchez l'oreille.

Brassican. A quoi bon, puisque nous sommes seuls?

Pompilius. C'est l'usage.....

Brassican. C'est bien lui.

Pompilius. C'est un homme d'une sincérité parfaite. Toutes ses paroles sont pour moi des oracles.

Brassican. Écoutez donc avec confiance toute sa

conversation. Notre cher Reuchlin était malade assez dangereusement, mais on avait l'espoir qu'il guérirait; ce grand homme aurait dû ne connaître ni la vieillesse, ni la maladie, ni la mort. Un matin, je fus voir mon Franciscain pour qu'il calmât mon chagrin par ses propos, car je souffrais de la maladie de mon ami, que j'aimais comme un père.

Pompilius. Oh! qui ne l'eût pas aimé à moins d'être un monstre?

Brassican. « Cher Brassican, me dit mon Franciscain, bannissez tout chagrin de votre âme : notre ami Reuchlin n'est plus malade. — Comment! m'écriai-je, il a donc recouvré tout d'un coup la santé? car, il y a deux jours, les médecins ne promettaient rien de bon. — Il a recouvré la santé, répliqua-t-il, mais de telle sorte que désormais il n'aura plus à craindre de retomber malade. Ne pleurez pas (il voyait couler mes larmes) avant de tout savoir. Je ne l'avais pas vu depuis six jours, mais chaque jour, dans mes prières, je recommandais son salut au Seigneur. Cette nuit, quand je me fus mis au lit après matines, j'eus un songe agréable et doux. »

Pompilius. Mon esprit me présage je ne sais quoi d'heureux.

Brassican. Votre esprit n'est point mal avisé. « Je me suis vu, dit-il, debout vers un petit pont, qui conduisait à une prairie des plus riantes. Le vert, plus brillant que l'émeraude du gazon et du feuillage, flattait tellement l'œil, les petites étoiles des fleurs déployaient une si riche variété de couleurs, tout était si odorant, que les prairies en deçà du ruisseau qui séparait cette pelouse fortunée ne semblaient ni vivre ni verdir; on eût dit que la mort, l'horreur et l'infection y régnaient. Pendant que je considérais attentivement ce spectacle, Reuchlin vint justement à passer; en passant, il me souhaita le bonjour en hébreu. Il avait atteint le milieu du pont avant que je l'eusse aperçu; je voulus aller à lui, il se retourna pour m'en empêcher. « *Ce n'est pas encore temps,* dit-il, *vous me suivrez dans cinq ans. En attendant, soyez témoin et spectateur de ce qui passe.* » Alors je lui demandai : « Reuchlin était-il nu ou habillé, seul ou accompagné? — Il n'avait, me dit-il, d'autre vêtement qu'une robe très-blanche; à sa blancheur éclatante on aurait dit une robe de damas; derrière lui marchait un enfant d'une rare beauté, qui avait des ailes; je l'ai pris pour son bon génie. »

Pompilius. N'y avait-il pas à sa suite quelque mauvais génie?

Brassican. Si fait, il y en avait plusieurs, au dire du Franciscain. « Au loin, par derrière, dit-il, suivaient des oiseaux d'un plumage entièrement noir, mais qui, en déployant leurs ailes, montraient des plumes plutôt grises que blanches. Ils ressemblaient, ajouta-t-il, à des pies par la couleur et par la voix; seulement ils étaient seize fois plus gros qu'une pie, presque de la taille d'un vautour; ils avaient une crête sur la tête, le bec et les serres recourbés, le ventre proéminent; on les aurait pris pour les Harpies s'ils n'avaient été que trois. »

Pompilius. Que faisaient ces furies?

Brassican. « Elles importunaient de leurs cris, dit-il, le héros Reuchlin, et elles auraient fondu sur lui si elles avaient pu. »

Pompilius. Qui les en empêcha?

Brassican. Reuchlin, s'étant retourné, fit devant elles le signe de la croix avec la main et leur dit : « Allez où vous devez être, mauvaises pestes. Qu'il vous suffise de tourmenter les humains; maintenant que je suis au nombre des immortels, votre démence ne peut rien contre moi. » A peine avait-il prononcé ces paroles, dit le Franciscain, que ces hideux oiseaux disparurent, mais en laissant une puanteur auprès de laquelle les excréments étaient de la marjolaine et du nard. Il jurait qu'il aimerait mieux descendre aux enfers que de sentir une seconde fois un pareil parfum.

Pompilius. Maudites soient ces pestes!

Brassican. Écoutez le récit du Franciscain. « Pendant que je considérais tout cela, dit-il, avec attention, saint Jérôme, qui s'était approché du pont, s'adressait à Reuchlin en ces termes : « *Salut, très-saint collègue. Je suis chargé de vous recevoir et de vous conduire dans le séjour des habitants du Ciel, que la bonté divine a assigné à vos pieux travaux.* » En même temps il étendit une robe dont il revêtit Reuchlin. « Dites-moi, lui demandai-je, quel était le costume de saint Jérôme? quel extérieur avait-il? Était-il aussi vieux qu'on le représente? Portait-il un froc? Avait-il un chapeau et un manteau de cardinal? Était-il suivi d'un lion? — Rien de tout cela, me dit-il. Sa figure riante annonçait la jeunesse, et, loin d'être repoussante, elle respirait beaucoup de noblesse. Quel besoin avait-il là de la compagnie du lion que les peintres lui ont adjoint? Il portait une robe qui lui descendait jusque sur les talons; on aurait dit un cristal éblouissant. Elle ressemblait à celle qu'il avait donnée à Reuchlin. Elle était toute parsemée de langues de trois couleurs. Les unes portaient une topaze; les autres une émeraude; les troisièmes un saphir. C'était resplendissant, et la disposition y ajoutait beaucoup de grâce. »

Pompilius. Je suppose que c'était l'emblème des trois langues qu'ils possédaient à fond.

Brassican. Il n'y a pas de doute. Car sur les franges, disait-il, on voyait des inscriptions dans les caractères des trois langues, peints de couleurs différentes.

Pompilius. Saint Jérôme était-il sans suite?

Brassican. Sans suite? dites-vous. Toute cette plaine était envahie par des myriades de génies, qui remplissaient l'air comme ces tout petits corpuscules nommés *atomes* que nous voyons voltiger dans les rayons du soleil, si toutefois on peut emprunter une comparaison à un sujet aussi bas. On n'aurait pu voir ni le ciel ni la plaine si tout n'avait été lumineux.

Pompilius. A merveille! je félicite Reuchlin. Ensuite, que s'est-il passé?

Brassican. Saint Jérôme, dit-il, accompagnant Reuchlin placé à sa droite par honneur, le conduisit au milieu de la pelouse. Là s'élevait une colline, au sommet de laquelle tous deux se donnèrent un doux baiser. Pendant ce temps en haut le Ciel s'entr'ouvrit sur une vaste étendue, déployant une magnificence inénarrable, auprès de laquelle toutes les merveilles d'ici-bas étaient sans prix.

Pompilius. Ne pourriez-vous pas me donner une description de ce spectacle?

Brassican. Comment ferais-je, moi qui ne l'ai pas vu? Celui qui en a été témoin prétendait qu'aucune parole ne saurait en donner la moindre idée. Il disait seulement qu'il était prêt à souffrir mille morts pour pouvoir jouir une seconde fois de ce coup d'œil, ne fût-ce qu'un tout petit moment.

Pompilius. Et à la fin?

Brassican. Du ciel entr'ouvert descendit une grande colonne d'un feu éclatant mais doux; ces deux saintes âmes s'y attachèrent et furent transportées au Ciel, pendant que les chœurs des anges faisaient entendre une si ravissante mélodie que le Franciscain affirmait ne pouvoir jamais songer à cette volupté sans fondre en larmes. Il s'exhala ensuite l'odeur la plus suave. Quand le sommeil l'eut quitté, si toutefois on peut appeler cela un sommeil, il était comme en délire; il réclamait son pont et sa prairie; il ne parlait, il ne s'occupait pas d'autre chose. Les anciens du couvent, ayant jugé que ce fait n'avait rien de fabuleux (car on sut que Reuchlin avait cessé de vivre à la même heure où cette vision était apparue à ce saint homme), rendirent d'unanimes actions de grâces à Dieu, qui rémunère par de larges récompenses les bonnes actions des justes.

Pompilius. Il ne nous reste donc plus qu'une chose à faire : c'est d'inscrire le nom de ce très-saint homme sur le calendrier des saints.

Brassican. Je l'eusse fait, même sans le récit du Franciscain, et c'est en lettres d'or que j'aurais mis son nom à côté de saint Jérôme.

Pompilius. Que je meure si je n'en fais autant sur mon calendrier.

Brassican. En outre, je lui élèverai une statue d'or dans mon oratoire à côté des grands saints.

Pompilius. Et moi je lui élèverais dans le mien une statue de diamant si ma fortune répondait à mes désirs.

Brassican. Il sera placé dans ma bibliothèque à côté de saint Jérôme.

Pompilius. Il sera mis aussi dans la mienne.

Brassican. Par reconnaissance, tous ceux qui aiment et cultivent les langues et les belles-lettres, surtout les lettres sacrées, devraient en faire autant.

Pompilius. Reuchlin mérite assurément cet honneur. Mais n'éprouvez-vous pas un scrupule en voyant qu'il n'a pas encore été mis au nombre des saints par l'autorité du pontife romain?

Brassican. Qui a canonisé (c'est le terme qu'on emploie) saint Jérôme? Qui saint Paul? Qui la Vierge mère? Lesquels ont laissé auprès des âmes pieuses le souvenir le plus saint : de ceux que leur insigne piété, que les monuments de leur vie et de leur génie recommandent à l'affection de tous, ou de Catherine de Sienne que Pie II a mise au nombre des saintes, en faveur de son ordre et de Rome?

Pompilius. Vous avez raison. Il n'y a de véritable culte que celui que l'on rend spontanément aux défunts qui ont mérité le Ciel par leurs vertus et dont les bienfaits se font sentir perpétuellement.

Brassican. Eh bien! pensez-vous que la mort de ce grand homme soit à déplorer? Il a vécu longtemps, si cet avantage contribue au bonheur des humains; il a laissé des monuments de son génie qui ne périront jamais; il a voué par ses bonnes actions son nom à l'immortalité; maintenant, exempt de maux, il jouit du Ciel et converse avec saint Jérôme.

Pompilius. Mais il a bien souffert pendant sa vie.

Brassican. Saint Jérôme a beaucoup souffert également. C'est un bonheur de souffrir pour le bien de la part des méchants.

Pompilius. C'est vrai, saint Jérôme a été fortement persécuté par les méchants en vue du bien.

Brassican. Ce que Satan fit autrefois par les scribes et les pharisiens contre le Seigneur Jésus, il le fait encore aujourd'hui à l'aide de nouveaux pharisiens contre des hommes infiniment respectables, qui par leurs veilles ont bien mérité du genre humain. Maintenant Reuchlin récolte amplement ce qu'il a semé. C'est à nous qu'il appartient de sanctifier sa mémoire, de célébrer ses louanges et de l'invoquer de temps en temps par ces paroles : *O âme sainte, soyez propice aux langues, soyez propice à ceux qui les cultivent; protégez les langues pures, confondez les mauvaises langues qu'infecte le poison de l'enfer.*

Pompilius. Oui, je le ferai et j'engagerai vivement les autres à en faire autant. Mais je ne doute pas que plusieurs ne désirent, puisque c'est l'usage, une petite prière pour célébrer la mémoire de ce pieux héros.

Brassican. Vous voulez parler de ce qu'on nomme collecte ?

Pompilius. Oui.

Brassican. J'en avais préparé une, même avant sa mort.

Pompilius. Récitez-la-moi, je vous prie.

Brassican. Dieu, ami du genre humain, qui par l'entremise de votre serviteur choisi, Jean Reuchlin, avez rétabli dans le monde le don des langues que vous aviez jadis accordé à vos apôtres par la grâce du Saint-Esprit pour prêcher l'Évangile, faites que, dans toutes les langues, tout le monde célèbre en tout lieu la gloire de votre fils Jésus, et confondez les langues des faux apôtres qui, se coalisant pour bâtir la tour impie de Babel, s'efforcent d'obscurcir votre gloire pour exalter la leur, lorsque toute gloire n'appartient qu'à vous seul conjointement avec votre fils unique Jésus Notre-Seigneur, et le Saint-Esprit dans l'éternité des siècles. Ainsi soit-il.

Pompilius. Voilà une prière charmante et pieuse ; que je meure si je ne la récite pas tous les jours ! Je me félicite de cette rencontre, qui m'a permis d'apprendre de vous une si heureuse nouvelle.

Brassican. Jouissez longtemps de ce bonheur et portez-vous bien.

Pompilius. Portez-vous bien, vous aussi.

Brassican. Je ferai en sorte [1].

---

1. Il y a ici un jeu de mots emprunté à Cicéron et qu'il est impossible de rendre en français. Pompilius avait dit : *Vale, tu quoque.* Brassican lui répond : *Valebo, sed non coquus,* en affectant de prendre l'adverbe *quoque* pour le vocatif de *coquus*.

L'AMANT ET LA MAITRESSE

PAMPHILE, MARIE.

Pamphile. Salut, cruelle; salut, cœur de bronze; salut, âme de diamant.

Marie. Je vous salue, Pamphile, autant de fois que vous voudrez et sous tous les noms qu'il vous plaira. Mais vous semblez avoir oublié le mien : je me nomme Marie.

Pamphile. C'est Martie qu'il aurait fallu vous appeler.

Marie. Pourquoi cela? je vous prie. Qu'ai-je de commun avec Mars?

Pamphile. Parce que ce dieu se fait un jeu de tuer les hommes, et qu'il en est de même de vous; seulement, plus cruelle que Mars, vous n'épargnez pas même votre amant.

Marie. Ciel! où est le champ de carnage des gens que j'ai massacrés? Où est le sang que j'ai répandu?

Pamphile. Si vous voulez voir un vrai cadavre, vous n'avez qu'à me regarder.

Marie. Qu'entends-je? un mort qui parle et qui marche! Puissé-je ne rencontrer jamais de spectres plus redoutables!

Pamphile. Vous vous moquez. Il n'est que trop vrai pourtant que vous m'arrachez la vie et que vous me tuez plus cruellement que si vous me perciez de coups de poignard. Hélas! vous me faites mourir à petit feu.

Marie. Hé, dites-moi, combien de femmes enceintes ont avorté en vous voyant?

Pamphile. Assurément, ma pâleur annonce que je suis plus décharné qu'un spectre.

Marie. Assurément, cette pâleur est nuancée de rose. Vous êtes pâle comme une cerise mûre ou un raisin vermeil.

Pamphile. C'est trop railler un malheureux.

Marie. Si vous ne m'en croyez pas, prenez un miroir.

Pamphile. Je ne veux d'autre miroir, je n'en connais pas de plus transparent que celui dans lequel je me contemple en ce moment.

Marie. Quel miroir voulez-vous dire?

Pamphile. Vos yeux.

Marie. Ergoteur, vous êtes toujours le même! Mais à quoi reconnaissez-vous que vous êtes sans vie? Les fantômes mangent-ils?

Pamphile. Oui, mais des aliments insipides, comme les miens.

Marie. De quoi se nourrissent-ils ?

Pamphile. De mauves, de poireaux, de lupins.

Marie. Pourtant vous ne vous privez ni de chapons ni de perdrix.

Pamphile. C'est vrai ; mais mon palais n'y trouve guère plus de saveur que si c'était des mauves ou des bettes sans poivre, sans vin et sans vinaigre.

Marie. Que je vous plains ! mais en attendant vous êtes grassouillet. Les fantômes parlent-ils ?

Pamphile. Oui, mais d'une voix éteinte.

Marie. Pourtant, l'autre jour, lorsque je vous ai entendu vous quereller avec votre rival, il s'en fallait que votre voix fût éteinte. Mais, de grâce, les fantômes marchent-ils ? s'habillent-ils ? dorment-ils ?

Pamphile. De plus ils font l'amour, mais à leur façon.

Marie. En vérité, vos plaisanteries sont très-délicates.

Pamphile. Mais que diriez-vous si je vous prouvais, par des arguments Achilles, que je suis mort et que vous êtes mon assassin ?

Marie. Dieu m'en garde, Pamphile ! mais développez votre sophisme.

Pamphile. Premièrement, vous m'accorderez, ce me semble, que la mort n'est autre chose que la séparation de l'âme et du corps.

Marie. Je vous l'accorde.

Pamphile. Mais n'allez pas revenir sur votre concession.

Marie. Je n'y reviendrai pas.

Pamphile. Vous ne nierez pas non plus que celui qui arrache l'âme d'autrui est un homicide.

Marie. Je suis de votre avis.

Pamphile. Vous reconnaîtrez aussi une vérité admise par les auteurs les plus profonds et confirmée par le suffrage de tous les siècles, savoir que l'âme n'est point où elle respire, mais où elle aspire.

Marie. Expliquez-vous plus simplement, car je ne saisis pas bien votre pensée.

Pamphile. Et voilà justement ce qui m'écœure, c'est que vous ne partagez pas mes idées.

Marie. Faites que je les sente.

Pamphile. Faites à votre tour que le diamant puisse sentir.

Marie. Je suis une jeune fille, et non une pierre.

Pamphile. Oui, mais vous êtes plus dure que le diamant.

Marie. Continuez toujours votre raisonnement.

Pamphile. Ceux qui sont ravis en extase n'entendent, ne voient, ne flairent, ne sentent absolument rien, quand même on les tuerait.

Marie. Oui, je l'ai entendu dire.

Pamphile. A quoi attribuez-vous la cause de ce phénomène?

Marie. Dites-la-moi, vous qui êtes un philosophe.

Pamphile. Évidemment parce que l'âme est au ciel, où toutes ses affections la portent, et qu'elle n'habite plus le corps.

Marie. Eh bien, après?

Pamphile. Après? cruelle. La conséquence est que je suis mort et que c'est vous qui m'avez tué!

Marie. Où est donc votre âme?

Pamphile. Vers qui elle aime.

Marie. Mais qui vous a ôté la vie? Ne soupirez point; parlez franchement, je ne m'en offenserai pas.

Pamphile. Une jeune fille barbare que néanmoins, tout mort que je suis, je ne saurai haïr.

Marie. Le bon naturel! Mais pourquoi, à votre tour, ne pas lui ravir son âme et lui rendre, comme on dit, la pareille?

Pamphile. Ah! je serais au comble du bonheur si cet échange m'était permis, si son âme pouvait passer dans mon cœur comme la mienne a passé tout entière dans le sien.

Marie. Me permettez-vous à mon tour de faire avec vous la sophiste?

Pamphile. Tout à votre aise.

Marie. Est-il possible que le même corps soit mort et vivant?

Pamphile. Pas en même temps.

Marie. Quand l'âme est absente, le corps est-il mort?

Pamphile. Oui.

Marie. Il ne peut pas vivre sans elle?

Pamphile. Assurément.

Marie. Comment peut-il se faire que l'âme, une fois réunie à l'objet de ses affections, anime quand même un corps qu'elle n'habite plus? Et si, malgré son éloignement, elle l'anime, comment qualifier de mort un corps où réside la vie?

Pamphile. Vous ergotez vraiment d'une façon captieuse, mais je ne me laisserai pas prendre à de tels piéges. Cette âme, qui gouverne tant bien que mal le corps, s'appelle improprement âme, puisqu'en réalité il n'en reste que de légères traces, comme le parfum de la rose s'attache aux doigts même lorsqu'ils ne la touchent plus.

Marie. Il est difficile, à ce que je vois, de prendre un renard au lacet. Mais dites-moi : Celui qui tue n'est-il pas actif?

Pamphile. Certainement.

Marie. Et celui qui est tué, n'est-il pas passif?

Pamphile. Sans doute.

Marie. Eh bien, puisque celui qui aime est actif, et que l'objet aimé est passif, comment pouvez-vous dire que l'objet aimé tue quand c'est l'amant qui se suicide lui-même?

Pamphile. C'est tout le contraire : l'amant est passif, l'objet aimé actif.

Marie. Sur ce point, vous n'aurez pas gain de cause devant l'aréopage des grammairiens.

Pamphile. J'aurai gain de cause devant les Amphictyons de la dialectique.

Marie. Permettez-moi encore une question. Est-on libre d'aimer ou de ne pas aimer?

Pamphile. Oui.

Marie. Puisqu'on est libre de ne pas aimer, on s'expose donc en aimant à se suicider soi-même, et c'est à tort que l'on accuse l'objet aimé.

Pamphile. Mais ce n'est point parce qu'elle est aimée qu'une beauté nous tue, c'est lorsqu'elle n'aime pas à son tour. C'est commettre un meurtre que de ne pas sauver quelqu'un si on le peut.

Marie. Supposons un jeune homme épris d'une passion défendue pour une femme mariée, pour une vestale : faudra-t-il qu'elles le payent de retour afin de lui sauver la vie?

Pamphile. Le jeune homme dont nous parlons est épris d'un amour légitime, pieux, juste et bon, et pourtant il meurt. Si l'accusation d'homicide vous semble légère, je vous poursuivrai pour crime d'empoisonnement.

Marie. Le ciel m'en préserve! Voudriez-vous faire de moi une nouvelle Circé?

Pamphile. Pis encore. Car j'aimerais mieux être changé en pourceau ou en ours que de me voir réduit à l'état de cadavre comme me voilà!

Marie. Quel est donc ce poison dont je me sers pour détruire les gens?

Pamphile. Le charme.

Marie. Voudriez-vous que désormais je détournasse de vous mes regards malfaisants?

Pamphile. Qu'entends-je? Ah! fixez-les sur moi davantage.

Marie. Si mes yeux ont le pouvoir de fasciner, pourquoi tous ceux que je regarde ne dépérissent-ils pas? J'en conclus que le charme existe dans vos yeux et non dans les miens.

Pamphile. Ce n'est point assez pour vous de faire mourir Pamphile, il faut encore que vous l'insultiez.

Marie. O le joli défunt! quand ferons-nous les funérailles?

Pamphile. Plus tôt que vous ne pensez, si vous ne lui portez secours.

Marie. Quoi! je puis faire un pareil miracle!

Pamphile. Oui, vous pouvez ressusciter un mort, et cela sans beaucoup de peine.

Marie. A condition qu'on m'indiquera la recette.

Pamphile. Il ne s'agit pas d'employer des herbes; il suffit que vous m'aimiez. Rien n'est plus facile, rien n'est plus juste. Autrement vous ne vous laverez pas de l'accusation d'homicide.

Marie. Devant quel tribunal me traduirez-vous? devant l'Aréopage?

Pamphile. Non, devant le tribunal de Vénus.

Marie. C'est une déesse qui passe pour indulgente.

Pamphile. Détrompez-vous; il n'y en a pas dont la vengeance soit plus terrible.

Marie. A-t-elle un foudre?

Pamphile. Non.

Marie. A-t-elle un trident?

Pamphile. Nullement.

Marie. A-t-elle une lance?

Pamphile. Du tout. C'est la déesse de la mer.

Marie. Je ne navigue pas.

Pamphile. Mais elle a un enfant.

Marie. Cet âge n'est point à redouter.

Pamphile. Dont la rancune est implacable.

Marie. Que pourra-t-il me faire?

Pamphile. Ce qu'il pourra vous faire? Que le Ciel vous en préserve! car je ne veux rien présager de fâcheux à une personne qui m'inspire de l'intérêt.

Marie. Parlez toujours; je ne suis pas superstitieuse.

Pamphile. Eh bien, je vais vous le dire. Si vous dédaignez un amant qui n'est pas tout à fait indigne que vous le payiez de retour, ou je me trompe fort, ou bien cet enfant, sur l'ordre de sa mère, vous décochera un trait trempé d'un venin mortel, afin que vous soyez éprise éperdument d'un malotru qui, malgré cela, ne vous aimera pas.

Marie. Quel supplice abominable m'annoncez-vous là? Je préférerais cent fois être morte que d'aimer éperdument un homme mal élevé qui ne répondrait pas à mon amour.

Pamphile. Nous en avons eu dernièrement un fameux exemple dans la personne d'une jeune fille.

Marie. Où cela?

Pamphile. A Orléans.

Marie. Combien y a-t-il d'années?

Pamphile. D'années? Il n'y a pas dix mois.

Marie. Comment se nommait la jeune fille? vous ne savez pas?

Pamphile. Si fait; elle m'est connue comme vous.

Marie. Alors, pourquoi ne pas dire son nom?

Pamphile. Parce qu'il est de mauvais augure. Plût à Dieu qu'elle se fût nommée autrement! Elle portait le même nom que vous.

Marie. Que faisait son père?

Pamphile. Il est aujourd'hui un des jurisconsultes les plus distingués; sa fortune est considérable.

Marie. Son nom?

Pamphile. Maurice.

Marie. Son nom de famille?

Pamphile. D'Aglay..

Marie. La mère vit-elle encore?

Pamphile. Elle est décédée depuis peu.

Marie. De quelle maladie est-elle morte?

Pamphile. Vous voulez le savoir? Elle est morte de chagrin. Le père lui-même, malgré toute sa fermeté, a eu ses jours en danger.

Marie. Ne pourrais-je pas aussi connaître le nom de la mère?

Pamphile. Si fait. Il n'est personne qui ne connaisse Sophrona. Mais que signifient toutes ces questions? Pensez-vous donc que je vous forge un conte?

Marie. Moi, penser cela de vous! Un pareil soupçon retombe plutôt sur notre sexe. Voyons ce qui est arrivé à cette jeune fille.

Pamphile. Elle appartenait, je vous l'ai dit, à une famille honorable, fort riche, et jouissait d'une rare beauté; en un mot, c'était un parti digne d'un prince. Un adorateur qui n'était pas trop au-dessous d'elle recherchait sa main.

Marie. Comment s'appelle-t-il?

Pamphile. Aïe! quel fâcheux pronostic pour moi! Il se nommait aussi Pamphile! Quoiqu'il fît tout au monde pour lui plaire, elle ne cessa de le rebuter par ses dédains. Le jeune homme en mourut de chagrin. Peu de temps après, la belle tomba éperdument amoureuse d'une espèce qui ressemblait plus à un singe qu'à un homme.

Marie. Que dites-vous?

Pamphile. Elle conçut pour lui une si violente passion qu'on ne saurait l'exprimer.

Marie. Comment, une si charmante jeune fille s'amouracher d'un pareil monstre !

Pamphile. Il avait la tête pointue, garnie de mèches de cheveux non peignés, couverts de croûtes et de lentes ; une alopécie lui avait mis à nu presque toute la peau du crâne ; ses yeux étaient de travers, son nez camard et ouvert par en haut, sa bouche fendue jusqu'aux oreilles, ses dents pourries, sa langue bégayante, son menton galeux, ses épaules bossues, son ventre saillant, ses jambes cagneuses.

Marie. C'est un Thersite que vous me dépeignez là.

Pamphile. On dit même qu'il n'avait qu'une oreille.

Marie. Il avait probablement perdu l'autre à la guerre.

Pamphile. Du tout, en pleine paix.

Marie. Qui a osé commettre un pareil attentat ?

Pamphile. Denys le bourreau.

Marie. Apparemment sa laideur était compensée par une fortune considérable.

Pamphile. Erreur. Il avait tout mangé et devait jusqu'à sa peau. Cette jeune fille si distinguée passe maintenant sa vie avec un pareil mari, qui de temps en temps la maltraite.

Marie. Vous me racontez là une bien triste aventure.

Pamphile. C'est la vérité. Voilà comment Némésis a puni les affronts d'un jeune homme qu'on dédaignait.

Marie. J'aimerais mieux que la foudre m'écrasât que de souffrir un pareil mari.

Pamphile. N'allez donc pas provoquer Némésis, et aimez celui qui vous adore.

Marie. S'il ne faut que cela, je vous rends amour pour amour.

Pamphile. Je voudrais que cet amour fût éternel, car ce n'est point une maîtresse que j'ambitionne, mais une épouse légitime.

Marie. J'en suis persuadée. Mais il faut bien réfléchir avant de contracter un engagement qui est irrévocable.

Pamphile. Pour moi, j'ai réfléchi surabondamment.

Marie. Prenez garde que l'amour ne vous en impose; ce n'est pas un excellent conseiller, car on le dit aveugle.

Pamphile. Celui que la raison fait naître a des yeux. Ce n'est point parce que je vous aime que je vous vois ainsi, mais je ne vous aime que parce que je vous vois telle que vous êtes.

Marie. Prenez garde de ne me connaître qu'imparfaitement. Ce n'est que lorsqu'on s'est chaussé que l'on sent où le soulier blesse.

Pamphile. Eh bien, j'en cours la chance, d'autant plus que mille augures m'annoncent que je réussirai.

Marie. Quoi! vous êtes aussi augure?

Pamphile. Oui.

Marie. Quels sont les auspices que vous avez recueillis? La chouette a-t-elle volé?

Pamphile. Elle ne vole que pour les sots.

Marie. Avez-vous vu passer à votre droite un couple de pigeons?

Pamphile. Rien de tout cela, mais depuis quelques années déjà j'ai pu apprécier la probité de vos parents;

c'est un premier auspice qui témoigne clairement que vous appartenez à une honnête famille. Je sais aussi par quels sages conseils, par quels pieux exemples ils vous ont élevée. Or une bonne éducation est préférable à une bonne naissance. Vous avez pour vous ce second augure. Ma famille, qui, ce me semble, n'est pas mauvaise, est depuis longtemps étroitement liée avec la vôtre; nous nous connaissons pour ainsi dire dès le berceau, et nos goûts s'assortissent assez. Nous sommes presque du même âge; nos parents sont à peu près égaux sous le rapport de la fortune, du rang et de la noblesse. Enfin, ce qui est la base de l'amitié, votre caractère me paraît beaucoup s'accommoder au mien, car un caractère peut être beau en soi et n'être pas sympathique. Jusqu'à quel point le mien s'accordera-t-il avec le vôtre, je ne sais. Ces présages, vous le voyez, ma belle, me promettent que notre union sera heureuse, constante, agréable et douce, pourvu que vous ne nous fassiez pas entendre un chant de mauvais augure.

Marie. Quelle chanson voulez-vous?

Pamphile. Je vais chanter le premier : *Je suis à vous;* répondez-moi : *Je suis à vous.*

Marie. La chanson est courte, mais l'épiphonème en est long.

Pamphile. Qu'importe qu'il soit long, pourvu qu'il soit agréable?

Marie. Vous m'êtes si odieux que je ne voudrais pas que vous fissiez une chose dont vous pussiez toujours vous repentir.

Pamphile. Cessez ces tristes présages.

Marie. Peut-être vous paraîtrai-je bien différente quand l'âge ou la maladie aura changé mes traits.

Pamphile. Ce corps que voici, ma belle, ne sera pas non plus toujours plein de santé. D'ailleurs je ne contemple pas seulement cette demeure délicieuse et élégante, j'aime encore mieux l'hôte qui l'habite.

Marie. Quel hôte?

Pamphile. Votre esprit, dont l'éclat ne fera que croître avec l'âge.

Marie. Certes, vous avez des yeux plus perçants que Lyncée si vous l'apercevez à travers tant de voiles.

Pamphile. Je distingue l'esprit avec les yeux de l'esprit. En outre, nous rajeunirons de temps en temps dans nos enfants.

Marie. Mais en attendant, adieu la virginité.

Pamphile. C'est vrai. Mais dites-moi, si vous aviez un beau verger, voudriez-vous qu'il n'y vînt que des fleurs? N'aimeriez-vous pas mieux, quand les fleurs sont tombées, voir vos arbres chargés de fruits mûrs?

Marie. Quelle subtilité!

Pamphile. Répondez du moins à cette question : quel est le plus beau spectacle de la vigne qui rampe à terre et se pourrit ou de celle qui, enlaçant un échalas ou un ormeau, le fait plier sous le poids de ses raisins pourprés?

Marie. Répondez-moi à votre tour : quel est le plus charmant spectacle de la rose brillante de blancheur sur sa tige ou de celle que les doigts ont cueillie et qui se fane peu à peu?

Pamphile. Je trouve que la rose qui se fane dans la main d'un homme dont elle réjouit la vue et l'odorat est plus heureuse que celle qui vieillit sur sa tige, car tôt ou tard elle s'y serait fanée; il en est de même du vin que l'on boit avant qu'il ne s'aigrisse. D'ailleurs une jeune fille ne perd pas sa beauté en se mariant; j'en connais au contraire plusieurs qui, avant le mariage, étaient pâles, languissantes, décharnées, et qui après se sont embellies et ont commencé à fleurir.

Marie. Cependant la virginité est bien venue et applaudie de tout le monde.

Pamphile. Une jeune fille vierge est à la vérité un objet charmant, mais quoi de plus monstrueux aux yeux de la nature qu'une vieille femme vierge? Si votre mère n'avait pas perdu la fleur de sa virginité, nous n'aurions pas la vôtre. Et si, comme je l'espère, notre union n'est pas stérile, au lieu d'une vierge nous en ferons plusieurs.

Marie. Cependant on dit que la chasteté est une chose très-agréable à Dieu.

Pamphile. C'est pour cela que je désire épouser une jeune fille chaste afin de vivre avec elle chastement. Nous serons unis plutôt par l'âme que par le corps. Nous engendrerons pour l'État; nous engendrerons pour le Christ. Un tel mariage diffère-t-il beaucoup de la virginité? Peut-être vivrons-nous ensemble un jour comme ont vécu Joseph et Marie. En attendant nous apprendrons la virginité, car on n'arrive pas tout d'un coup à la perfection.

Marie. Qu'entends-je? Il faut violer la virginité pour l'apprendre?

Pamphile. Pourquoi pas? De même qu'en buvant petit à petit fort peu de vin on apprend à s'en passer.

Lequel trouvez-vous le plus tempérant de celui qui, assis à une bonne table, s'abstient, ou de celui qui vit à l'écart de tout ce qui excite l'intempérance?

Marie. Je trouve qu'il y a plus de vertu dans la tempérance de celui que les facilités offertes ne peuvent corrompre.

Pamphile. Lequel mérite mieux la palme de la chasteté, de celui qui se dépouille de sa virilité ou de celui qui, possédant tous ses organes, renonce à Vénus?

Marie. A mon avis, le second mérite certainement la palme de la chasteté, le premier n'est qu'un fou.

Pamphile. Ceux qui, liés par un vœu, renoncent au mariage, ne se dépouillent-ils pas en quelque sorte de leur virilité?

Marie. Il me semble.

Pamphile. D'ailleurs la continence n'est pas une vertu.

Marie. Vraiment?

Pamphile. Croyez-le. Si la continence était par elle-même une vertu, l'union conjugale serait un vice. Or, il est des cas où la continence est un vice et où l'union conjugale est une vertu.

Marie. Quand cela?

Pamphile. Chaque fois que le mari réclame son droit à sa femme, surtout s'il est poussé par le désir d'avoir des enfants.

Marie. Quoi! s'il obéit à l'attrait du plaisir, sa femme ne doit pas refuser?

Pamphile. Elle doit l'avertir, le rappeler doucement à la continence; mais s'il insiste, elle ne doit pas résister. D'ailleurs, sur ce chapitre-là, je connais peu de maris qui aient à se plaindre de leurs femmes.

Marie. Mais la liberté est douce.

Pamphile. Non, la virginité est un lourd fardeau. Je serai votre roi, vous serez ma reine; nous gouvernerons notre famille à notre guise. Trouvez-vous que ce soit là de l'esclavage?

Marie. Le monde nomme le mariage un licol.

Pamphile. Ceux qui le nomment ainsi mériteraient qu'on leur mît un vrai licol. Dites-moi, je vous prie, votre âme n'est-elle pas liée à votre corps?

Marie. Oui.

Pamphile. Elle est comme l'oiseau dans sa cage. Eh bien! demandez-lui si elle voudrait être libre. Elle répondra que non, j'en suis sûr. Pourquoi? Parce qu'elle est liée volontairement.

Marie. Nous avons peu de fortune l'un et l'autre.

Pamphile. Elle n'en sera que plus facile à garder. Nous l'augmenterons, vous au dedans par l'économie, que l'on appelle avec raison un gros revenu, et moi au dehors par mon industrie.

Marie. Les enfants sont une source d'innombrables soucis.

Pamphile. Mais aussi d'innombrables plaisirs; souvent ils s'acquittent avec usure envers leurs parents des obligations qu'ils leur ont.

Marie. Il est triste de les perdre.

Pamphile. N'êtes-vous pas maintenant comme si vous les aviez perdus? Mais à quoi bon se livrer à de fâcheux pressentiments dans une affaire incertaine?

Dites-moi, lequel aimeriez-vous le mieux de ne pas naître ou de naître à la condition de mourir?

Marie. Assurément j'aimerais mieux naître à la condition de mourir.

Pamphile. Ainsi ceux qui n'ont pas eu et qui n'auront pas d'enfants sont plus à plaindre, de même que ceux qui ont vécu sont plus heureux que ceux qui ne sont pas nés et qui ne naîtront jamais.

Marie. Quels sont ceux qui ne sont pas et qui ne seront pas?

Pamphile. D'ailleurs quiconque refuse de se soumettre aux événements humains qui nous menacent tous indistinctement, peuples et rois, doit renoncer à vivre. Cependant, quoi qu'il advienne, vous n'en supporterez que la moitié; je prendrai pour moi la plus forte part. Ainsi, s'il arrive quelque chose d'heureux, le plaisir sera double; si quelque chose de fâcheux, la communauté supprimera la moitié du chagrin. Pour moi, quand ma dernière heure viendra, il me sera doux de mourir dans vos embrassements.

Marie. Les hommes supportent aisément ce qui arrive d'après les lois de la nature, mais je remarque que beaucoup de parents sont plus affligés de la conduite de leurs enfants que de leur mort.

Pamphile. Il dépend de nous en grande partie d'éviter ce malheur.

Marie. Comment cela?

Pamphile. Parce que, sous le rapport du caractère, les bons naissent ordinairement des bons. En effet, les colombes ne produisent pas des milans. Nous ferons donc en sorte d'être bons nous-mêmes. Ensuite nous aurons soin d'inculquer à nos enfants dès le bas âge de sages leçons et de vertueux sentiments. Il faut bien prendre garde à la liqueur que l'on répand dans un vase neuf. Enfin nous tâcherons de leur donner à la maison des exemples qu'ils puissent imiter.

Marie. Ce que vous dites là est difficile.

Pamphile. Sans doute, parce que c'est beau; vous aussi, par la même raison, vous êtes difficile. Aussi redoublerons-nous d'efforts pour obtenir ce résultat.

Marie. Vous aurez une matière ductile; ce sera à vous de me former et de me façonner.

Pamphile. Mais en attendant prononcez trois mots.

Marie. Rien n'est plus facile, mais une fois que ces mots se seront envolés, ils ne reviendront plus. Je vais vous donner un conseil qui vaudra mieux pour tous les deux: Entendez-vous avec vos parents et les miens pour que la chose se fasse avec leur consentement.

Pamphile. Vous voulez que je fasse la demande; vous pouvez en trois mots décider l'affaire.

Marie. Je ne sais si je le puis, je ne suis pas ma maîtresse. Autrefois les mariages ne se concluaient pas sans la volonté des parents. Quoi qu'il en soit, je pense que notre union sera plus heureuse si nos parents l'approuvent. C'est à vous de faire la demande; pour moi ce serait inconvenant. La virginité veut qu'on lui fasse violence, lors même que nous aimons le plus ardemment.

Pamphile. Je ne crains point de faire la demande, pourvu que vous ne me refusiez pas votre suffrage.

Marie. Je ne vous le refuserai point; soyez tranquille, mon cher Pamphile.

Pamphile. En cela vous êtes plus scrupuleuse que je ne voudrais.

Marie. Examinez plutôt votre suffr à vous-même. Ne consultez pas votre passion, mais la raison. Ce que la passion décide est passager, tandis que ce qui est dicté par la raison plaît ordinairement toujours.

Pamphile. Certes, vous philosophez à merveille; aussi suivrai-je fidèlement vos avis.

Marie. Vous ne vous repentirez pas de votre déférence. Mais, voyons, il me vient un scrupule qui me tourmente.

Pamphile. Laissez là vos scrupules.

Marie. Voudriez-vous que j'épousasse un mort?

Pamphile. Pas du tout, car je revivrai.

Marie. Vous avez levé mon scrupule. Portez-vous bien, mon cher Pamphile.

Pamphile. Cela dépend de vous.

Marie. Je vous souhaite une bonne nuit. Pourquoi soupirez-vous?

Pamphile. Une bonne nuit, dites-vous? Plût à Dieu que vous me fissiez don de ce que vous me souhaitez!

Marie. N'anticipons pas; votre moisson est encore en herbe.

Pamphile. N'emporterai-je rien de vous?

Marie. Voilà une pastille qui vous fera du bien.

Pamphile. Ajoutez-y au moins un baiser.

Marie. Je veux vous remettre ma virginité pure et intacte.

Pamphile. Est-ce qu'un baiser ôte quelque chose à la virginité?

Marie. Voudriez-vous donc que j'accordasse des baisers aux autres?

Pamphile. Du tout : je veux que vous me réserviez vos baisers.

Marie. Je vous les réserve. D'ailleurs il y a un autre motif qui m'empêche actuellement de vous donner un baiser.

Pamphile. Quel motif?

Marie. Vous dites que votre âme a passé presque tout entière dans mon corps, et qu'il n'en reste plus dans le vôtre qu'une faible parcelle; par conséquent je craindrais que cette parcelle qui vous reste ne passât en moi avec ce baiser et que vous ne devinssiez tout à fait inanimé. Prenez donc ma main en signe d'un amour mutuel, et au revoir. Conduisez bien l'affaire; moi, de mon côté, je prierai le Christ de daigner rendre notre union heureuse et prospère.

LA FILLE ENNEMIE DU MARIAGE

EUBULE, CATHERINE.

Eubule. Je suis bien aise que le repas soit enfin terminé pour jouir de la promenade dans cette allée délicieuse.

Catherine. Moi aussi ; j'étais lasse d'être assise.

Eubule. Quel beau printemps ! Comme la nature est riante ! On la dirait dans toute sa jeunesse.

Catherine. Oui.

Eubule. Pourquoi votre printemps ne sourit-il pas aussi ?

Catherine. Comment cela ?

Eubule. Vous êtes un peu triste.

Catherine. N'ai-je pas mon air habituel ?

Eubule. Voulez-vous que je vous montre votre portrait?

Catherine. Volontiers.

Eubule. Vous voyez cette rose dont les feuilles se resserrent à l'approche de la nuit?

Catherine. Je la vois. Ensuite?

Eubule. Votre visage lui ressemble.

Catherine. Jolie comparaison.

Eubule. Si vous ne m'en croyez pas, regardez-vous dans ce bassin. Que signifient donc ces soupirs si fréquents que vous avez poussés pendant le repas?

Catherine. Cessez de me questionner sur une chose qui ne vous intéresse point.

Eubule. Elle m'intéresse beaucoup, au contraire, car je ne puis être gai qu'en vous voyant gaie. Ah! voilà encore un soupir qui part du fond du cœur!

Catherine. J'ai quelque chose qui me tourmente, mais il ne serait pas prudent de le révéler.

Eubule. Vous ne me le direz pas à moi, qui vous aime plus que si vous étiez ma sœur? Chère Catherine, quel que soit votre secret, ne craignez rien, confiez-le sûrement à mes oreilles.

Catherine. En admettant que je vous le dise en toute sûreté, je crains de vous le dire inutilement, sans que vous puissiez me venir en aide.

Eubule. Qu'en savez-vous? A défaut de mieux, je vous aiderai peut-être de mes conseils, de mes consolations.

Catherine. Je ne puis parler.

Eubule. Pourquoi cela? Me haïssez-vous?

Catherine. Je vous hais tellement que mon frère

m'est moins cher que vous, et pourtant je n'ai pas envie de parler.

Eubule. L'avouerez-vous, si je devine? Pourquoi hésiter? Promettez-le-moi, sans quoi je ne cesserai pas de vous obséder?

Catherine. Eh bien, je vous le promets.

Eubule. Je ne vois pas du tout ce qui vous manque pour être parfaitement heureuse.

Catherine. Plût au ciel que vous disiez vrai!

Eubule. Premièrement, vous êtes dans toute la fleur de l'âge; vous avez, si je ne me trompe, dix-sept ans?

Catherine. Oui.

Eubule. Par conséquent j'imagine que la crainte de la vieillesse ne vous tourmente pas encore.

Catherine. Pas le moins du monde.

Eubule. Votre personne ne laisse rien à désirer; c'est là un don précieux de la Providence.

Catherine. Quelle que soit la tournure de ma personne, je ne m'en loue ni ne m'en plains.

Eubule. Votre teint, votre embonpoint, annoncent une santé florissante, à moins que vous n'ayez une maladie secrète.

Catherine. Rien de semblable, grâce à Dieu.

Eubule. Votre réputation est intacte.

Catherine. Je le crois.

Eubule. Votre esprit répond à votre personne; il est des mieux doués, et je serais heureux de pouvoir en appliquer un pareil à l'étude des belles-lettres.

Catherine. Si cela est, c'est une faveur de la Providence.

Eubule. Votre caractère respire une amabilité qui fait souvent défaut aux beautés les plus parfaites.

Catherine. Je souhaite que mon caractère soit toujours digne de moi.

Eubule. Le vice de la naissance est un écueil pour beaucoup de gens; vous avez des parents bien nés, honnêtes, riches, et pleins de tendresse pour vous.

Catherine. Sous ce rapport je n'ai point à me plaindre.

Eubule. Bref, parmi toutes les jeunes filles de cette contrée, je ne choisirais pas d'autre épouse que vous, si mon étoile m'était propice.

Catherine. Et moi je ne prendrais pas d'autre époux, si le mariage pouvait me tenter.

Eubule. Enfin ce qui vous tourmente ainsi doit être quelque chose de grave?

Catherine. D'extrêmement grave.

Eubule. Vous ne vous fâcherez pas si je devine?

Catherine. Je vous l'ai promis.

Eubule. J'ai appris par expérience combien l'amour est un rude tourment. Voyons, avouez-le, puisque vous l'avez promis.

Catherine. L'amour est en cause, mais ce n'est pas celui que vous supposez.

Eubule. Quel amour entendez-vous?

Catherine. Devinez.

Eubule. En vérité, j'y perds toute ma divination. Néanmoins, je ne lâcherai pas cette main que je n'aie arraché la vérité.

Catherine. Comme vous êtes violent!

Eubule. Épanchez dans mon cœur tout ce qui vous chagrine.

Catherine. Puisque vous êtes si pressant, je vais vous le dire. Dès l'âge le plus tendre, j'ai été prise d'une passion extraordinaire.

Eubule. Laquelle, je vous prie?

Catherine. Je désirais entrer dans un couvent de religieuses.

Eubule. Vous faire moinesse?

Catherine. Oui.

Eubule. Euh! au lieu d'or, du charbon!

Catherine. Que dites-vous, Eubule?

Eubule. Rien, charmante enfant; je toussais. Continuez.

Catherine. Ce dessein que j'avais formé a toujours rencontré chez mes parents une résistance opiniâtre.

Eubule. J'entends.

Catherine. Prières, caresses, larmes, j'ai tout employé pour vaincre la tendresse de mes parents.

Eubule. Vous m'étonnez.

Catherine. A la fin, voyant que je ne cessais de prier, de conjurer, de supplier, de pleurer, ils me promirent que dès que j'aurais atteint dix-sept ans, ils accéderaient à mon désir, si toutefois je persévérais dans mes intentions. J'ai dix-sept ans, ma volonté est la même, et mes parents refusent obstinément, malgré leur promesse. Voilà ce qui me désole. Je vous ai découvert mon mal : à vous maintenant de faire le médecin si vous connaissez un remède.

Eubule. Je vais d'abord vous donner un conseil, charmante enfant; c'est de modérer vos inclinations.

Quand on ne peut pas ce que l'on veut, il faut vouloir ce que l'on peut[1].

Catherine. Je mourrai si je n'obtiens pas ce que je veux.

Eubule. D'où vous est venu ce fatal penchant?

Catherine. J'étais encore tout enfant lorsqu'un jour on me mena dans un couvent de religieuses. On nous conduisit partout; on nous fit tout voir. Les visages radieux des religieuses me ravirent : on les eût prises pour des anges. La chapelle était resplendissante et embaumée, les jardins soignés avec un goût exquis. En un mot, mes yeux ne rencontraient partout que des objets charmants. Ajoutez à cela les conversations si aimables des religieuses. J'en trouvai deux avec lesquelles j'avais joué dans mon enfance. Depuis ce temps mon cœur soupire après une pareille vie.

Eubule. Je ne veux point blâmer l'institution des religieuses, bien que tout ne convienne pas à tous. Mais d'après la trempe de votre esprit, autant que j'en puis juger par votre air et par vos manières, je vous conseillerais de prendre un mari qui vous ressemble, et de fonder dans votre maison une nouvelle communauté dont votre mari sera le père et vous la mère.

Catherine. Je mourrai plutôt que de renoncer au vœu de virginité.

Eubule. La virginité est une belle chose lorsqu'elle est pure. Mais il n'est pas nécessaire pour cela de vous mettre dans un couvent d'où plus tard il vous sera impossible de vous arracher. Vous pouvez garder votre virginité chez vos parents.

---

1. Térence, *Andrienne*, v. 306.

Catherine. Oui, mais pas aussi sûrement.

Eubule. Bien plus sûrement, à mon avis, qu'auprès de ces gros moines, toujours gorgés de mangeaille. S'il faut vous le dire, ce ne sont pas des eunuques. On les appelle pères, et ils font souvent en sorte que ce nom leur appartienne de droit. Autrefois les vierges ne connaissaient pas d'asile plus honnête que le toit de leurs parents; elles n'avaient d'autre père que l'évêque. Mais, dites-moi, je vous prie, quel est le couvent que vous avez choisi de préférence pour y vivre dans l'esclavage?

Catherine. Chryserce.

Eubule. Je sais; il est voisin de la maison de votre père.

Catherine. Précisément.

Eubule. Je connais à fond toute cette confrérie. Elle vaut vraiment la peine que vous renonciez pour elle à votre père, à votre mère, à vos proches, à toute votre honorable famille! Le prieur est depuis longtemps abruti par l'âge, par la boisson, par ses penchants; il n'aime plus que le vin. Il a deux confrères dignes de lui : Jean et Jodoque. Jean n'est peut-être pas méchant, mais il n'a rien d'un homme, excepté la barbe; pas l'ombre de savoir et guère plus de jugement. Jodoque est si bête que, sans le respect dû à son froc, on le promènerait par les rues en costume de fou, avec oreilles d'âne et grelots.

Catherine. Ils me paraissent de bonnes gens.

Eubule. Je les connais mieux que vous, chère Catherine. Ils plaident sans doute auprès de vos parents pour faire de vous leur prosélyte?

Catherine. Jodoque m'appuie chaudement.

Eubule. Le bel avocat! Mais en admettant que vous ayez affaire aujourd'hui à des gens instruits et honnêtes, demain vous en rencontrerez d'autres, ignorants et vicieux, et, quels qu'ils soient, il faudra que vous les supportiez.

Catherine. Les fréquents dîners qui se donnent chez mon père me scandalisent; les gens mariés y tiennent des propos qui ne conviennent pas toujours à une vierge. Il arrive même quelquefois que je ne puis refuser un baiser.

Eubule. Qui veut éviter le scandale doit renoncer à vivre. Il faut habituer nos oreilles à tout entendre et à ne laisser pénétrer dans notre âme que de bonnes impressions. Vos parents vous ont accordé sans doute une chambre particulière?

Catherine. Oui.

Eubule. Qui vous empêche d'y aller, chaque fois que le repas devient un peu bruyant? Pendant que les convives boivent et rient, vous, de votre côté, conversez avec le Christ votre époux, priez, psalmodiez, louez Dieu. La maison paternelle ne vous souillera pas et vous la rendrez plus pure.

Catherine. Toujours est-il qu'une communauté offre plus de garanties.

Eubule. Je ne blâme point une chaste communauté, mais je ne voudrais pas que vous fussiez trompée par de fausses apparences. Lorsque vous y aurez vécu quelque temps, que vous aurez examiné les choses de près, tout ne vous paraîtra peut-être pas aussi beau qu'autrefois. Toutes celles qui portent le voile, croyez-le bien, ne sont pas des vierges.

Catherine. Les beaux propos!

Eubule. D'autant plus beaux qu'ils sont vrais; à moins cependant que le titre que nous avons cru jusque-là appartenir en propre à la Vierge mère ne s'étende à beaucoup d'autres, en sorte qu'après l'enfantement elles soient réputées vierges.

Catherine. Quelle horreur!

Eubule. Sachez de plus que souvent, parmi ces vierges, tout n'est pas virginal.

Catherine. Vraiment? Comment cela, je vous prie?

Eubule. Parce qu'il s'en trouve beaucoup qui imitent les mœurs de Sapho plutôt que son talent.

Catherine. Je ne comprends pas bien ce que vous voulez dire.

Eubule. Si je vous parle ainsi, chère Catherine, c'est pour que vous ne le compreniez pas un jour.

Catherine. Quoi qu'il en soit, mon cœur se porte là. Comme ce penchant dure depuis des années, et que tous les jours il acquiert plus de force, j'en conclus que c'est un souffle de Dieu.

Eubule. Et moi, je me méfie d'autant plus de votre penchant que vos excellents parents s'y opposent. Dieu n'aurait-il pas aussi touché leurs cœurs si votre dessein était sage? C'est un goût qui vous a été suggéré par cet éclat dont vous avez été témoin dans votre enfance, par les conversations aimables des religieuses, par l'affection que vous portiez à d'anciennes compagnes, par le culte divin dont les cérémonies sont si imposantes, par les malignes exhortations de moines stupides, qui ne vous pourchassent que pour mieux boire. Ils savent votre père généreux et bon:

ou ils l'inviteront à leur table, mais à la condition qu'il fournira une quantité de vin suffisante pour dix grands buveurs, ou ils boiront chez lui. Je vous conseille donc de ne plus rien faire contre la volonté de vos parents, sous la dépendance desquels Dieu a voulu que nous fussions.

Catherine. En pareil cas, la piété veut qu'on ne tienne compte ni de son père ni de sa mère.

Eubule. Quand il s'agit du Christ, il est des circonstances où la piété permet de négliger son père et sa mère. Cependant, si un chrétien avait pour père un païen sans moyens d'existence, il commettrait une impiété en abandonnant son père et en le laissant mourir de faim. Si vous n'aviez pas encore confessé le Christ dans le baptême et que vos parents vous empêchassent d'être baptisée, ce serait agir pieusement que de préférer le Christ à des parents impies; ou bien encore, si vos parents vous poussaient à une action impie ou immorale, vous auriez raison de braver leur autorité. Mais quel besoin avez-vous d'entrer au couvent? Le Christ n'est-il pas également chez vous? La nature ordonne, Dieu approuve, saint Paul recommande, les lois humaines prescrivent l'obéissance des enfants à leurs parents. Et vous voulez vous soustraire à l'autorité de parents excellents, substituer à votre véritable père un père factice, à votre véritable mère une mère étrangère, disons mieux, remplacer vos parents par des maîtres et des maîtresses? La soumission où vous êtes vis-à-vis de vos parents n'ôte rien à votre liberté. Aussi les enfants de famille se nomment-ils *nés de parents libres* parce qu'ils échappent à la condition des esclaves. Et vous voulez échanger votre liberté contre la servitude? La charité chrétienne a détruit presque entièrement l'esclavage antique, sauf quelques vestiges qui subsistent encore dans certains pays. Mais sous le couvert de la religion on a inventé un nouveau genre d'esclavage, celui de la vie monacale. Là, il vous faudra en toutes choses obéir au règlement; tous vos biens passeront à la communauté; si vous allez quelque part, on vous ramènera en fugitive, tout comme si vous aviez empoisonné père et mère. Pour que la servitude soit plus évidente, on change les habits donnés par les parents, et, à l'exemple de ceux qui autrefois vendaient les esclaves, on change le nom reçu au baptême, de sorte que Pierre et Jean s'appellent François, Dominique ou Thomas. Pierre a voué son nom au Christ, et s'il entre dans l'ordre de Saint-Dominique, on l'appelle Thomas. Qu'un militaire se défasse de l'uniforme qu'il a reçu de son maître, on dira qu'il renonce au service de ce maître; et nous applaudissons à celui qui endosse un habit que le Christ, ce souverain maître, ne lui a pas donné, et s'il vient à changer cet habit, on le punit plus sévèrement que s'il s'était dépouillé cent fois de la véritable livrée de son seigneur et maître, je veux dire la pureté de l'âme.

Catherine. On dit pourtant que c'est un acte très-méritoire que de s'engager volontairement dans cet esclavage.

Eubule. Doctrine de Pharisiens! Saint Paul veut au contraire que l'homme libre ne se rende point esclave, mais qu'il fasse tout son possible pour garder sa liberté. Et cet esclavage est d'autant plus dur qu'il vous faudra obéir à beaucoup de maîtres, pour la plupart stupides, méchants, capricieux, et qui changeront d'un jour à l'autre. Dites-moi : les lois vous ont-elles soustraite à la tutelle de vos parents?

Catherine. Non.

Eubule. Avez-vous le droit de vendre ou d'acheter un fonds de terre sans le consentement de vos parents?

Catherine. Nullement.

Eubule. D'où vous vient donc le droit d'aliéner votre personne à je ne sais qui, malgré vos parents? N'êtes-vous pas leur plus chère, leur plus intime propriété?

Catherine. Quand il s'agit de la piété, les lois de la nature sont nulles.

Eubule. C'est surtout dans le baptême que l'on fait profession de piété. Ici, tout se borne à changer d'habit et à adopter un genre de vie qui en soi n'est ni bon ni mauvais. Considérez un peu tous les avantages que vous perdez avec la liberté. Maintenant, libre à vous de lire dans votre chambre, d'y prier, d'y psalmodier aussi longtemps et autant de fois que cela vous est agréable. Votre chambre vous déplaît-elle, vous pouvez entendre les cantiques de l'église, assister aux offices, écouter la parole sainte; si vous connaissez une dame, une jeune fille vertueuse, leurs conversations vous rendront meilleure; un homme d'une honnêteté reconnue, vous gagnerez à le fréquenter; vous pouvez choisir un prédicateur qui vous enseignera dans toute sa pureté la doctrine du Christ. Toutes ces choses, qui sont la base essentielle de la vraie piété, vous les perdrez une fois entrée au couvent.

Catherine. Mais avec tout cela je ne serais pas religieuse.

Eubule. Vous laisserez-vous donc toujours prendre à des mots? Voyez le fond des choses. Les moines vantent l'obéissance : n'en aurez-vous pas tout le mérite en obéissant à vos parents, à qui Dieu vous ordonne d'obéir? en restant soumise à votre évêque, à votre pasteur? N'aurez-vous pas le bénéfice de la pauvreté, puisque tous vos biens seront entre les mains de vos parents, quoique anciennement un des plus beaux titres de gloire des vierges, au dire des saints, fût leur libéralité envers les pauvres? or il est évident qu'elles n'auraient pu donner si elles n'avaient rien possédé. Enfin votre chasteté ne courra aucun risque sous le toit de vos parents. Où est donc la différence? Dans un voile, dans une chemise de lin qui, au lieu d'être sous les vêtements, est mise par-dessus; dans quelques cérémonies qui en elles-mêmes ne signifient rien pour la piété, et qui ne recommandent personne aux yeux du Christ, qui envisage la pureté de l'âme.

Catherine. Votre raisonnement est étrange.

Eubule. Il est rigoureusement vrai. Puisque vous êtes encore sous la tutelle de vos parents, que vous ne pouvez disposer ni d'une terre ni d'un vêtement, comment auriez-vous le droit de vous placer sous la servitude d'autrui?

Catherine. L'autorité des parents, dit-on, n'empêche pas d'entrer en religion.

Eubule. Au baptême, n'avez-vous pas fait profession de religion?

Catherine. Oui.

Eubule. La religion ne consiste-t-elle pas à suivre les préceptes du Christ?

Catherine. Certainement.

Eubule. Quelle est donc cette religion nouvelle qui méconnaît ce que la loi naturelle a établi, ce que la loi ancienne a voulu, ce que la loi évangélique a approuvé, ce que la doctrine apostolique a ratifié? C'est un décret qui n'émane pas de Dieu, mais qui a été forgé dans un conciliabule de moines. Il y en a même qui prétendent que le mariage est valide, lorsqu'à l'insu et contre le gré de leurs parents, un garçon et une jeune fille déclarent par-devant témoins (c'est leur mot) qu'ils se marient. Principe que désavouent le sens commun, la loi ancienne, Moïse lui-même, l'Évangile et les Apôtres.

Catherine. Croyez-vous donc qu'il me soit défendu d'épouser le Christ sans le consentement de mes parents?

Eubule. Je vous le répète, vous êtes déjà unie au Christ; nous lui sommes tous unis. Prend-on deux fois le même époux? Tout le reste est une question de lieu, d'habit, de cérémonial. Faut-il donc pour cela désobéir à vos parents? D'ailleurs, prenez garde, en croyant épouser le Christ, de ne pas en épouser d'autres.

Catherine. Ils affirment pourtant qu'il n'y a rien de plus beau que de désobéir en cette circonstance à ses parents.

Eubule. Demandez donc à ces grands docteurs qu'ils vous montrent un seul passage des livres saints qui dise cela; s'ils ne le peuvent pas, faites-leur boire une bouteille de vin de Beaune, ils ne seront pas embarrassés. Quitter pour le Christ des parents impies, c'est faire acte de piété. Mais renoncer à des parents dévots pour embrasser le monachisme, c'est-à-dire, car l'expérience ne le prouve que trop, fuir l'honnête pour ce qui ne l'est pas, est-ce, je vous le demande, un acte pieux? Même autrefois, un païen converti au christianisme devait le respect à ses parents idolâtres en tout ce qui ne compromettait pas la piété.

Catherine. Vous condamnez donc entièrement cette profession?

Eubule. Nullement. Mais, de même que je ne voudrais pas conseiller à quelqu'un qui s'est jeté dans ce genre de vie de s'efforcer d'en sortir, j'engage volontiers toutes les jeunes filles, et principalement celles qui annoncent un bon naturel, à ne pas se lancer étourdiment dans un guêpier dont elles ne pourront plus se dépêtrer. J'insiste d'autant plus qu'au fond des couvents la virginité court souvent de grands risques, et que tous les avantages qu'ils présentent, on peut se les procurer chez soi.

Catherine. Vos arguments, j'en conviens, sont forts et nombreux; néanmoins ils ne sauraient détruire mon inclination.

Eubule. Puisque, malgré tout mon désir, je ne vous persuade pas, du moins rappelez-vous un jour que mes avis étaient sages. En attendant, je souhaite, par affection pour vous, que votre inclination soit plus heureuse que ne l'ont été mes conseils.

LA FILLE REPENTANTE

EUBULE, CATHERINE.

Eubule. Je voudrais toujours rencontrer de pareilles portières.

Catherine. Et moi toujours de pareils visiteurs.

Eubule. Adieu, Catherine.

Catherine. Qu'entends-je? Adieu, sans m'avoir dit bonjour!

Eubule. Je ne suis pas venu ici pour vous voir pleurer. Que signifient ces larmes dont vos yeux se sont remplis sitôt que vous m'avez aperçu?

Catherine. Où allez-vous? Restez, restez, de grâce; je vais changer de visage, et nous rirons à cœur-joie.

Eubule. Quels sont ces oiseaux que je vois là-bas ?

Catherine. C'est le prieur du couvent. Ne vous en allez pas : on vide la dernière bouteille, asseyez-vous un peu ; quand il sera parti, nous causerons tout à notre aise.

Eubule. Soit, je veux vous montrer plus de déférence que vous n'en avez eu pour moi. Maintenant que nous sommes seuls, racontez-moi toute votre histoire, je tiens à la connaître de vous.

Catherine. Parmi tant d'amis que je regardais comme des oracles de la sagesse, je vois à présent que c'est vous, le plus jeune de tous, qui m'avez conseillée avec le plus de sens et de maturité.

Eubule. Comment avez-vous fait pour vaincre la tendresse de vos parents ?

Catherine. D'abord les malignes exhortations des moines et des moinesses, ensuite mes prières et mes caresses, gagnèrent ma mère ; quant à mon père, on ne pouvait à aucun prix l'ébranler. A la fin on dressa toutes les batteries, et il fut vaincu et accablé plutôt qu'il ne consentit. L'affaire fut décidée au milieu des rasades ; on menaça le pauvre homme d'une mauvaise fin s'il refusait au Christ sa fiancée.

Eubule. Sotte et méchante espèce ! Ensuite ?

Catherine. On me consigna trois jours à la maison. Durant cet intervalle, je fus constamment entourée de plusieurs femmes du couvent, nommées *converses*, qui m'invitaient chaudement à persévérer dans mon pieux dessein, et qui avaient soin d'écarter de moi toutes les parentes, toutes les amies qui auraient pu me faire changer de résolution. En même temps on préparaît mon trousseau; on faisait tous les apprêts du festin.

Eubule. Pendant ce temps-là, que se passait-il dans votre âme? N'éprouviez-vous pas d'hésitation?

Catherine. Non, mais j'ai vu quelque chose de si horrible que j'aimerais mieux mourir dix fois que de le revoir encore.

Eubule. Et quoi, je vous prie?

Catherine. Je ne puis le révéler.

Eubule. En me le disant, vous le direz à un ami.

Catherine. Me promettez-vous le secret?

Eubule. Je l'aurais gardé même sans condition. Ne me connaissez-vous donc pas?

Catherine. Il m'est apparu un spectre affreux.

Eubule. C'était sans doute votre mauvais génie qui voulait vous tenter.

Catherine. Je crois fermement que c'était le démon.

Eubule. Dites-moi, quelle forme avait-il? Ne ressemblait-il pas à toutes les peintures que l'on en fait : bec crochu, grandes cornes, griffes de harpie, longue queue?

Catherine. Vous riez. Eh bien, j'aimerais mieux que la terre s'entr'ouvrît sous mes pas que de revoir encore ce spectre?

Eubule. Ces femmes qui vous conseillaient étaient-elles auprès de vous dans le moment?

Catherine. Non, et je n'ai rien voulu répondre à leurs pressantes questions sur la cause de mon mal, lorsqu'elles m'ont trouvée évanouie.

Eubule. Voulez-vous que je vous dise la vérité?

Catherine. Oui, si vous le pouvez.

Eubule. Ces femmes vous avaient ensorcelée, ou, pour mieux dire, elles avaient surexcité votre cerveau. Persistiez-vous toujours dans votre dessein ?

Catherine. Plus que jamais, car cette épreuve, m'a-t-on dit, est commune à la plupart de celles qui se vouent au Christ ; et si, du premier coup, le tentateur est vaincu, on jouit ensuite d'un repos complet.

Eubule. Avez-vous été reconduite avec cérémonie ?

Catherine. On me para de tous mes atours, mes cheveux retombaient en tresses, j'étais mise comme si j'allais me marier.

Eubule. A un gros moine. Hum ! Peste soit de la toux !

Catherine. On me conduisit en plein jour de la maison de mon père au couvent, à travers une foule nombreuse accourue pour me voir.

Eubule. Les habiles histrions ! Qu'ils savent bien jouer leurs farces devant la crédulité publique ! Combien de jours avez-vous passés dans cette sainte communauté de vierges ?

Catherine. Près de douze jours.

Eubule. Et quel motif a pu changer votre résolution si ferme ?

Catherine. Un motif que je ne veux pas dire, mais qui est extrêmement grave. Six jours après mon entrée, je fis venir ma mère ; je la conjurai avec instances, si elle voulait me sauver la vie, de m'arracher de ce couvent. Ma mère s'opposa à mon désir et me prêcha la résignation. Alors je mandai mon père. Il m'adressa également des reproches ; il ajouta qu'il avait eu beaucoup de peine à vaincre sa tendresse et que je devais à mon tour surmonter ma répugnance, afin de ne pas lui attirer le déshonneur d'un changement de profession. Voyant mes prières inutiles, je déclarai à mes parents qu'ils seraient la cause de ma mort, à laquelle j'étais toute décidée, si l'on ne me faisait sortir sur-le-champ. En entendant cela, ils me ramenèrent à la maison.

Eubule. Vous avez bien fait de vous retirer à temps avant de vous engager dans un esclavage éternel. Mais je ne vois pas encore ce qui a pu changer si brusquement vos dispositions.

Catherine. Jusqu'à présent je ne l'ai dit à âme qui vive, et vous ne le saurez pas non plus.

Eubule. Si je le devinais?

Catherine. Vous ne le devinerez pas, j'en suis sûre, et le devineriez-vous, que je ne vous le dirai pas.

Eubule. Je m'en doute bien. Mais, en attendant, tous les frais sont perdus.

Catherine. Plus de quarante écus.

Eubule. Quelle bombance! Toutefois, j'aime mieux que l'argent soit sacrifié et que nous vous conservions. Dorénavant, suivez de meilleurs conseils.

Catherine. C'est ce que je ferai, et, comme le pêcheur, la morsure me rendra prudente.

LA FEMME
QUI SE PLAINT DE SON MARI
ou
LE MARIAGE

EULALIE, XANTIPPE.

Eulalie. Je vous salue de tout mon cœur, aimable Xantippe.

Xantippe. Je vous salue de même, très-chère Eulalie. Vous me paraissez plus belle qu'à l'ordinaire.

Eulalie. Est-ce que vous m'accueillez d'abord par un lardon?

Xantippe. Pas du tout; c'est la vérité.

Eulalie. C'est peut-être ma robe neuve qui m'embellit.

Xantippe. Vous avez raison. Il y a longtemps que je n'ai rien vu d'aussi joli. Je crois que c'est un drap d'Angleterre.

Eulalie. Le lainage est d'Angleterre; la teinture est de Venise.

Xantippe. C'est d'une finesse qui efface le lin. Que la couleur de cette pourpre est charmante! D'où vous vient ce riche cadeau?

Eulalie. De qui une femme honnête doit-elle en recevoir, sinon de son mari?

Xantippe. Oh! que vous êtes heureuse de posséder un pareil époux! Moi, j'aimerais mieux m'être mariée à une bûche qu'à mon Nicolas.

Eulalie. Pourquoi cela, je vous prie? Vous ne vous accordez déjà plus?

Xantippe. Je ne m'accorderai jamais avec un tel homme. Voyez comme je suis mal vêtue; il souffre que sa femme sorte ainsi. Je vous jure que bien souvent j'ai honte de paraître en public, quand je vois les toilettes de tant d'autres femmes, dont les maris sont beaucoup moins aisés que le mien.

Eulalie. La parure d'une femme honnête ne consiste ni dans ses vêtements ni dans les soins de sa personne, ainsi que l'enseigne l'apôtre saint Pierre, que j'entendis citer l'autre jour au prône, mais bien dans la pureté de ses mœurs et dans les agréments de son caractère. Les courtisanes visent à séduire les yeux du public. Nous sommes suffisamment parées lorsque nous plaisons uniquement à notre mari.

Xantippe. En attendant, ce bon époux, si ladre envers sa femme, gaspille bravement la dot assez ronde que je lui ai apportée.

Eulalie. De quelle façon?

Xantippe. De la façon qu'il lui plaît : dans le vin, la débauche, le jeu.

Eulalie. Que dites-vous là?

Xantippe. C'est la vérité. Ensuite lorsqu'au milieu de la nuit il rentre ivre à la maison où je l'attends des heures entières, il dort comme une souche, vomissant quelquefois sur le lit, pour ne pas dire plus.

Eulalie. Chut! vous vous déshonorez vous-même en déshonorant votre mari.

Xantippe. Que je meure si je n'aimerais pas mieux coucher avec une truie qu'avec un pareil mari!

Eulalie. Ne le querellez-vous pas quand il rentre?

Xantippe. Je le traite comme il le mérite; il s'aperçoit bien que je ne suis pas muette.

Eulalie. Que répond-il?

Xantippe. Il regimbait d'abord comme un furieux, croyant me rebuter par ses mauvais propos.

Eulalie. La querelle n'est-elle jamais venue aux coups?

Xantippe. Une seule fois la dispute s'échauffa tellement des deux côtés, que peu s'en est fallu que nous ne nous soyons battus.

Eulalie. Qu'entends-je?

Xantippe. Il brandissait un bâton, en poussant des cris affreux et en vociférant d'horribles menaces.

Eulalie. Et vous n'avez pas eu peur?

Xantippe. Du tout; à mon tour, j'avais saisi un escabeau, et, s'il m'avait touchée du bout du doigt, il aurait senti que je ne suis pas manchote.

Eulalie. Voilà un bouclier d'un nouveau genre. Il ne manquait plus qu'une quenouille en guise de lance.

Xantippe. Il aurait vu qu'il n'avait pas affaire à une femmelette.

Eulalie. Ah! ma chère Xantippe, cela n'est pas bien.

Xantippe. Quoi! cela n'est pas bien? Puisqu'il ne me traite pas comme sa femme, je ne dois pas le traiter comme mon mari.

Eulalie. Saint Paul veut que les femmes soient soumises et respectueuses envers leurs maris. Saint Pierre nous propose l'exemple de Sara, qui donnait le nom de *Maître* à Abraham, son époux.

Xantippe. Je sais cela. Mais le même saint Paul recommande aux maris d'aimer leurs femmes comme le Christ a aimé l'Église, son épouse. Qu'il songe à son devoir, moi je songerai au mien.

Eulalie. Puisque les choses en sont venues au point que l'un des deux doit céder à l'autre, il est juste que la femme cède à son mari.

Xantippe. Si toutefois je puis appeler un mari un homme qui me prend pour sa servante!

Eulalie. Dites-moi, chère Xantippe, cesse-t-il après cela de vous menacer de ses coups?

Xantippe. Oui, et il fait bien, sans quoi il serait battu.

Eulalie. Et vous continuez toujours à le quereller?

Xantippe. Certainement.

Eulalie. Lui, pendant ce temps-là, que fait-il?

Xantippe. Ce qu'il fait? Tantôt il dort, le maroufle, tantôt il ne fait que rire; quelquefois il prend sa guitare qui n'a que trois cordes, et il la racle tant qu'il peut pour étouffer mes cris.

Eulalie. Cela vous exaspère?

Xantippe. Au delà de toute expression. Il y a des moments où j'ai peine à me contenir.

Eulalie. Chère Xantippe, voulez-vous me permettre de vous parler franchement?

Xantippe. Volontiers.

Eulalie. Vous en userez de même avec moi. C'est un droit que réclame l'amitié qui nous unit dès la plus tendre enfance.

Xantippe. Vous avez raison. Je n'ai jamais eu d'amie plus chère que vous.

Eulalie. Quel que soit votre mari, sachez bien que vous n'avez pas le droit d'en changer. Autrefois, quand la discorde était irrémédiable, on employait pour dernier remède le divorce; il est maintenant supprimé; jusqu'à la fin de vos jours, votre mari sera votre mari et vous serez sa femme.

Xantippe. Que le ciel confonde ceux qui nous ont ôté ce droit!

Eulalie. Doucement; c'est le Christ qui l'a voulu.

Xantippe. J'ai peine à le croire.

Eulalie. Si fait. Il ne vous reste donc plus qu'à vous plier tous deux aux goûts et au caractère de l'un et de l'autre pour tâcher de vivre en bon accord.

Xantippe. Est-ce que je puis le refaire?

Eulalie. Les femmes exercent toujours une certaine influence sur leurs maris.

Xantippe. Êtes-vous parfaitement d'accord avec le vôtre ?

Eulalie. Maintenant tout va bien.

Xantippe. Vous avez donc eu d'abord quelques démêlés ?

Eulalie. Jamais de tempête. Cependant, comme cela arrive dans la vie, il s'est élevé de temps en temps de petits nuages qui auraient pu occasionner une tempête, si la douceur n'y avait remédié. Chacun a ses habitudes, chacun a sa manière de voir, et, pour le dire franchement, chacun a ses défauts ; mais s'il y a des cas où l'on doit les connaître et non les haïr, c'est assurément dans le mariage [1].

Xantippe. Vous avez raison.

Eulalie. Il arrive souvent que l'entente disparaît entre le mari et la femme avant qu'ils ne se soient connus. Il faut bien y prendre garde. Une fois que la brouille a éclaté, l'accord renaît difficilement, surtout si l'on est allé à de grosses injures. Un objet collé, en s'y prenant tout de suite, se détache aisément ; mais si la colle vient à sécher sur cet objet, rien n'est plus tenace. Par conséquent, il ne faut rien négliger de prime abord pour que la bonne harmonie se développe et se fortifie entre le mari et la femme. En cela la complaisance et la douceur font tout. Car l'attachement que la beauté seule inspire est ordinairement passager.

Xantippe. Mais racontez-moi, je vous prie, par quels moyens vous avez su plier votre mari à votre caractère.

---

[1]. Allusion à cette sentence de Publius Syrus : *Connaissez les défauts de votre ami, mais ne les haïssez pas.*

Eulalie. Je vous le dirai pour que vous fassiez comme moi.

Xantippe. Si je peux.

Eulalie. Ce sera très-facile, si vous voulez. Il est encore temps; votre mari est jeune, vous aussi; il n'y a pas un an, je crois, que vous êtes mariés?

Xantippe. C'est vrai.

Eulalie. Je vais donc vous le dire, mais à la condition que vous n'en parlerez pas.

Xantippe. Assurément.

Eulalie. Je me suis appliquée d'abord à complaire en toutes choses à mon mari et à ne le contrarier jamais. J'étudiais son humeur et ses goûts, j'observais sur son visage ce qui lui était agréable ou déplaisant, à l'exemple de ceux qui apprivoisent des éléphants, des lions ou d'autres animaux que la violence ne peut dompter.

Xantippe. C'est un animal de ce genre que j'ai à la maison.

Eulalie. Ceux qui approchent des éléphants ne s'habillent pas de blanc; ceux qui soignent les taureaux ne portent pas de rouge, parce qu'on a reconnu que ces couleurs effarouchaient ces animaux. On a remarqué aussi que le son du tambour met les tigres dans une telle fureur qu'ils se déchirent eux-mêmes. Ceux qui manient les chevaux emploient des paroles, des battements de langue, des caresses, et d'autres moyens propres à calmer leur fougue. A plus forte raison devons-nous user de pareils expédients envers nos maris, dont il nous faut, bon gré, mal gré, partager, pendant toute la vie, le toit et le lit.

Xantippe. Continuez votre récit.

Eulalie. Mes observations faites, je me conformai au caractère de mon mari, en ayant bien soin de lui éviter la moindre contrariété.

Xantippe. Comment faisiez-vous ?

Eulalie. Dans le soin du ménage, qui concerne spécialement les femmes, je m'appliquais non-seulement à ne rien négliger, mais encore à me conformer entièrement à ses goûts, même dans les plus petites choses.

Xantippe. Comment cela ?

Eulalie. Je remarquais, par exemple, si mon mari aimait de préférence tel ou tel plat, s'il le voulait accommodé de telle ou de telle manière, s'il désirait que son lit fût fait de telle ou de telle façon.

Xantippe. Mais le moyen de se prêter au goût d'un homme qui n'est jamais à la maison ou qui n'y est qu'en état d'ivresse !

Eulalie. Attendez ; c'est là que j'en voulais venir. Si je voyais par hasard mon mari un peu triste et que ce ne fût pas le moment de converser, au lieu de rire et de plaisanter, comme font la plupart des femmes, je prenais à mon tour un air grave et soucieux. Un miroir, lorsqu'il est fidèle, rend toujours l'image de la personne qui le regarde ; de même une mère de famille doit refléter les impressions de son mari, et ne point être joyeuse s'il est chagrin, ni gaie s'il est fâché. S'il arrivait que mon mari fût de mauvaise humeur, je le calmais par de douces paroles, ou bien je me taisais devant sa colère, afin de la laisser passer et de lui donner le temps de s'excuser ou d'entendre mes remontrances. J'agissais de même chaque fois qu'il rentrait à la maison, après avoir trop bu; pour le moment je ne lui disais que des choses aimables et je le conduisais au lit en le caressant.

Xantippe. Que la condition des femmes est à plaindre si elles n'ont uniquement qu'à céder à leurs maris lorsqu'ils s'emportent, qu'ils se mettent dans le vin et qu'ils suivent tous leurs caprices!

Eulalie. Cette déférence n'est-elle pas réciproque? Les hommes, eux aussi, ont souvent à souffrir de notre caractère. Cependant il y a des cas où, pour un motif sérieux, une femme peut faire des observations à son mari, si la chose en mérite la peine, car il vaut mieux ne pas faire attention aux bagatelles.

Xantippe. Quand cela?

Eulalie. Quand vous le verrez de sang-froid, qu'il ne sera ni colère, ni soucieux, ni ivre, alors sans témoins vous l'avertirez doucement, ou plutôt vous le prierez, en lui rappelant telle ou telle circonstance, de ménager davantage son argent, sa réputation ou sa santé. Ces observations devront être présentées avec grâce et enjouement. Quelquefois je commence par exiger de mon mari qu'il ne se fâche pas contre moi, si sa femme a la sottise de lui donner des conseils dans l'intérêt de son honneur, de sa santé et de sa vie. Quand j'ai dit ce que je veux, je coupe court et je passe à des sujets plus agréables. Car voilà notre grand défaut, ma chère Xantippe, une fois que nous nous mettons à parler, nous n'en finissons plus.

Xantippe. On le dit.

Eulalie. J'avais surtout bien soin de ne jamais adresser de reproche à mon mari devant des tiers et de ne rien divulguer de nos discussions domestiques. On se raccommode plus aisément lorsque la chose s'est passée entre deux. Cependant, s'il se présentait un fait de telle nature qu'il fût impossible de le supporter et que les remontrances de la femme ne pussent y remédier, il serait plus convenable que la femme portât plainte aux parents et aux alliés de son mari plutôt qu'aux siens, et qu'en énumérant ses griefs elle parût en vouloir moins à son mari qu'à ses défauts. Encore ne doit-elle pas tout dire, afin que le mari reconnaisse intérieurement la discrétion de sa femme et qu'il lui en sache gré.

Xantippe. Il faut être philosophe pour agir ainsi.

Eulalie. Mais non. Par ces procédés-là nous inviterons nos maris à nous rendre la pareille.

Xantippe. Il y en a que tous les ménagements possibles ne corrigent point.

Eulalie. Je ne suis pas du tout de cet avis; mais supposons que vous disiez vrai. Songez d'abord qu'il faut supporter son mari, quel qu'il soit. Il vaut donc mieux le supporter tel quel ou l'adoucir un peu par nos ménagements que de le gâter de plus en plus par nos mauvais traitements. Que diriez-vous si je vous citais des maris qui ont corrigé leurs femmes par de pareils ménagements? A plus forte raison devons-nous en faire autant à l'égard de nos maris.

Xantippe. Voyons l'histoire de ce mari, si différent du mien.

Eulalie. Je suis liée d'amitié avec un gentilhomme instruit et d'un tact exquis. Il avait épousé une jeune fille de dix-sept ans, qui avait toujours été élevée chez ses parents à la campagne, suivant la coutume des nobles qui aiment généralement la vie des champs pour la chasse et la pêche. Il la voulait novice afin de mieux la façonner à son caractère. Il commença par lui enseigner la littérature et la musique; il l'habitua peu à peu à rendre compte de ce qu'elle avait entendu au sermon; il l'initia à toutes les connaissances qui pouvaient un jour lui être utiles. Ce régime de vie tout nouveau pour une jeune femme qui avait vécu chez elle dans une complète oisiveté, au milieu des jeux et des conversations de ses gens, la rebuta. Elle refusait d'obéir, et quand son mari insistait, elle pleurait à chaudes larmes, quelquefois même elle se jetait par terre, et frappait la tête contre le plancher, faisant mine de vouloir se tuer. Comme ce manége ne finissait pas, le mari, dissimulant son mécontentement, proposa à sa femme d'aller, pour se récréer, visiter ensemble le beau-père à la campagne. En cela elle obéit avec plaisir. En arrivant, le mari laissa sa femme auprès de sa mère et de ses sœurs et partit pour la chasse avec son beau-père. Là, sans témoins, il lui conta qu'il espérait rencontrer dans sa femme la douce compagne de sa vie; mais qu'elle ne faisait que pleurer, se lamenter et qu'elle restait sourde à toutes ses observations; il le conjura de lui venir en aide pour guérir la maladie de sa fille. Le beau-père lui répondit qu'il lui avait cédé sa fille à tout jamais, que si elle ne lui obéissait pas, il n'avait qu'à user de son droit, en lui appliquant une correction. « Je sais quel est mon droit, répliqua le gendre, mais, au lieu de recourir à ces moyens extrêmes, je préférerais employer comme remèdes votre savoir-faire et votre autorité. » Le beau-père promit de s'en mêler. Deux jours après, il saisit le moment d'être seul avec sa fille. Prenant alors un air sévère, il lui représenta combien son peu de beauté et son caractère disgracieux lui avaient fait craindre de ne pouvoir lui trouver un mari. « Cependant, ajoute-t-il, à force de chercher, j'ai fini par vous trouver un mari tel que la femme la plus parfaite ne pourrait en souhaiter un meilleur. Eh bien, au lieu de reconnaître ce que j'ai fait pour vous, au lieu de comprendre que si votre mari n'était pas l'homme le plus bienveillant, il voudrait à peine de vous pour sa servante, vous vous révoltez contre lui. » Bref, en parlant à sa fille, le père s'échauffa tellement qu'il faillit la frapper. C'est un homme d'infiniment d'esprit, capable de jouer sans masque toute espèce de rôles. Alors la jeune femme, saisie d'un côté par la crainte, de l'autre par l'évidence, tomba aux genoux de son père, en le priant de vouloir bien oublier le passé et en lui jurant de se montrer désormais reconnaissante de ses bontés. Le père pardonna et promit à sa fille de lui rendre toute son affection si elle tenait parole.

Xantippe. Après?

Eulalie. La jeune femme, en quittant son père, rentra dans sa chambre où son mari était seul. Elle se jeta à ses genoux et lui dit : « Cher mari, jusqu'à présent je ne te connaissais pas, je ne me connaissais pas moi-même; dorénavant tu me trouveras toute changée; oublie seulement ce qui s'est passé. » A ces mots, son mari l'embrassa et promit de tout lui accorder si elle persévérait dans sa résolution.

Xantippe. Eh bien, a-t-elle persévéré?

Eulalie. Jusqu'à la mort. Il n'y avait rien de si bas qu'elle ne fît avec joie et empressement pour complaire à son mari, tant l'amour qui les unissait avait acquis de force. Quelques années après, cette jeune femme se félicitait souvent d'avoir rencontré un pareil époux. « Sans cela, disait-elle, j'aurais été la plus malheureuse des femmes. »

Xantippe. De tels maris sont aussi rares que les corbeaux blancs.

Eulalie. Si je ne vous importune pas, je vous citerai l'exemple d'un mari corrigé par la bonté de sa femme. Le fait a eu lieu récemment dans cette ville.

Xantippe. Je n'ai rien à faire, et votre conversation me plaît infiniment.

Eulalie. Il s'agit d'un gentilhomme qui n'est pas de la dernière noblesse. Selon l'habitude des personnes de son rang, il était grand chasseur. Il rencontra dans les champs une jeune fille qui appartenait à une mère extrêmement pauvre, et, malgré son âge avancé, il en devint éperdument amoureux. A cause d'elle il passait souvent la nuit dehors. Son prétexte était la chasse. Sa femme, qui est un modèle de vertu, ayant quelques soupçons, surveilla les escapades de son mari. Elle dirigea ses pas je ne sais où et entra dans la chaumière en question. Elle s'enquit des détails les plus minutieux, demanda où l'étranger dormait, de quel vin il buvait, de quoi se composait son repas. Il n'y avait là dedans aucun meuble, c'était la misère la plus profonde. La dame retourna chez elle et revint bientôt, amenant un lit commode et somptueux avec quelques vases d'argent; elle y ajouta une somme assez ronde en recommandant de mieux traiter l'étranger lorsqu'il reviendrait. Elle se garda de dire qu'elle était sa femme et se fit passer pour sa sœur. Quelques jours après, le mari arrive là furtivement; il voit un mobilier superbe, une table des mieux servies. Il demande d'où vient ce luxe extraordinaire. On lui répond qu'une grande dame de ses parentes avait amené toutes ces choses, en recommandant de le recevoir désormais plus honorablement. Il se douta aussitôt que c'était sa femme qui avait fait cela. De retour à la maison, il lui demande si elle avait été là-bas. Elle répond que oui. Il lui demande dans quelle intention elle avait envoyé ce mobilier. « Mon ami, lui dit-elle, tu es habitué à avoir toutes tes aises. J'ai vu combien tu étais traité durement et j'ai cru de mon devoir, puisque c'est ton plaisir d'aller là-bas, de t'y ménager un peu de bien-être. »

Xantippe. Quel excès de bonté! Moi, au lieu de lui fournir un lit, je l'aurais plutôt fait coucher sur une botte d'orties et de macres.

Eulalie. Écoutez la fin. Le mari, frappé de tant de vertu et de tant de douceur, s'abstint désormais de toute liaison coupable et n'eut d'autre maîtresse que sa femme. Vous connaissez bien Gilbert le Hollandais?

Xantippe. Oui.

Eulalie. Vous savez qu'étant jeune il a épousé une femme d'un certain âge et déjà sur le retour?

Xantippe. C'est probablement la dot qu'il a épousée et non la femme.

Eulalie. Assurément. Dégoûté de sa femme, il avait fait une maîtresse avec laquelle il menait au dehors vie joyeuse. Il ne dînait et ne soupait presque jamais chez lui. Qu'eussiez-vous fait en pareil cas?

Xantippe. Ce que j'aurais fait? J'aurais sauté aux cheveux de la donzelle, et quand mon mari serait allé la voir, je l'aurais inondé d'un pot d'urine, qui lui aurait servi de parfums pour se mettre à table.

Eulalie. Oh! que sa femme fut plus sage! Elle invita chez elle cette maîtresse et la reçut poliment. Elle attira ainsi sans aucun sortilége son mari à la maison. S'il lui arrivait de souper dehors avec sa maîtresse, elle leur envoyait un plat de choix en leur commandant de bien se régaler.

Xantippe. Plutôt mourir que de me faire la maquerelle de mon mari!

Eulalie. Voyons, réfléchissez bien. Cela ne valait-il pas mieux que de s'aliéner complétement son mari par de mauvais traitements et de passer toute sa vie en querelles?

Xantippe. J'avoue qu'il y a moins d'inconvénients, mais moi je n'aurais pu le faire.

Eulalie. Je vais encore vous citer un exemple et ce sera le dernier. Notre voisin, homme probe et vertueux, mais d'un caractère un peu emporté, frappa un jour sa femme, qui est une personne digne de tous éloges. Elle se retira au fond d'un couvent et là, pleurant, sanglotant, elle donna un libre cours à son chagrin. Quelque temps après, le mari entra par hasard dans ce couvent et trouva sa femme en larmes. « Pourquoi, lui dit-il, pleures-tu et sanglotes-tu comme un enfant? » Elle lui répondit avec beaucoup de sens : « Ne vaut-il pas mieux déplorer ici mon malheur que de vociférer dans la rue comme font presque toutes les femmes? » Vaincu et désarmé par un langage si conjugal, le mari prit la main de sa femme et lui promit de ne plus la frapper; il a tenu parole.

Xantippe. J'en ai obtenu autant du mien par des moyens différents.

Eulalie. Mais en attendant vous êtes toujours en guerre.

Xantippe. Que voudriez-vous donc que je fisse?

Eulalie. D'abord il vous faut fermer les yeux sur tous les torts de votre mari, et vous le concilier peu à peu à force de prévenances, d'égards et de douceur.

Xantippe. Il est si brutal que toutes les prévenances du monde ne l'adouciront pas.

Eulalie. Ah! ne dites pas cela. Il n'y a pas de bête féroce qu'avec des soins on ne finisse par apprivoiser. Ne désespérez donc pas d'un homme. Essayez quelques mois, et si vous voyez que mon conseil ne vous a pas réussi, faites-moi des reproches. Il y a même de certains défauts sur lesquels il convient de fermer les yeux. Je vous recommande surtout de bien prendre garde de vous quereller soit dans votre chambre, soit au lit; il faut au contraire que tout y respire l'enjouement et la gaieté. En effet, si le lieu consacré à effacer les torts et à faire naître la bonne harmonie est profané par la chicane ou par l'aigreur, tout moyen de rétablir l'accord disparaît. Il y a des femmes si acariâtres que même pendant l'acte conjugal elles grondent et querellent. Elles détruisent par leur mauvaise humeur tout le charme d'un plaisir capable de dissiper l'ennui que leurs maris pourraient avoir, et elles empoisonnent le seul remède qui puisse faire oublier les torts.

Xantippe. Cela m'arrive souvent.

Eulalie. Pourtant si la femme doit s'appliquer sans cesse à ne contrarier son mari en rien, c'est surtout dans cette circonstance qu'elle doit lui témoigner le plus d'empressement et de caresses.

Xantippe. Il s'agit bien d'un mari ! c'est à une brute que j'ai affaire.

Eulalie. Cessez tous ces mauvais propos ; nos maris se gâtent le plus souvent par notre faute. Je reviens à mon sujet. Ceux qui connaissent la mythologie racontent que Vénus, dont on a fait la déesse du mariage, possède une ceinture, due au talent de Vulcain, qui contient tous les excitants de l'amour et dont elle se pare chaque fois qu'elle couche avec son mari.

Xantippe. C'est une fable que vous me dites là.

Eulalie. Oui, mais écoutez le sens qu'elle renferme.

Xantippe. Voyons.

Eulalie. Elle signifie qu'une femme doit faire tout son possible pour plaire à son mari dans l'acte conjugal, afin de réchauffer et d'accroître ses feux et de dissiper ses chagrins ou ses ennuis.

Xantippe. Mais où prendrons-nous cette ceinture ?

Eulalie. Il n'est besoin pour cela ni de sortiléges ni d'enchantements. Le charme le plus efficace consiste dans une vie honnête unie à la douceur.

Xantippe. Je ne puis pas caresser un tel mari.

Eulalie. Mais il dépend de vous qu'il ne soit plus tel. Si, comme la magicienne Circé, vous pouviez changer votre mari en pourceau ou en ours, le feriez-vous?

Xantippe. Je ne sais pas.

Eulalie. Vous ne savez pas? Aimeriez-vous mieux avoir pour mari un pourceau qu'un homme?

Xantippe. J'avoue que j'aimerais mieux un homme.

Eulalie. Eh bien, si, par la magie de Circé, vous pouviez d'ivrogne qu'il est le rendre sobre, de prodigue économe, de fainéant laborieux, ne le feriez-vous pas?

Xantippe. Je le ferais sans aucun doute; mais qui me donnera cette magie?

Eulalie. Cette magie, vous l'avez en vous, pour peu que vous vouliez l'employer. Il vous faut vivre, bon gré, mal gré, avec votre mari. Plus vous le rendrez meilleur, plus vous y gagnerez. Vous n'avez les yeux ouverts que sur ses défauts; ils redoublent votre haine et vous le prenez précisément par l'anse que l'on ne peut pas tenir. Examinez plutôt ce qu'il a de bon et saisissez-le par l'anse qui est facile à tenir[1]. Avant de l'épouser vous deviez vous rendre compte de toutes ses imperfections, car ce n'est pas seulement avec les yeux, mais avec les oreilles que l'on fait choix d'un mari; maintenant il s'agit de guérir et non d'accuser.

Xantippe. Quelle est la femme qui a jamais choisi un mari avec les oreilles?

Eulalie. On choisit un mari avec les yeux quand on

---

1. Suivant Épictète, chaque chose a deux anses : l'une facile à saisir, l'autre non; c'est-à-dire que chaque chose a son avantage et son inconvénient. Le fou empoigne la mauvaise anse, et le sage la bonne.

ne considère que les avantages de sa personne, et avec les oreilles lorsqu'on s'informe soigneusement de ce que le monde dit de lui.

Xantippe. Vous avez raison, mais il est trop tard.

Eulalie. Il n'est jamais trop tard pour tâcher de corriger son mari. Cela vous sera plus commode lorsque vous lui aurez donné un gage de votre union.

Xantippe. Il en a un.

Eulalie. Depuis quand?

Xantippe. Depuis longtemps.

Eulalie. Combien y a-t-il de mois?

Xantippe. Environ sept.

Eulalie. Qu'entends-je? Auriez-vous par hasard renouvelé la plaisanterie d'un enfant de trois mois[1]?

Xantippe. Nenni.

Eulalie. Cela ne peut pas être autrement, si vous comptez du jour de vos noces.

Xantippe. Non, avant de nous marier, nous avons eu ensemble une conversation.

Eulalie. Est-ce que les conversations produisent des enfants?

Xantippe. Un jour qu'il me trouva seule, il se mit à badiner et me chatouilla les aisselles et les flancs pour me faire rire. Moi qui ne peux souffrir les chatouillements, je tombai à la renverse sur un lit. Il se

---

1. Allusion à ce passage de Suétone (Claude, ch. 1) : « Il ne s'était pas écoulé trois mois depuis le mariage de Livie avec Auguste, lorsqu'elle donna le jour à Drusus, père du césar Claude. Ce Drusus fut d'abord surnommé Décimus, puis Néron, et l'on soupçonnait qu'il était né de l'adultère de son beau-père avec elle. Aussitôt on fit courir ce vers :

Il naît aux gens heureux des enfants en trois mois. »

pencha sur moi, me couvrit de baisers, je ne sais ce qu'il fit ensuite ; ce qu'il y a de certain, c'est que peu de jours après mon ventre grossit.

Eulalie. Venez maintenant dénigrer votre mari : puisqu'il engendre des enfants en badinant, que sera-ce lorsqu'il fera la chose tout de bon ?

Xantippe. Je crois que je suis encore enceinte.

Eulalie. Bravo ! le fonds et le cultivateur ne laissent rien à désirer.

Xantippe. En cela il est plus habile que je ne voudrais.

Eulalie. Ce reproche est assez rare dans la bouche des femmes. Vous étiez-vous déjà promis le mariage ?

Xantippe. Oui.

Eulalie. Le péché est moins grave. Est-ce un garçon ?

Xantippe. Oui.

Eulalie. Il vous réconciliera si vous voulez y mettre un peu du vôtre. Que disent de votre mari ses amis, ses connaissances ?

Xantippe. Ils disent qu'il a un caractère très-accommodant, qu'il est affable, généreux, bon camarade.

Eulalie. Cela me donne grand espoir de le voir un jour tel que nous le voulons.

Xantippe. Il n'y a que pour moi qu'il est tout différent.

Eulalie. De votre côté, montrez-vous envers lui telle que je vous l'ai dit, et, s'il ne change pas à votre égard, ne m'appelez plus Eulalie, mais Pseudolalie [1].

---

[1]. Ces deux mots tirés du grec signifient : l'un, *qui parle bien* ; l'autre, *qui dit des mensonges.*

Songez qu'il est encore jeune; je crois qu'il n'a pas vingt-quatre ans; il ne sait pas encore ce que c'est qu'un père de famille. Éloignez de vous la pensée du divorce.

Xantippe. J'y ai songé bien des fois.

Eulalie. Si cette pensée vous revient à l'esprit, réfléchissez d'abord combien une femme séparée de son mari est peu de chose. La plus belle qualité d'une mère de famille est d'être soumise à son époux. La nature exige et Dieu veut que la femme relève entièrement de son mari. Envisagez la chose sous son véritable aspect : il est votre mari; vous ne pouvez pas en avoir d'autre. Songez ensuite à ce petit être qui vous appartient à tous deux. Qu'en ferez-vous? L'emmènerez-vous avec vous? Priverez-vous votre mari des droits qu'il a sur lui? Le lui laisserez-vous? Vous dépouillerez-vous vous-même de ce que vous avez de plus cher? Enfin, dites-moi, avez-vous des personnes qui vous en veulent?

Xantippe. J'ai ma belle-mère, puis ma belle-sœur qui lui ressemble.

Eulalie. Vous en veulent-elles beaucoup?

Xantippe. Elles voudraient me voir morte.

Eulalie. Eh bien, ayez ces femmes devant les yeux. Quelle satisfaction plus grande pourriez-vous leur procurer que celle de vous voir vivre séparée de votre mari, veuve, que dis-je? plus que veuve, car une veuve est libre de se remarier.

Xantippe. J'approuve certainement votre conseil, mais la peine continuelle qu'il exige me rebute.

Eulalie. Songez à toute la peine que vous avez prise

pour apprendre à ce perroquet à articuler quelques mots.

Xantippe. J'en ai eu beaucoup assurément.

Eulalie. Et vous hésitez devant l'embarras de façonner un mari avec lequel vous passerez toute votre vie agréablement! Quel travail les hommes ne s'imposent-ils pas pour dresser un cheval; et nous nous plaindrions de la tâche lorsqu'il s'agit de rendre nos maris plus sociables!

Xantippe. Que dois-je faire?

Eulalie. Je vous l'ai déjà dit. Ayez soin que la maison soit bien entretenue, afin que votre mari n'éprouve pas le besoin d'en sortir. Soyez affable envers lui, sans oublier toutefois que la femme doit à son mari un certain respect. Point d'austérité, mais aussi point de coquetterie; ne soyez ni prude, ni lascive. Que chez vous tout respire l'élégance. Vous connaissez les goûts de votre mari; apprêtez-lui ce qu'il aimera le mieux. Soyez douce et prévenante pour ses amis; invitez-les souvent à votre table. Faites en sorte que vos convives soient pleins de gaieté et d'entrain. Si par hasard, égayé par le vin, votre mari prend sa guitare, accompagnez-le de la voix. Vous l'habituerez ainsi à rester à la maison et vous diminuerez vos dépenses. Il finira par se dire à lui-même : Ne suis-je pas un grand sot d'aller manger dehors avec une prostituée au détriment de mon bien et de ma réputation, lorsque j'ai chez moi une femme cent fois plus charmante, qui m'aime davantage, et auprès de laquelle je trouve plus de luxe et d'élégance?

Xantippe. Croyez-vous que je réussisse si j'essaye?

Eulalie. Fiez-vous à moi; j'en réponds. En attendant, je verrai votre mari à son tour et je lui ferai aussi la leçon.

Xantippe. Je loue votre dessein, mais tâchez qu'il n'ait aucun soupçon, sans quoi il jetterait feu et flamme.

Eulalie. N'ayez crainte. Je l'amènerai indirectement à me raconter lui-même vos querelles. Après cela, je le manierai, à ma façon, en l'amadouant, et j'espère vous le rendre plus traitable. S'il le faut, je mentirai même à votre égard et je lui dirai que vous m'avez parlé de lui dans les termes les plus affectueux.

Xantippe. Que Dieu bénisse notre projet!

Eulalie. Il nous aidera; seulement ne vous trahissez pas.

LE SOLDAT ET LE CHARTREUX

Le Soldat. Bonjour, mon frère.

Le Chartreux. Bonjour, mon très-cher frère.

Le Soldat. J'ai peine à vous reconnaître.

Le Chartreux. Ai-je donc bien vieilli depuis deux ans?

Le Soldat. Non; mais cette tête rasée, ce nouvel habit, font que vous me paraissez un autre animal.

Le Chartreux. Vous ne reconnaîtriez donc pas votre femme si vous la rencontriez vêtue d'une nouvelle robe?

Le Soldat. Non, si cette robe ressemblait à la vôtre.

Le Chartreux. Je vous reconnais pourtant bien, moi, quoique vous ayez changé, non-seulement d'habit, mais de visage et d'extérieur. De combien de couleurs vous voilà peint! Il n'y a point d'oiseau dont le plumage soit aussi bigarré. Ensuite, comme tout est tailladé, comme rien n'est conforme à la nature ni aux usages ordinaires! Ajoutez ces cheveux ras, cette barbe à demi coupée, cette moustache ébouriffée qui s'avance en pointe des deux côtés comme celle d'un chat. Plus d'une cicatrice a défiguré votre visage, en sorte que l'on pourrait vous prendre pour un Samien stigmatisé, suivant un proverbe badin.

Le Soldat. C'est ainsi que l'on doit revenir de la guerre. Mais, dites-moi, les bons médecins sont donc bien rares ici?

Le Chartreux. Pourquoi cela?

Le Soldat. Parce que vous n'avez pas fait guérir votre cervelle avant de vous précipiter dans cet esclavage.

Le Chartreux. Vous me prenez donc pour un fou?

Le Soldat. Très-certainement. Quelle nécessité de vous enterrer ici avant le temps, quand vous aviez de quoi vivre à l'aise dans le monde?

Le Chartreux. Vous ne croyez donc pas que je vive dans le monde?

Le Soldat. Non, morbleu!

Le Chartreux. Et pourquoi?

Le Soldat. Parce qu'il ne vous est pas permis d'aller où vous voulez. Vous êtes enfermé ici comme dans une cage. Ajoutez la tonsure, un habit étrange, la solitude, l'usage perpétuel du poisson, en sorte que je m'étonne que vous ne soyez pas changé en poisson.

Le Chartreux. Si les hommes se changeaient en tout

ce qu'ils mangent, il y a longtemps que vous seriez porc, car vous faites votre régal de la viande de cochon.

Le Soldat. Je suis sûr que vous regrettez depuis longtemps votre résolution, car je connais peu de gens qui ne s'en repentent.

Le Chartreux. Cela arrive à ceux qui se jettent dans ce genre de vie comme dans un puits. Pour moi, j'y suis descendu pas à pas et de propos délibéré, après m'être éprouvé moi-même et avoir examiné mûrement cette profession; j'avais vingt-huit ans, et à cet âge chacun peut se connaître. Quant à la question du lieu, vous aussi êtes renfermé dans un étroit espace, si vous considérez l'immensité du monde. Qu'importe qu'un lieu ait plus ou moins d'étendue, pourvu que rien n'y manque pour la commodité de la vie! Beaucoup de gens ne sortent jamais ou sortent rarement de la ville où ils sont nés, qui, si on leur défendait d'en sortir, s'ennuieraient fort et mourraient d'envie de la quitter; c'est un sentiment vulgaire dont je suis exempt. Je m'imagine que le monde entier est ici; cette carte me représente tout l'univers, et je le parcours en imagination plus agréablement et plus sûrement que celui qui a navigué jusqu'aux nouvelles îles.

Le Soldat. En cela vous dites à peu près la vérité.

Le Chartreux. Vous ne pouvez pas me blâmer d'avoir la tête rasée, vous qui vous êtes fait tondre librement, sans doute par commodité. Ma tonsure a du moins l'avantage de me rendre la tête plus nette et plus saine. A Venise, la plupart des patriciens ont la tête entièrement rasée. Qu'y a-t-il d'extraordinaire dans mon habit? Ne me couvre-t-il pas le corps? Un habit sert à deux usages : il doit garantir des injures de l'air et cacher ce que la pudeur exige qu'on voile; cet habit ne remplit-il pas ce double office? La couleur vous déplaît : est-il une couleur qui convienne mieux aux chrétiens que celle qui leur a été donnée à tous au baptême? On vous a dit aussi à vous : *Reçois la robe blanche!* Cette robe me rappelle donc la promesse que j'ai faite au baptême de vivre toujours dans l'innocence. Si vous appelez solitude l'éloignement de la foule, cet exemple ne vient pas de nous : il a été donné par les anciens prophètes, par les philosophes païens, par tous ceux qui ont pris souci de la sagesse. Les poëtes, les astrologues et autres artistes, quand ils méditent quelque chose de grand et au-dessus du vulgaire, cherchent ordinairement la retraite. Pourquoi, d'ailleurs, appeler cela une solitude? La conversation d'un seul ami dissipe l'ennui de la solitude. Il y a ici plus de seize personnes avec lesquelles je vis en commun. En outre, je reçois des amis plus souvent que je ne voudrais ou qu'il ne faut, et vous trouvez que je vis dans la solitude!

Le Soldat. Mais vous ne pouvez pas toujours leur parler.

Le Chartreux. Cela n'est pas toujours utile. La conversation est bien plus agréable quand la privation en augmente le charme.

Le Soldat. Vous ne raisonnez pas trop mal. Moi aussi je trouve la viande bien meilleure quand Pâques revient après le carême.

Le Chartreux. Et même, lorsqu'on me croit le plus seul, je jouis d'une société beaucoup plus attrayante et plus agréable que vos vulgaires compagnons de plaisir.

Le Soldat. Où est-elle?

Le Chartreux. Vous voyez ici le livre de l'Évangile. Dans ce livre converse avec moi cet éloquent voyageur qui jadis, accompagnant les deux disciples qui allaient à Emmaüs, fit qu'ils ne s'aperçurent pas des fatigues de la route, mais qu'ils éprouvèrent une émotion délicieuse en écoutant ses discours ravissants. Dans ce livre-ci, saint Paul me parle; dans celui-là, Isaïe et les autres prophètes. Là, cause avec moi le très-doux saint Chrysostôme; là, saint Basile; là, saint Augustin; là, saint Jérôme; là, saint Cyprien, et d'autres docteurs non moins érudits qu'éloquents. Connaissez-vous des causeurs assez agréables pour leur être comparés? Croyez-vous qu'au milieu d'une telle société, qui ne me fait jamais défaut, puisse se glisser l'ennui de la solitude?

Le Soldat. Ils auraient beau me parler, je ne les comprendrais pas.

Le Chartreux. Ensuite, qu'importe de quels aliments se nourrit notre corps? Peu lui suffit, si nous vivons conformément à la nature. Qui de nous deux est le mieux portant? Est-ce vous, qui mangez des perdrix, des faisans et des chapons, ou moi, qui vis de poisson?

Le Soldat. Si, comme moi, vous aviez une femme, vous ne seriez pas si dodu.

Le Chartreux. Toute espèce de nourriture est donc suffisante, même prise en petite quantité.

Le Soldat. Mais, en attendant, vous menez une vie judaïque.

Le Chartreux. Que dites-vous là? Nous tâchons du moins, si nous n'y parvenons pas, de mener une vie chrétienne.

Le Soldat. Vous mettez votre confiance dans l'habit, la nourriture, les prières, les cérémonies, et vous négligez le soin de la piété évangélique.

Le Chartreux. Il ne m'appartient pas de juger ce que font les autres. Pour moi, je ne compte pas sur ces choses-là et j'en fais peu de cas; c'est dans la pureté de l'âme et dans le Christ que je mets ma confiance.

Le Soldat. Pourquoi les observez-vous donc?

Le Chartreux. Pour vivre en paix avec mes frères et ne les scandaliser en aucune façon. Je ne voudrais scandaliser personne pour de pareilles bagatelles, qu'il coûte si peu de respecter. Bien que nous soyons hommes, quel que soit l'habit qui nous couvre, la ressemblance ou la différence des plus petites choses entretient ou détruit la concorde. Ma tête rasée, la couleur de mon habit, ne sauraient par elles-mêmes me recommander à Dieu; mais que dirait le public si je laissais croître mes cheveux ou si j'endossais votre habit? Je vous ai rendu compte de ma résolution; je vous prie maintenant, à votre tour, de me rendre compte de la vôtre et de me dire s'il n'y avait plus de bons médecins lorsque, laissant à la maison votre jeune femme et vos enfants, vous êtes parti à la guerre, pris à louage moyennant un vil salaire, pour égorger des hommes, et cela au péril de votre vie, car vous n'aviez point affaire à des champignons ni à des pavots, mais à des hommes armés. Lequel des deux vous semble le plus malheureux, de tuer, pour un chétif salaire, un chrétien qui ne vous a jamais fait de mal, ou de vous précipiter vous-même corps et âme dans la perdition éternelle?

Le Soldat. Il est permis de tuer l'ennemi.

Le Chartreux. Oui, sans doute, lorsqu'il attaque votre patrie. C'est même un devoir de combattre pour ses enfants et sa femme, pour ses parents et ses amis, pour ses autels et ses foyers, pour la tranquillité publique. Quel rapport y a-t-il entre ces choses-là et votre service mercenaire? Pour moi, si vous étiez mort dans cette guerre, je n'aurais pas donné de votre âme une noix creuse.

Le Soldat. Non?

Le Chartreux. Non, vraiment! Maintenant, lequel des deux vous semble le plus dur, d'obéir à un homme bon, que nous nommons *le prieur,* qui nous appelle pour la prière, pour de saintes lectures, pour de salutaires instructions, pour chanter les louanges de Dieu, ou d'obéir à un centurion barbare, qui souvent par de grandes marches de nuit, vous fait aller et revenir à son gré, qui vous expose aux coups des bombardes, qui vous commande de rester en position pour tuer ou être tué?

Le Soldat. Ce sont là les moindres inconvénients du métier.

Le Chartreux. Si je m'écarte un peu de la règle de cet institut, on m'inflige un avertissement ou autre punition légère; vous, si vous commettez quelque infraction aux lois de l'empereur, ou vous serez pendu, ou il vous faudra vous présenter nu aux fers des lances dirigés contre vous, car avoir la tête tranchée est une grâce.

Le Soldat. Je ne puis nier la vérité.

Le Chartreux. Votre mise indique assez que vous ne rapportez pas beaucoup d'écus à la maison.

Le Soldat. Il y a longtemps que je n'ai pas vu la couleur des écus, mais j'ai contracté beaucoup de dettes. Aussi ai-je passé par ici afin que vous me munissiez d'un viatique.

Le Chartreux. Plût au ciel que vous eussiez passé par ici quand vous couriez à cette guerre scélérate! Mais d'où provient un pareil dénûment?

Le Soldat. Vous me demandez d'où il provient? Tout ce que j'ai pu acquérir par mon salaire, mes pillages, mes sacriléges et mes rapines, a été dissipé complétement dans le vin, la débauche et le jeu.

Le Chartreux. Malheureux que vous êtes! Et pendant ce temps-là votre jeune femme, pour laquelle Dieu a voulu que vous quittassiez votre père et votre mère, pleurait à la maison, délaissée avec ses petits enfants! Et vous trouviez bon de vivre au milieu de tant d'horreurs, au milieu de tant de crimes?

Le Soldat. Ce qui m'empêchait de sentir mes fautes, c'est que j'avais d'innombrables complices.

Le Chartreux. J'ai bien peur que votre femme ne vous reconnaisse pas.

Le Soldat. Pourquoi donc?

Le Chartreux. Parce que les cicatrices vous ont peint un nouveau visage. Quel trou avez-vous au front? On dirait que l'on vous a coupé une corne.

Le Soldat. Ah! si vous saviez ce que c'est, vous me féliciteriez de cette cicatrice.

Le Chartreux. Pourquoi?

Le Soldat. Il s'en est fallu de bien peu que je ne périsse.

Le Chartreux. De quel malheur s'agit-il?

Le Soldat. Quelqu'un faisait partir son mousquet, lorsqu'il creva : un éclat de cette arme m'a sauté au front.

Le Chartreux. Et sur la joue, vous avez une cicatrice plus longue qu'un palme.

Le Soldat. J'ai reçu cette blessure en me battant.

Le Chartreux. A la guerre?

Le Soldat. Non : dans une dispute au jeu.

Le Chartreux. J'aperçois aussi à votre menton je ne sais quels rubis.

Le Soldat. Ce n'est rien.

Le Chartreux. Je soupçonne que vous avez attrapé le mal dit espagnol.

Le Soldat. Vous devinez juste, mon frère : j'en ai été atteint pour la troisième fois, au point que ma vie a été en danger.

Le Chartreux. D'où vient-il que vous marchez courbé comme un homme de quatre-vingt-dix ans, comme un moissonneur, ou comme si l'on vous avait cassé les reins à coups de bâton?

Le Soldat. La maladie m'a ainsi contracté les nerfs.

Le Chartreux. Certes, vous avez subi là une belle métamorphose. Auparavant vous étiez cavalier; de centaure vous voilà devenu un animal à demi rampant.

Le Soldat. Ce sont là les hasards de la guerre.

Le Chartreux. Dites plutôt que ce sont là les folies

de votre esprit. Quel butin rapporterez-vous à la maison, à votre femme et à vos enfants? La lèpre. Car ce mal n'est autre chose qu'une espèce de lèpre, avec cette différence qu'on ne l'évite pas, parce qu'il est commun à beaucoup de gens, surtout aux nobles, ce qui devrait être une raison de plus pour l'éviter. Maintenant vous allez communiquer ce mal aux êtres qui doivent vous être les plus chers, et toute votre vie vous promènerez en vous un cadavre infect.

Le Soldat. De grâce, mon frère, finissez; j'ai assez de maux sans y ajouter encore l'ennui des reproches.

Le Chartreux. Je n'ai mentionné qu'une faible partie de vos maux : ceux du corps seulement. Mais l'âme que vous rapportez, de quelle lèpre elle est infectée! de combien de blessures elle est criblée!

Le Soldat. Je rapporte une âme aussi pure que le cloaque de la rue Maubert, à Paris, ou que des latrines publiques.

Le Chartreux. Je crains qu'elle ne sente beaucoup plus mauvais devant Dieu et ses anges.

Le Soldat. C'est assez querellé; parlons un peu de réparer mon viatique.

Le Chartreux. Moi, je n'ai rien à donner; je prendrai les ordres du prieur.

Le Soldat. S'il s'agissait de recevoir, vos mains seraient prêtes; mais il se présente mille obstacles quand il s'agit de débourser.

Le Chartreux. Ce que font les autres les regarde; moi, je n'ai point de mains pour recevoir ni pour donner. Nous nous occuperons de cela après dîner; voici l'heure de nous mettre à table.

LE MENTEUR ET LE VÉRIDIQUE

Le Véridique. Où récoltez-vous tous ces mensonges?

Le Menteur. Où l'araignée prend-elle ses fils?

Le Véridique. Ce n'est donc point à l'art, mais à la nature que vous les devez.

Le Menteur. La nature a fourni le germe; l'art et l'habitude l'ont fait fructifier.

Le Véridique. Ne rougissez-vous pas?

Le Menteur. Pas plus que le coucou ne rougit de son chant.

Le Véridique. Mais il dépend de vous de changer le vôtre. La langue n'a été donnée à l'homme que pour dire la vérité.

Le Menteur. Non, pour dire ce qui est avantageux. Or il n'est pas toujours bon de dire la vérité.

Le Véridique. De cette manière, il est quelquefois avantageux d'avoir les mains crochues, et le proverbe atteste que ce vice est parent du vôtre.

Le Menteur. Ces deux vices s'appuient sur des autorités respectables. L'un a pour lui Ulysse, tant loué par Homère; l'autre le dieu Mercure, si l'on en croit les poëtes.

Le Véridique. Pourquoi donc exècre-t-on généralement les menteurs, et pend-on les voleurs au gibet?

Le Menteur. Ce n'est point parce qu'ils mentent ou qu'ils volent, mais parce qu'ils ne savent ni mentir ni voler, soit défaut de nature, soit insuffisance de talent.

Le Véridique. Existe-t-il un écrivain qui ait enseigné l'art de mentir?

Le Menteur. Vos rhéteurs ont démontré une bonne partie de cet art.

Le Véridique. Ils enseignent pourtant l'art de bien dire.

Le Menteur. Oui, mais bien dire consiste en grande partie à bien mentir.

Le Véridique. Qu'est-ce que c'est que bien mentir?

Le Menteur. Voulez-vous que je le définisse?

Le Véridique. Oui.

Le Menteur. C'est mentir de telle sorte qu'on y gagne et qu'on ne soit pas pris sur le fait.

Le Véridique. Mais tous les jours on en prend mille sur le fait.

Le Menteur. Ceux-là ne sont pas des artistes consommés.

Le Véridique. Vous êtes donc, vous, un artiste consommé?

Le Menteur. Peu s'en faut.

Le Véridique. Essayez si vous pourrez me tromper en mentant.

Le Menteur. Je pourrais vous tromper vous-même, excellent homme, si je voulais.

Le Véridique. Dites-moi donc un mensonge.

Le Menteur. Mais je vous l'ai dit. Vous ne vous en êtes pas aperçu?

Le Véridique. Non.

Le Menteur. Eh bien! faites attention. Je vais commencer à mentir.

Le Véridique. Je suis attentif; parlez.

Le Menteur. Mais je viens de mentir une seconde fois sans que vous vous en doutiez.

Le Véridique. En vérité, je n'ai point encore entendu de mensonge.

Le Menteur. Vous l'auriez entendu si vous étiez versé dans l'art.

Le Véridique. Expliquez-le-moi donc.

Le Menteur. D'abord, je vous ai appelé excellent homme. N'est-ce point là un fameux mensonge, puisque vous n'êtes pas même bon, et que, fussiez-vous bon, on ne pourrait pas vous dire excellent, attendu qu'il y a une masse de gens meilleurs que vous.

Le Véridique. Sur ce point, vous m'avez complétement trompé.

Le Menteur. Essayez maintenant si vous pourrez deviner par vous-même l'autre mensonge.

Le Véridique. Je ne peux pas.

Le Menteur. Je ne retrouve plus ici l'intelligence dont vous faites preuve ailleurs.

Le Véridique. Je le confesse ; montrez-le-moi.

Le Menteur. Quand je vous ai dit : Je vais commencer à mentir, ne mentais-je pas grandement, puisque je suis accoutumé au mensonge depuis tant d'années, et qu'un instant avant de vous dire cela j'avais menti ?

Le Véridique. Le tour est merveilleux.

Le Menteur. Maintenant que vous êtes averti, dressez l'oreille, afin de deviner mon mensonge.

Le Véridique. Je dresse l'oreille ; parlez.

Le Menteur. C'est fait, et vous avez imité mon mensonge.

Le Véridique. Vous voudriez me persuader que je n'ai ni yeux ni oreilles.

Le Menteur. Puisque les oreilles de l'homme sont immobiles et ne peuvent ni se dresser ni se baisser, j'ai menti en vous disant de dresser l'oreille.

Le Véridique. La vie humaine est pleine de semblables mensonges.

Le Menteur. Pas seulement de semblables, mon bon ami. Ceux-là sont des badinages ; il y en a d'autres qui enrichissent.

Le Véridique. Le gain du mensonge est plus honteux que celui de l'urine [1].

---

[1]. Allusion au mot de Vespasien, parlant de l'impôt sur les urines : *L'odeur du gain, quel qu'il soit, est toujours bonne.*

Le Menteur. C'est vrai, je le répète, mais pour ceux qui ne connaissent point l'art de mentir.

Le Véridique. Vous possédez donc cet art à fond?

Le Menteur. Il ne serait pas juste que je vous l'enseignasse gratuitement ; payez et vous le saurez.

Le Véridique. Je n'achète point les mauvais arts.

Le Menteur. Donnez-vous donc votre bien gratuitement?

Le Véridique. Je ne suis pas si fou.

Le Menteur. Eh bien, je retire de mon art des avantages plus assurés que vous n'en retirez de votre bien.

Le Véridique. Gardez pour vous votre art ; montrez-m'en seulement un échantillon qui me prouve que ce que vous dites n'est pas absolument faux.

Le Menteur. En voici un échantillon. Je fais des affaires avec beaucoup de gens ; j'achète, je vends, je reçois, j'emprunte, j'accepte des dépôts.

Le Véridique. Après?

Le Menteur. Je m'attache surtout à tromper ceux qui ne me prendront pas aisément sur le fait.

Le Véridique. Lesquels?

Le Menteur. Les sots, les oublieux, les insouciants, les absents et les morts.

Le Véridique. Il est certain que les morts ne vous convaincront pas de faux.

Le Menteur. Si je vends quelque chose à crédit, je l'inscris soigneusement sur mon livre de comptes.

Le Véridique. Ensuite?

Le Menteur. Quand il s'agit de payer, je réclame à l'acheteur plus qu'il n'a reçu. Si celui-ci est oublieux ou insouciant, c'est pour moi un bénéfice réel.

Le Véridique. Mais s'il le remarque ?

Le Menteur. Je lui présente mon livre de comptes.

Le Véridique. Mais s'il vous montre ou s'il vous prouve qu'il n'a point reçu ce que vous lui réclamez ?

Le Menteur. Je proteste tant que je peux, car, dans cet art, la honte est tout à fait inutile. Enfin, en dernière ressource, j'imagine un expédient.

Le Véridique. Mais si vous êtes pris en flagrant délit ?

Le Menteur. Rien n'est plus facile : mon serviteur s'est trompé, ou la mémoire m'a fait défaut. Le secret est de mêler plusieurs comptes ensemble; on trompe ainsi plus aisément. Par exemple, il y a certains articles effacés parce qu'on a payé; il y en a d'autres pour lesquels on n'a rien donné; je mêle tout cela dans les derniers mémoires, comme si je n'avais rien effacé. Au moment de régler, nous contestons, mais je l'emporte le plus souvent, dussé-je employer le parjure. Un autre secret de mon art consiste à choisir pour régler le moment où le débiteur part en voyage et se trouve pris au dépourvu, car, pour moi, je suis toujours prêt. Me confie-t-on un dépôt, je le garde secrètement chez moi et ne le rends pas. Il se passe bien du temps avant que le destinataire vienne à le savoir. Enfin, si je ne puis nier, je dis que je l'ai perdu, ou je soutiens avoir envoyé ce que je n'ai point envoyé; j'accuse les rouliers. En dernier lieu, si je ne puis pas éviter de rendre le dépôt, je le rends entamé.

Le Véridique. Voilà un bel art, en vérité !

Le Menteur. Quelquefois, si je puis, je reçois deux fois le payement de la même dette, premièrement chez moi, ensuite là où je vais, et je suis partout. En attendant le temps amène l'oubli, les comptes se brouillent, quelqu'un meurt ou entreprend un long voyage; au pis aller, je me suis du moins servi de l'argent d'autrui. J'engage quelques personnes à favoriser mes mensonges en ayant l'air de les obliger, mais toujours aux dépens d'autrui; de ma bourse je ne donnerais pas un liard à ma mère. Bien que chaque objet ne rapporte qu'un petit bénéfice, la quantité (car, comme je vous l'ai dit, je me mêle de beaucoup de choses) produit un monceau qui n'est point à dédaigner. Mais pour ne pas être pris, entre mille ruses voici la meilleure : j'intercepte toutes les lettres que je puis, je les ouvre et je les lis. Si j'y trouve quelque chose qui puisse me nuire, je les garde, ou si je les rends, je les rends en temps utile. De plus, par mes mensonges, je sème la division entre des gens qui sont très-éloignés.

Le Véridique. Dans quel but?

Le Menteur. Dans un double but. Premièrement, si l'on n'exécute pas la promesse que j'ai faite au nom d'un autre et pour laquelle j'ai même reçu un présent, car je vends cher cette fumée-là, je rejette la faute sur tel ou tel.

Le Véridique. Mais si celui-ci nie?

Le Menteur. Il est trop éloigné; il demeure par exemple à Bâle, et c'est en Angleterre que je fais la promesse. En second lieu, grâce à la mésintelligence que j'ai fait naître, aucun des deux n'ajoute foi à l'autre s'il vient à m'accuser. Voilà un échantillon de mon art.

Le Véridique. Nous autres, gens simples, qui appelons une figue une figue et une barque une barque, nous avons coutume de nommer cet art-là un *vol*.

Le Menteur. Que vous connaissez peu le droit romain! Est-ce qu'il est permis d'intenter une action pour vol à celui qui a supprimé un dépôt, nié une dette ou commis autres tromperies de ce genre?

Le Véridique. Cela devrait être permis.

Le Menteur. Admirez donc notre prudence. Nous gagnons plus ou, du moins, autant que les voleurs, et nous ne courons aucun risque.

Le Véridique. Allez au diable avec vos fourberies et vos mensonges, car je ne veux pas vous dire adieu.

Le Menteur. Et vous, enragez avec votre vérité couverte de haillons. Moi, en attendant, je vivrai agréablement avec mes vols et mes mensonges, sous le patronage d'Ulysse et de Mercure.

LE NAUFRAGE

ANTOINE, ADOLPHE.

Antoine. Quel horrible récit! Est-ce là naviguer? Dieu me préserve de former jamais un pareil dessein!

Adolphe. Eh bien! ce que je vous ai raconté jusqu'à présent n'est qu'un jeu auprès de ce que vous allez entendre.

Antoine. Je n'ai entendu que trop de malheurs. Votre récit me fait frémir, comme si j'étais moi-même au milieu du péril.

Adolphe. Moi, au contraire, je songe avec plaisir aux souffrances passées. Cette nuit, il arriva un événement qui fit croire au pilote que tout espoir de salut était perdu.

Antoine. Quel événement? je vous prie.

Adolphe. Il faisait clair de lune; un matelot était perché au haut du mât dans la hune (c'est ainsi que cela se nomme, je crois), regardant de tous côtés s'il apercevait la terre; tout à coup un globe de feu brilla à côté de lui. Ce phénomène est pour les matelots un présage funeste si le feu est seul, heureux s'il est double. L'antiquité voyait dans ces deux feux Castor et Pollux.

Antoine. Qu'avaient de commun avec les marins ces deux personnages, dont l'un était cavalier et l'autre athlète?

Adolphe. C'est une imagination des poëtes. Le pilote qui tenait le gouvernail cria : « Camarade (c'est le nom que les matelots se donnent entre eux), ne vois-tu pas le compagnon qui te serre le flanc? — Je le vois, répondit l'autre, et je souhaite qu'il soit propice. » Au même instant le globe de feu, glissant à travers les cordages, roula jusque vers le pilote.

Antoine. Est-ce qu'il ne mourut pas de frayeur?

Adolphe. Les marins sont accoutumés aux prodiges. La boule enflammée resta quelque temps en place, après quoi elle fit tout le tour du navire, traversa le pont et disparut. Vers minuit, la tempête se mit à redoubler de violence. Avez-vous jamais vu les Alpes?

Antoine. Oui.

Adolphe. Ces montagnes sont des verrues en comparaison des vagues de la mer. Chaque fois que nous montions, nous aurions pu toucher la lune du doigt;

chaque fois que nous descendions, on eût dit que la terre s'entr'ouvrait et que nous allions aller tout droit dans le Tartare.

Antoine. Quelle folie de se confier à la mer!

Adolphe. Les matelots luttaient vainement contre la tempête, lorsque le pilote vint à nous le visage couvert de pâleur.

Antoine. Cette pâleur présage quelque grand malheur.

Adolphe. « Amis, nous dit-il, je ne suis plus maître de mon vaisseau : les vents ont le dessus; il ne nous reste plus qu'à mettre notre espoir en Dieu et à nous préparer tous à la mort. »

Antoine. C'est parler en vrai Scythe.

Adolphe. « Avant tout, ajouta-t-il, il faut décharger le vaisseau : ainsi l'ordonne le rude éperon de la nécessité; il vaut mieux sauver sa vie en perdant ses biens que de périr avec eux. » La vérité persuada : on jeta à la mer une foule de ballots pleins de marchandises précieuses.

Antoine. C'est ce qui s'appelle jeter l'argent.

Adolphe. Il se trouvait là un Italien qui avait été en ambassade auprès du roi d'Écosse : il avait un coffre plein de vaisselle d'argent, de bijoux, de drap et de vêtements de soie.

Antoine. Celui-là ne voulait pas transiger avec la mer?

Adolphe. Non : il voulait périr avec ses chers trésors ou être sauvé avec eux; aussi se montrait-il récalcitrant.

Antoine. Que fit le pilote?

Adolphe. « Nous vous laisserions volontiers, lui dit-il, périr seul avec ce qui vous appartient, mais il n'est pas juste que nous soyons tous en danger à cause de votre coffre; autrement, nous allons vous jeter à la mer, vous et votre coffre. »

Antoine. C'est bien là le langage d'un marin.

Adolphe. Alors l'Italien finit par se résigner, en maudissant le ciel et l'enfer d'avoir confié sa vie à un élément aussi barbare.

Antoine. Je reconnais le mot des Italiens.

Adolphe. Un instant après les vents, nullement apaisés par nos présents, brisèrent les cordages et déchirèrent les voiles.

Antoine. O malheur !

Adolphe. Le pilote revint à nous.

Antoine. Pour haranguer ?

Adolphe. « Amis, dit-il en nous faisant un salut, il est temps que chacun de nous se recommande à Dieu et se prépare à mourir. » Interrogé par des gens au courant de la navigation pendant combien d'heures il pourrait garantir le vaisseau, il répondit qu'il ne pouvait rien promettre, mais qu'il ne fallait pas compter sur plus de trois heures.

Antoine. Ce discours était encore plus dur que le premier.

Adolphe. Après avoir ainsi parlé, il ordonne de couper tous les cordages, de scier le mât à son emboîture et de le jeter à la mer avec les vergues.

Antoine. Pourquoi cela ?

Adolphe. Parce que les voiles étant enlevées ou déchirées, le mât était plus encombrant qu'utile ; toute notre ressource était dans le gouvernail.

Antoine. Pendant ce temps, que faisaient les passagers?

Adolphe. C'était un triste spectacle. Les matelots chantaient le *Salve Regina*; ils imploraient la Vierge mère, l'appelaient l'Étoile de la mer, la Reine du ciel, la Maîtresse du monde, le Port du salut, et lui prodiguaient par flatterie une foule d'autres titres qu'on ne trouve nulle part dans les Saintes Écritures.

Antoine. Quel rapport a-t-elle avec la mer, elle qui, ce me semble, n'a jamais navigué?

Adolphe. Autrefois Vénus veillait sur les marins, parce qu'on la croyait fille de la mer, mais comme elle a cessé d'en avoir soin, on a substitué à cette mère non vierge, une vierge mère.

Antoine. Vous plaisantez.

Adolphe. Plusieurs, prosternés sur le pont, adoraient la mer en versant dans les flots toute l'huile qui était là; ils lui adressaient des paroles flatteuses comme à un prince irrité.

Antoine. Que disaient-ils?

Adolphe. « O mer très-clémente, ô mer très-généreuse, ô mer très-opulente, ô mer très-belle, calme-toi, sauve-nous! » Ils chantaient tout cela et d'autres choses encore aux oreilles sourdes de la mer.

Antoine. La plaisante superstition! Que faisaient les autres?

Adolphe. Quelques-uns ne faisaient que vomir; la plupart faisaient des vœux. Il y avait un Anglais qui promettait des monts d'or à la Vierge de Walsingham s'il arrivait à terre vivant. Ceux-ci faisaient mille promesses au bois de la Croix déposé dans tel lieu, ceux-là au même bois déposé dans tel autre. On en faisait autant pour la Vierge Marie, qui règne dans plusieurs endroits, et le vœu est considéré comme nul si l'on ne mentionne pas la localité.

Antoine. Quelle plaisanterie! comme si les saints n'habitaient pas au ciel.

Adolphe. Quelques-uns promettaient de se faire chartreux. Il y en eut un qui promit d'aller voir saint Jacques, qui demeure à Compostelle, la tête et les pieds nus, le corps couvert seulement d'une cuirasse de fer, et de plus en mendiant son pain.

Antoine. Personne ne songea à saint Christophe?

Adolphe. J'en ai vu un, non sans rire, qui, dans la crainte de ne pas être entendu, promettait à haute voix au saint Christophe de la cathédrale de Paris, qui ressemble plus à une montagne qu'à une statue, autant de cire qu'il était grand. Comme il répétait cela à plusieurs reprises en criant de toutes ses forces, son voisin, qui le connaissait, lui donna un coup de coude et lui dit : « Fais attention à ce que tu promets : quand tu vendrais tous tes biens à l'enchère, tu ne pourrais pas t'acquitter. » Alors notre homme, baissant la voix, de peur sans doute que saint Christophe ne l'entendît : « Tais-toi, dit-il, imbécile. Est-ce que tu crois que je parle sérieusement? Une fois que j'aurai mis pied à terre, je ne lui donnerai pas une chandelle de suif. »

Antoine. Quel idiot! Je soupçonne que c'était un Batave.

Adolphe. Non, il était Zélandais.

Antoine. Je m'étonne que nul n'ait songé à l'apôtre saint Paul, qui autrefois a navigué, et qui, après un naufrage, sauta à terre. Celui-ci, *non étranger au malheur, a appris à secourir les infortunés.*

Adolphe. Il n'était pas question de saint Paul.

Antoine. Priait-on?

Adolphe. A qui mieux mieux. L'un chantait *Salve Regina*, l'autre *Credo in Deum.* D'autres récitaient de petites prières spéciales qui ressemblaient à des formules magiques pour conjurer le danger.

Antoine. Comme l'adversité rend religieux! Dans la prospérité nous ne songeons ni à Dieu ni aux saints. Que faisiez-vous pendant ce temps-là? N'offriez-vous pas des vœux à quelque saint?

Adolphe. Du tout.

Antoine. Pourquoi?

Adolphe. Parce que je ne fais point de marché avec les saints. N'est-ce pas autre chose qu'un contrat suivant la formule : *Je donne si tu donnes;* ou : *Je fais si tu fais : Je vous donnerai un cierge si j'échappe au naufrage : J'irai à Rome si vous me sauvez?*

Antoine. Mais vous imploriez le secours de quelque saint?

Adolphe. Non plus.

Antoine. Pourquoi donc?

Adolphe. Parce que le ciel est vaste. Si j'avais recommandé mon salut à un saint, par exemple à saint Pierre, qui m'aurait peut-être entendu le premier, parce qu'il se tient à la porte, avant qu'il eût été trouver Dieu, avant qu'il lui eût exposé ma cause, j'aurais péri.

Antoine. Que faisiez-vous donc?

Adolphe. Je m'adressais directement au Père lui-même, en lui disant : *Notre Père, qui êtes aux cieux.* Pas un saint n'entend plus vite que lui et ne donne plus volontiers ce qu'on lui demande.

Antoine. Mais votre conscience ne protestait-elle pas? Ne craigniez-vous point d'appeler Père celui que vous aviez offensé par tant de crimes?

Adolphe. A vous dire vrai, ma conscience m'effrayait un peu, mais je repris bientôt confiance en me disant : « Il n'y a point de père, si irrité qu'il soit contre son fils, qui, en le voyant en danger dans un torrent ou un lac, ne le prenne par les cheveux pour le jeter sur la rive. » De tous les passagers, celui qui se comportait le plus tranquillement était une femme qui tenait sur son sein un petit enfant qu'elle allaitait.

Antoine. Que faisait-elle?

Adolphe. Seule elle ne criait, ni ne pleurait, ni ne faisait de vœux : elle se contentait de prier tout bas en serrant l'enfant dans ses bras. Cependant, comme le navire heurtait de temps en temps contre les bas-fonds, le pilote craignant qu'il ne se brisât entièrement, l'entoura de cordages de la proue à la poupe.

Antoine. Triste ressource!

Adolphe. Alors parut un vieux prêtre âgé de soixante ans, nommé Adam : il quitta ses vêtements jusqu'à la chemise, ôta même ses bas et ses souliers, et nous ordonna de nous tenir prêts comme lui à nager. Debout au milieu du navire, il nous prêcha cinq vérités tirées de Gerson sur l'utilité de la confession et nous exhorta tous à nous préparer chacun à la vie et à la mort. Il y avait là un dominicain : ceux qui voulurent se confessèrent à lui.

Antoine. Et vous?

Adolphe. Moi, quand j'ai vu le désordre qui régnait partout, je me suis confessé tout bas à Dieu, en condamnant mes torts envers lui et en implorant sa miséricorde.

Antoine. Où seriez-vous allé si vous aviez péri ?

Adolphe. Je laissais cela au jugement de Dieu, car je ne voulais pas être mon juge à moi-même; cependant j'avais bon espoir. Sur ces entrefaites, le matelot revient à nous les larmes aux yeux : « Que chacun se prépare, dit-il, car dans un quart d'heure nous ne pourrons plus compter sur le vaisseau. » En effet, brisé en plusieurs endroits, il faisait eau. Un instant après, le matelot nous annonce qu'il aperçoit au loin un clocher et nous exhorte à implorer l'assistance du saint patron de cette église, quel qu'il soit. Tout le monde tombe à genoux et prie le saint inconnu.

Antoine. Si vous l'aviez appelé par son nom, il vous aurait peut-être entendus.

Adolphe. On ne le savait pas. Cependant le pilote faisait tous ses efforts pour diriger de ce côté le navire déjà fracassé, faisant eau de toutes parts, et qui allait s'effondrer complétement sans les câbles qui le retenaient.

Antoine. Quelle affreuse situation!

Adolphe. Nous avançâmes assez pour que les habitants du lieu s'aperçussent de notre détresse. Ils accoururent en foule sur le bord du rivage; agitant leurs vêtements et mettant leurs chapeaux au bout de longues perches, ils nous appelèrent à eux, et, levant les bras au ciel, ils nous firent voir qu'ils s'apitoyaient sur notre sort.

Antoine. J'attends le dénoûment.

Adolphe. Déjà la mer avait envahi tout le navire, au point que nous n'y étions pas plus en sûreté qu'au milieu de l'eau.

Antoine. C'était le cas de recourir à l'ancre sacrée.

Adolphe. Dites plutôt à l'ancre de malheur. Les matelots vident l'eau qui était dans la chaloupe et la mettent en mer. Tous veulent s'y jeter malgré les matelots criant de toutes leurs forces que la chaloupe ne pouvait pas contenir tant de monde et que chacun devait se saisir de ce qu'il pourrait pour nager. Les circonstances ne permettaient pas de délibérer longtemps : l'un prend une rame, l'autre un croc, celui-ci un baquet, celui-là un seau, cet autre une planche, et chacun, s'appuyant sur quelque chose, se confie à la merci des flots.

Antoine. Qu'arriva-t-il à cette pauvre femme qui seule ne se lamentait pas?

Adolphe. Elle parvint la première au rivage.

Antoine. Comment fit-elle?

Adolphe. Nous l'avions placée sur une planche recourbée, en l'attachant de manière à ce qu'elle ne pût pas tomber; nous lui mîmes à la main un ais dont elle pouvait se servir comme d'une rame, puis, lui souhaitant bonne chance, nous l'exposâmes sur les flots en la poussant en avant avec un croc pour l'éloigner du navire, qui était à redouter. Elle, tenant son enfant de la main gauche, ramait de la main droite.

Antoine. Quelle héroïne!

Adolphe. Comme il ne restait plus rien, quelqu'un arracha une statue de bois de la Vierge mère, qui était toute pourrie et rongée par les souris : il la prit dans ses bras et se mit à nager.

Antoine. La chaloupe arriva-t-elle intacte?

Adolphe. Ceux qui étaient dedans périrent les premiers, et ils s'y étaient jetés au nombre de trente.

Antoine. Quelle fut la cause de cette catastrophe?

Adolphe. Avant qu'on ait pu l'éloigner du navire, le balancement de celui-ci la fit chavirer.

Antoine. O malheur! Et vous?

Adolphe. Moi, j'ai failli périr en m'occupant des autres.

Antoine. Pourquoi cela?

Adolphe. Parce qu'il ne restait plus rien pour m'aider à nager.

Antoine. Le liége aurait été là d'un grand secours.

Adolphe. Dans ce moment j'aurais mieux aimé un méchant morceau de liége qu'un chandelier d'or. En regardant de tous côtés, je finis par songer à la partie inférieure du mât; comme je ne pouvais l'arracher seul, je m'adjoignis un compagnon; appuyés tous deux sur ce mât, nous nous confiâmes à la mer, moi occupant l'aile droite, lui l'aile gauche. Pendant que nous étions ballottés par les vagues, ce prêtre qui avait prêché sur le vaisseau se jeta au milieu de nous sur nos épaules. C'était un colosse. Nous nous écrions : « Quel est ce troisième? il nous fera périr tous! » Lui, de son côté, répond tranquillement : « N'ayez pas peur, il y a assez de place; Dieu nous aidera. »

Antoine. Pourquoi se mit-il si tard à nager?

Adolphe. Il aurait dû se trouver dans la chaloupe avec le dominicain, car tout le monde leur accordait cet honneur; mais, quoiqu'ils se fussent confessés mutuellement au milieu du navire, ayant oublié je ne sais quelles circonstances, ils recommencèrent leur confession sur le bord du navire et se firent l'un à l'autre l'imposition des mains; pendant ce temps la chaloupe sombra. C'est Adam qui me l'a raconté.

Antoine. Que devint le dominicain?

Adolphe. Celui-ci, au dire du même, après avoir imploré l'assistance des saints, ôta ses vêtements et se jeta tout nu à la nage.

Antoine. Quels saints invoquait-il?

Adolphe. Dominique, Thomas, Vincent et je ne sais quel Pierre, mais il avait surtout confiance en Catherine de Sienne.

Antoine. Il ne songeait pas au Christ?

Adolphe. Je vous dis ce que le prêtre m'a raconté.

Antoine. Il aurait échappé au naufrage plus aisément s'il n'eût point quitté son froc; puisqu'il l'avait ôté, comment Catherine de Sienne pouvait-elle le reconnaître? Mais parlez-moi de vous.

Adolphe. Pendant que nous étions ballottés près du navire errant çà et là au gré des flots, le choc du gouvernail brisa la cuisse de celui qui occupait l'aile gauche et le submergea. Le prêtre, lui souhaitant le repos éternel, prit sa place et m'exhorta à garder mon aile vaillamment et à bien remuer les pieds. En attendant nous buvions beaucoup d'eau salée. Neptune ne nous avait pas préparé seulement un bain salé, mais encore une potion salée. Du reste, le prêtre me montra le moyen d'y remédier.

Antoine. Quel moyen? je vous prie.

Adolphe. Chaque fois qu'une vague arrivait à nous, il lui opposait l'occiput en fermant la bouche.

Antoine. C'était un brave vieillard.

Adolphe. Lorsque après avoir nagé quelque temps nous eûmes fait un peu de chemin, le prêtre, qui était un homme de haute taille, me dit : « Courage! je sens le fond. » Je n'osai me flatter d'un tel bonheur. « Nous sommes trop loin du rivage, répliquai-je, pour espérer de toucher le fond. — Du tout, fit-il, je sens la terre avec les pieds. — C'est peut-être, ajoutai-je, quelque coffre que la mer roule ici. — Non, dit-il, je gratte parfaitement la terre avec mes orteils. » Lorsque nous eûmes encore nagé quelque temps, comme il sentait toujours le fond : « Faites, me dit-il, ce que vous jugerez le meilleur; je vous cède tout le mât et je me confie au gué. » Puis, attendant que les vagues soient passées, il s'avança à pied en courant tant qu'il put. Les vagues revenaient-elles, il mettait ses deux mains sur ses genoux et tenait tête aux flots en se cachant sous les ondes, comme font les plongeons et les canards; puis, le flot passé, il reparaissait et courait. Voyant que cela lui réussissait, je fis de même. Il y avait sur la plage des gens robustes et accoutumés à la mer qui, munis de longues perches, se soutenaient contre la violence des flots afin que le dernier présentât la perche au nageur. Dès qu'il la tenait, tous les autres, se repliant sur le rivage, le tiraient à terre sans danger. On en sauva ainsi quelques-uns.

Antoine. Combien ?

Adolphe. Sept ; mais il y en eut deux qui moururent de chaleur lorsqu'on les approcha du feu.

Antoine. Combien étiez-vous dans le navire ?

Adolphe. Cinquante-huit.

Antoine. Cruelle mer ! Elle aurait dû au moins se contenter de la dîme, qui suffit aux prêtres. D'un si grand nombre en rendre si peu !

Adolphe. Nous trouvâmes dans les habitants de ce pays une humanité incroyable ; ils mirent le plus vif empressement à nous fournir de tout : logement, feu, vivres, vêtements, provisions de voyage.

Antoine. Quel peuple était-ce ?

Adolphe. Des Hollandais.

Antoine. Il n'y a rien de plus humain qu'eux, quoiqu'ils soient entourés de nations barbares. Dorénavant vous ne retournerez plus sans doute vers Neptune ?

Adolphe. Non, à moins que Dieu ne m'ôte la raison.

Antoine. Et moi j'aime mieux entendre de pareilles histoires que de les expérimenter.

LES HOTELLERIES

BERTULPHE, GUILLAUME.

Bertulphe. Pourquoi a-t-on pris cette habitude de rester deux ou trois jours à Lyon? Quant à moi, une fois que j'ai entrepris un voyage, je ne m'arrête pas avant d'être arrivé à ma destination.

Guillaume. Pour moi, au contraire, je m'étonne qu'on puisse s'arracher d'ici.

Bertulphe. Pourquoi cela?

Guillaume. Parce qu'il y a là un endroit d'où les compagnons d'Ulysse n'auraient pu s'arracher : il s'y trouve des sirènes. On n'est pas mieux traité chez soi qu'on ne l'est ici dans une hôtellerie.

Bertulphe. Comment cela?

Guillaume. A table, il y avait toujours une femme qui égayait les convives par sa grâce et son enjouement. D'ailleurs, le sexe y est extrêmement beau. La mère de famille arrivait d'abord pour nous saluer, nous priant d'être de bonne humeur et d'agréer ce qu'on nous servirait. Venait ensuite sa fille, une femme charmante, d'un caractère et d'une conversation si gais qu'elle aurait réjoui Caton lui-même. On ne conversait pas comme avec des hôtes inconnus, mais comme avec de vieilles connaissances et des amis.

Bertulphe. Je reconnais l'urbanité de la nation française.

Guillaume. Comme elles ne pouvaient pas toujours être là, attendu qu'il leur fallait vaquer aux soins domestiques et saluer les autres convives, une petite fille, façonnée à la plaisanterie, se tenait constamment près de nous; elle recevait à elle seule tous les traits et soutenait la conversation jusqu'à ce que la fille revînt, car la mère était d'un âge avancé.

Bertulphe. Mais enfin, quelle était la table? car causer ne remplit pas le ventre.

Guillaume. En vérité, somptueuse. Je m'étonne qu'ils puissent traiter leurs hôtes à si bas prix. Puis, le repas fini, ils vous entretiennent de propos agréables pour éviter l'ennui. Je me croyais chez moi et non en voyage.

Bertulphe. Et dans les chambres à coucher?

Guillaume. On n'y voyait que des filles riant, folâtrant, jouant; elles venaient nous demander si nous avions du linge sale : elles le lavaient et nous le rendaient blanc. Bref, on ne voyait partout que des filles et des femmes, excepté dans l'écurie, et encore les filles y pénétraient-elles souvent. Lorsque les voyageurs s'en vont, elles les embrassent et les quittent avec autant de tendresse que si c'étaient des frères et de proches parents.

Bertulphe. Ces usages conviennent peut-être aux Français; pour moi, j'aime mieux ceux de l'Allemagne, qui sont plus mâles.

Guillaume. Il ne m'est jamais arrivé de visiter l'Allemagne; je vous prie donc de vouloir bien me dire comment on y reçoit les étrangers.

Bertulphe. Je ne sais pas si on les traite partout de la même manière; je raconterai ce que j'ai vu. Personne ne vous salue en arrivant, de peur de paraître circonvenir un hôte: ce qui est considéré comme vil, méprisable et indigne de la gravité allemande. Quand vous avez longtemps crié, quelqu'un avance la tête à travers la fenêtre du poêle[1] (car ils vivent là dedans jusqu'au solstice d'été), comme une tortue qui regarde hors de sa carapace. Il faut lui demander si on peut loger ici. S'il ne fait pas un signe négatif, vous comprenez qu'il vous accorde une place. Vous lui demandez où est l'écurie : il vous la montre du geste. Libre à vous de soigner votre cheval comme vous l'entendez : pas un valet n'y met la main. Si l'hôtellerie est un peu fréquentée, un valet vous indique l'écurie et en même temps la place la moins commode pour votre cheval. Les meilleures places sont réservées pour ceux

---

1. Nom donné en Allemagne à la chambre où est le poêle.

qui viendront, et surtout pour les nobles. Si vous vous plaignez, on vous répond aussitôt : *Si cela ne vous plaît pas, cherchez une autre hôtellerie.* Dans les villes, on livre le foin avec une grande parcimonie, et on le vend presque aussi cher que l'avoine. Quand vous avez pris soin de votre cheval, vous passez dans le poêle avec vos bottes, vos bagages et votre boue. C'est la salle commune.

Guillaume. En France, il y a des chambres spéciales pour se déshabiller, se nettoyer, se chauffer et même se reposer, si l'on veut.

Bertulphe. Ici, rien de semblable. Dans le poêle, vous ôtez vos bottes, vous mettez vos souliers, vous changez de chemise, si vous voulez; vous suspendez près du poêle vos vêtements mouillés de pluie, et vous vous en approchez pour vous sécher. Vous avez de l'eau toute prête pour vous laver les mains; mais elle est ordinairement si propre qu'il faut ensuite chercher une autre eau pour laver cette ablution.

Guillaume. Je loue ces gens de n'être point énervés par le luxe.

Bertulphe. Seriez-vous arrivé à quatre heures de l'après-midi, vous ne dînerez pas avant neuf ou dix heures.

Guillaume. Pourquoi?

Bertulphe. Ils n'apprêtent rien qu'ils n'aient vu tous leurs convives, afin de les servir tous à la fois.

Guillaume. Ils visent à l'économie.

Bertulphe. Précisément. Aussi voit-on souvent réunis dans le même poêle quatre-vingts ou quatre-vingt-dix individus, fantassins, cavaliers, marchands, matelots, charretiers, cultivateurs, enfants, femmes, valides, malades.

Guillaume. C'est une vraie communauté.

Bertulphe. L'un se peigne la tête, l'autre essuie sa sueur; celui-ci nettoie ses guêtres ou ses bottes, celui-là rote l'ail. En un mot, la confusion des langues et des personnes n'y est pas moindre qu'autrefois dans la tour de Babel. S'ils aperçoivent un étranger dont les dehors annoncent une position élevée, ils ont tous les yeux fixés sur lui et ils le contemplent comme un animal extraordinaire qu'on amènerait d'Afrique; et, même après s'être mis à table, ils retournent la tête pour le regarder constamment et ne le quittent pas des yeux, oubliant de manger.

Guillaume. A Rome, à Paris et à Venise, on ne s'étonne de rien.

Bertulphe. Pendant ce temps-là il vous est défendu de demander quelque chose. Quand la soirée est avancée et que l'on n'attend plus personne, vous voyez paraître un vieux valet à barbe blanche, la tête rasée, l'air farouche, les vêtements crasseux.

Guillaume. Il faudrait de pareils échansons aux cardinaux romains.

Bertulphe. Celui-ci, promenant ses regards de tous côtés, compte tout bas le nombre des gens qui sont dans le poêle, et plus il en voit, plus il chauffe le poêle, lors même que le soleil serait étouffant. Ils croient avoir traité parfaitement leurs hôtes quand ils ruissellent tous de sueur. Si quelqu'un non habitué à cette vapeur ouvre un peu la fenêtre pour ne pas suffoquer, on lui crie aussitôt : « Fermez! » Si vous répondez : « Je ne puis pas y tenir », on vous réplique : « Cherchez donc une autre hôtellerie. »

Guillaume. Cependant, je ne connais rien de plus dangereux que ces nombreuses réunions où l'on respire la même vapeur, surtout quand le corps est en transpiration ; où l'on mange et où l'on reste plusieurs heures. Sans parler des rots d'ail, des vents et des mauvaises haleines, il y a beaucoup de gens qui sont atteints de maladies secrètes, et toute maladie est contagieuse. La plupart ont sans doute le mal espagnol, que quelques-uns nomment le mal français, quoiqu'il soit commun à toutes les nations. Selon moi, ils ne sont pas moins à craindre que des lépreux. Jugez combien l'on risque d'attraper la peste.

Bertulphe. Ce sont des braves ; ils se moquent de cela et n'y font pas attention.

Guillaume. Mais, en attendant, leur bravoure coûte la vie à bien des gens.

Bertulphe. Qu'y faire? Ils y sont habitués, et il est d'un cœur ferme de ne point rompre avec sa manière de vivre.

Guillaume. Pourtant, il y a vingt-cinq ans, rien n'était plus en vogue dans le Brabant que les bains publics ; aujourd'hui on n'y va plus : la nouvelle peste nous a appris à nous en passer.

Bertulphe. Écoutez le reste. Ce Ganymède barbu revient ensuite et étend des nappes sur autant de tables qu'il le juge nécessaire. Mais, grand Dieu! quelles nappes peu milésiennes[1]! On dirait de la toile déta-

---

[1]. Milet, ville grecque de l'Asie mineure, était renommée pour la supériorité de ses tissus.

chée des vergues. Il assigne à chaque table huit convives pour le moins. Ceux qui sont au courant des usages du pays s'assoient où bon leur semble. On ne fait pas de différence entre le pauvre et le riche, entre le maître et le valet.

Guillaume. C'est cette antique égalité que le despotisme a aujourd'hui bannie de la terre. C'est ainsi, selon moi, que le Christ a vécu avec ses disciples.

Bertulphe. Quand tout le monde s'est mis à table, ce farouche Ganymède paraît de nouveau, et compte encore sa compagnie. Il revient bientôt, apportant à chacun une assiette de bois, une cuiller de même argenterie et un verre; quelque temps après, il apporte du pain; chacun le nettoie tranquillement pendant que la soupe cuit. On reste quelquefois près d'une heure dans cette situation.

Guillaume. Pendant ce temps, personne ne demande à manger?

Bertulphe. Non, pour peu que l'on connaisse l'usage du pays. Enfin on apporte du vin. Bon Dieu! quel vin peu capiteux! Les sophistes ne devaient pas en boire d'autre, tant il est aigre et subtil. Si un hôte, même en offrant de payer à part, demande qu'on lui serve une autre sorte de vin, on feint d'abord de ne pas comprendre, et on le regarde comme si on voulait le tuer; s'il insiste, on lui répond : « J'ai logé ici tant de comtes et de marquis, et pas un ne s'est plaint de mon vin; s'il ne vous plaît pas, cherchez une autre hôtellerie. » Ils n'estiment comme hommes que les nobles de leur pays, et ils étalent partout leurs armoiries. Enfin, la soupe est prête; on la sert aux estomacs qui aboient, puis on apporte les plats en grande pompe. Le premier service se compose de morceaux de pain trempés dans du jus de viande, ou, si c'est un jour maigre, dans du jus de légumes. Ensuite un autre ragoût, puis de la viande recuite ou de la salaison réchauffée. Après cela, de la bouillie avec un autre mets plus solide; et, quand l'estomac est plein, on sert de la viande rôtie ou du poisson cuit dans l'eau, lequel n'est pas trop à dédaigner; mais on en sert fort peu et on l'enlève aussitôt. Ils règlent de la sorte tout le repas, et, de même que ceux qui font jouer des pièces mêlent les chœurs et les acteurs, ils mêlent alternativement les purées et les ragoûts, en ayant soin toutefois que le dernier acte soit le plus beau.

Guillaume. En effet, c'est le devoir d'un bon poëte.

Bertulphe. Ce serait un crime de dire pendant le repas : « Otez ce plat, personne n'en mange. » Il faut rester à table tout le temps prescrit, et je crois qu'ils le mesurent d'après l'horloge. Enfin paraît ce barbu ou l'hôtelier lui-même, dont le costume diffère peu de celui de ses valets : il nous demande ce que nous voulons. On apporte alors un vin de meilleure qualité. Ils aiment les grands buveurs, quoique celui qui absorbe beaucoup de vin ne paye pas plus que celui qui n'en boit pas.

Guillaume. Cette nation a un goût bizarre.

Bertulphe. Il y en a même quelquefois qui consomment en vin le double de ce qu'ils dépensent pour leur repas. Mais, avant de terminer la description de ce festin, on ne saurait dire le bruit et le vacarme qui y règnent quand tout le monde est échauffé par la boisson. En un mot, c'est assourdissant. Il s'y mêle souvent des bouffons. Vous ne sauriez croire combien cette espèce d'hommes, qui est la plus détestable de toutes, plaît aux Allemands. Leurs chants, leur babil, leurs cris, leurs danses, leur agitation, font que le poêle semble s'écrouler et qu'on ne s'entend pas parler. Néanmoins, les spectateurs s'estiment fort heureux, et il faut demeurer là bon gré mal gré jusqu'au milieu de la nuit.

Guillaume. Achevez donc enfin la description du repas; sa longueur commence aussi à m'ennuyer.

Bertulphe. Volontiers. Lorsqu'on a enlevé le fromage, qui ne leur plaît qu'à la condition d'être gâté et plein de vers, paraît ce barbu, apportant une assiette de bois sur laquelle il a dessiné à la craie des cercles et des demi-cercles. Il la place sur la table sans rien dire et d'un air sombre : on dirait, à le voir, un nouveau Caron. Celui qui connaît le tableau dépose son argent, puis un second, puis un troisième, jusqu'à ce que l'assiette soit remplie. Le valet remarque les déposants et compte la somme tout bas; si rien n'y manque, il fait un signe de tête affirmatif.

Guillaume. Et s'il y avait de trop?

Bertulphe. Il le rendrait peut-être; cela se fait quelquefois.

Guillaume. Personne ne réclame contre l'iniquité de ce compte?

Bertulphe. Personne qui ait du bon sens, car on lui répondrait aussitôt : « Quel homme êtes-vous? Vous ne payez pas plus qu'un autre. »

Guillaume. Voilà un peuple libre!

Bertulphe. Si quelqu'un, fatigué du voyage, désire se mettre au lit en sortant de table, on lui dit d'attendre jusqu'à ce que les autres aillent aussi se coucher.

Guillaume. Il me semble voir la république de Platon [1].

Bertulphe. Ensuite on montre à chacun son nid ; c'est une chambre à coucher dans toute l'acception du mot, car, à part les lits, il n'y a pas un seul objet dont on puisse se servir ou qu'on puisse voler.

Guillaume. La propreté y règne-t-elle ?

Bertulphe. Comme à table : les draps n'ont peut-être pas été lavés depuis six mois.

Guillaume. Comment les chevaux sont-ils soignés ?

Bertulphe. Absolument comme on soigne les hommes.

Guillaume. Se conduit-on partout de même ?

Bertulphe. Il y a des endroits où l'on est plus poli, d'autres où l'on est plus dur ; mais, en général, les choses se passent comme je vous l'ai raconté.

Guillaume. Que diriez-vous si je vous racontais comment l'on traite les hôtes dans cette partie de l'Italie que l'on nomme la Lombardie, puis en Espagne, puis en Angleterre, puis dans le pays de Galles ? Les Anglais observent les usages des Français et des Allemands, attendu qu'ils sont un mélange de ces deux nations. Les Gallois se disent Anglais *autochthones* [2].

---

1. Où régnait une égalité parfaite.
2. Un peuple autochthone est celui qui est du pays même, et qui n'y est pas venu par immigration.

Bertulphe. De grâce, racontez-moi cela, car je n'ai jamais eu l'occasion de visiter ces pays.

Guillaume. Pour le moment, je n'ai pas le temps. Le batelier m'a dit d'arriver à trois heures, si je ne voulais pas qu'il partît sans moi, et il a mes effets. Une autre fois, nous pourrons causer à satiété.

LE JEUNE HOMME
ET
LA FILLE DE JOIE

LUCRÈCE, SOPHRON.

Lucrèce. Quel bonheur! mon gentil Sophron, te voilà enfin de retour! Il me semble qu'il y a un siècle que tu es parti. A première vue, je ne te reconnaissais pas.

Sophron. Pourquoi cela, chère Lucrèce?

Lucrèce. Parce que d'imberbe que tu étais, tu nous reviens barbu. Qu'as-tu, mon petit cœur? tu parais plus sombre que d'habitude.

Sophron. Je désire causer amicalement avec toi en particulier.

Lucrèce. Oh! oh! ne sommes-nous pas seuls, ma mentule?

Sophron. Retirons-nous dans un endroit plus secret.

Lucrèce. Eh bien, allons, si tu veux, dans le fond de la chambre.

Sophron. Cet endroit ne me paraît pas encore assez secret.

Lucrèce. D'où vient cette pudeur extraordinaire? J'ai un cabinet où je serre mes nippes; il est si obscur que nous pourrons à peine nous voir.

Sophron. Regarde bien s'il y a des fentes.

Lucrèce. Je n'en vois pas.

Sophron. Il n'y a personne à côté qui puisse nous entendre?

Lucrèce. Pas une mouche, mon amour. Qu'attends-tu donc?

Sophron. Éviterons-nous ici les regards de Dieu?

Lucrèce. Non, il voit tout.

Sophron. Et ceux des anges?

Lucrèce. On ne peut pas fuir leurs regards.

Sophron. Comment les hommes ne rougissent-ils pas de faire, à la face de Dieu et en présence des saints anges, ce qu'ils n'oseraient se permettre devant leurs semblables?

Lucrèce. Que signifie ce langage? Es-tu venu ici pour prêcher? Prends le froc d'un capucin, monte en chaire, et nous t'écouterons, barbu.

Sophron. Je le ferais volontiers si je pouvais te soustraire à ce genre de vie, qui est non-seulement le plus infâme, mais le plus misérable.

Lucrèce. Pourquoi cela, mon bon? Ne faut-il pas gagner son pain d'une façon ou de l'autre? Chacun vit de son métier; c'est notre industrie; c'est notre revenu.

Sophron. Je voudrais, chère Lucrèce, que tu devinsses un instant raisonnable, afin d'examiner avec moi ta situation.

Lucrèce. Garde ton sermon pour une autre fois; maintenant jouissons de la vie, mon cher Sophron.

Sophron. Tout ce que tu fais, c'est pour gagner de l'argent?

Lucrèce. Tu ne t'éloignes pas de la vérité.

Sophron. Tu ne perdras rien de ton gain; je te donnerai quatre fois plus, pourvu seulement que tu m'écoutes.

Lucrèce. Tu n'as qu'à parler.

Sophron. Réponds d'abord à cette question. As-tu des personnes qui te veulent du mal?

Lucrèce. Plus d'une.

Sophron. Et tu les détestes à ton tour?

Lucrèce. Comme de juste.

Sophron. Par conséquent, si tu pouvais faire quelque chose qui leur fût agréable, le ferais-tu?

Lucrèce. Je les empoisonnerais plutôt.

Sophron. Réfléchis un peu : quelle plus grande satisfaction peux-tu leur procurer que de te voir mener cette vie dégradante et misérable? et quel chagrin ne causes-tu pas à ceux qui te veulent du bien?

Lucrèce. C'était ma destinée.

Sophron. Ce qui peine le plus ceux que l'on déporte dans les îles, ou que l'on relègue dans des pays barbares, aux extrémités du monde, tu l'as accepté volontairement.

Lucrèce. Comment cela?

Sophron. N'as-tu pas renoncé volontairement à toutes tes affections, à ton père, à ta mère, à tes frères, à tes sœurs, à tes tantes, à tous ceux enfin auxquels t'unissait la nature? Ils rougissent de toi, et tu n'oses pas te présenter devant eux.

Lucrèce. Au contraire, j'ai troqué avantageusement mes affections; au lieu de quelques amis, j'en ai maintenant une foule, et entre autres toi, qui as toujours été pour moi comme un frère.

Sophron. Pas de plaisanteries; examine sérieusement la vérité. Crois-moi, chère Lucrèce, une femme qui compte tant d'amis n'en a pas un seul. Ceux qui te fréquentent ne te prennent pas pour leur amie, mais bien pour leur pot de chambre. Vois, malheureuse, où tu t'es jetée. Le Christ a eu pour toi tant d'amour qu'il t'a rachetée de son sang et qu'il a voulu que tu participasses à l'héritage céleste, et tu fais de ton corps une sentine publique, où affluent toute sorte de gens sales, immondes, galeux, qui vident sur toi leurs ordures. Si cette lèpre contagieuse qu'on nomme le mal espagnol ne t'a pas encore atteinte, tu ne seras pas longtemps à lui échapper. Et alors qu'y aura-t-il de plus malheureux que toi, en supposant même que tu jouisses de tous les autres avantages, tels que la fortune et la réputation? Tu ne seras plus qu'un cadavre vivant. Il t'en coûtait d'être soumise à ta mère : tu obéis maintenant à une infâme maquerelle. Les remontrances de ton père te déplaisaient : ici tu reçois souvent des coups de débauchés ivres et furieux. Le moindre travail à la maison pour gagner ta vie te pesait : ici, que de fatigues, que de veilles, ne te faut-il pas subir?

Lucrèce. Que signifie un pareil sermon?

Sophron. Songe encore à ceci. Cette fleur de beauté qui t'attire des amants sera bientôt passée. Que deviendras-tu alors, malheureuse? Quel fumier sera plus repoussant que toi? Tu te feras de courtisane maquerelle. C'est un honneur que toutes n'obtiennent pas; en admettant que tu l'obtiennes, est-il un métier plus affreux et plus diabolique?

Lucrèce. Tout ce que tu dis là, mon cher Sophron, peut bien être vrai. Mais où as-tu pris cette pudeur étrange, toi qui étais le plus grand libertin de la terre? Nous n'avions pas de chaland plus assidu ni plus tapageur que toi. J'ai ouï dire que tu avais été à Rome.

Sophron. En effet.

Lucrèce. Ordinairement ceux qui en reviennent sont pires qu'auparavant; comment se fait-il que pour toi ce soit tout le contraire [1]?

Sophron. Je vais te le dire; c'est que je n'y suis point allé dans le même esprit ni de la même façon que les autres. On ne va généralement à Rome que pour en revenir plus perverti, et pour cela les occasions n'y manquent pas. J'ai fait le voyage en compagnie d'un homme de bien, qui m'a conseillé d'emporter avec

---

1. On connaît ce distique du Mantouan :

Adieu, Rome, je t'ai vue, c'est assez de t'avoir vue; je reviendrai quand je serai entremetteur, femme publique, bouffon ou mignon.

moi, en place d'une bouteille de vin, le *Nouveau Testament*, traduit par Érasme.

Lucrèce. Par Érasme? On le dit demi hérétique.

Sophron. Son nom serait-il parvenu jusqu'ici?

Lucrèce. Il n'y en a pas de plus connu de nous.

Sophron. L'as-tu vu?

Lucrèce. Jamais. Pourtant je voudrais bien voir un homme dont j'ai entendu dire tant de mal.

Sophron. Peut-être par de mauvaises gens.

Lucrèce. Au contraire, par des gens très-respectables.

Sophron. Lesquels?

Lucrèce. Il ne faut pas que je le dise.

Sophron. Pourquoi cela?

Lucrèce. Parce que si tu le répétais et qu'ils vinssent à le savoir, je perdrais une bonne partie de mon gain.

Sophron. Sois tranquille; tu parleras à une pierre.

Lucrèce. Approche ton oreille.....

Sophron. Niaise, qu'ai-je besoin d'approcher mon oreille, puisque nous sommes seuls? Est-ce pour que Dieu ne nous entende pas? Dieu tout-puissant, quelle pieuse courtisane que toi, qui fais l'aumône aux mendiants!

Lucrèce. Ces mendiants-là me font plus gagner que vous autres richards.

Sophron. Ils dépouillent les femmes honnêtes pour enrichir les femmes de mauvaise vie.

Lucrèce. Parle-moi de ton livre.

Sophron. Oui, cela vaut mieux. Saint Paul, qui ne

sait pas mentir, y déclare que tous ceux et toutes celles qui se livrent à la débauche ne jouiront pas de l'héritage du royaume céleste. En lisant cela, je me suis dit : « Le bien que j'attends de la succession paternelle est médiocre ; pourtant j'aimerais mieux renoncer à toutes les prostituées que d'être déshérité par mon père ; à plus forte raison dois-je faire en sorte que Dieu ne me déshérite pas. Si mon père voulait me priver de sa succession et qu'il me renonçât pour son fils, les lois humaines m'offriraient leur appui ; mais devant Dieu il n'y a pas de recours. » Aussi me suis-je dès lors interdit tout commerce avec les femmes de mauvaise vie.

Lucrèce. Reste à savoir si tu pourras t'en passer.

Sophron. La continence dépend en grande partie de la volonté, et à la rigueur j'aurai pour dernier remède le mariage. A Rome j'ai vidé toutes mes écuries d'Augias dans le sein d'un confesseur. Il me donna beaucoup de sages avis, m'exhorta à garder la pureté de l'âme et du corps, à faire de saintes lectures, à prier souvent, à être sobre. Pour toute pénitence, il me commanda de réciter à genoux, au pied du maître-autel, le psaume *Miserere mei Deus*, et, si j'avais de l'argent de reste, de donner à un pauvre un carolus[1]. Comme je lui témoignais ma surprise d'une punition si légère pour tant de dérèglements, il me répondit avec beaucoup d'esprit : « Mon fils, si votre repentir est sincère, si vous changez de vie, peu importe la pénitence ; si au contraire vous continuez, la débauche à elle seule vous

---

[1] Pièce de monnaie qui valait dix deniers.

infligera d'assez rudes châtiments sans la pénitence du prêtre. Vous me voyez chassieux, tremblant, voûté : c'est que j'ai vécu autrefois comme vous confessez avoir fait jusqu'à présent. » Voilà l'histoire de ma conversion.

Lucrèce. Ah! je vois bien que j'ai perdu mon cher Sophron.

Sophron. Au contraire, tu l'as recouvré. Auparavant c'était fait de lui, il n'était ni ton ami ni le sien ; maintenant il t'aime véritablement, et il a soif de ton salut.

Lucrèce. Que me conseilles-tu donc, cher Sophron ?

Sophron. De renoncer immédiatement à ce genre de vie. Tu es encore jeune ; toutes tes souillures peuvent s'effacer. Si tu veux te marier, nous te ferons une petite dot ; tu peux entrer dans un couvent de filles repenties, ou bien changer de condition en te plaçant au service d'une femme honnête. Pour tout cela je me mets à ta disposition.

Lucrèce. De grâce, mon cher Sophron, avise ; je suivrai ton conseil.

Sophron. Mais, en attendant, sors d'ici.

Lucrèce. Quoi! sitôt?

Sophron. Pourquoi pas aujourd'hui plutôt que demain? S'il est nuisible d'ajourner, il est dangereux de retarder.

Lucrèce. Où irai-je?

Sophron. Réunis toutes tes hardes, tu me les remettras ce soir ; mon domestique les portera secrètement chez une femme de confiance ; un instant après, je le ferai sortir sous prétexte d'aller nous promener ; tu resteras renfermée chez cette femme à mes frais, jusqu'à ce que j'aie pris un parti, ce qui ne tardera pas.

Lucrèce. Eh bien, mon cher Sophron, je m'en rapporte entièrement à toi.

Sophron. Tu t'en féliciteras un jour. –

LE REPAS POÉTIQUE

HILAIRE, LÉONARD, CRATON, CONVIVES, MARGUERITE, CARIN, EUBULE, SBRULE, PARTHÉNIUS, RAT, DOMESTIQUE D'HILAIRE.

HILAIRE. *Ces apprêts sont mesquins, mais l'intention ne laisse rien à désirer* [1].

Léonard. *Vous inaugurez ce dîner sous de tristes auspices.*

Hilaire. *Du tout; arrière les tristes auspices. Pourquoi pensez-vous cela?*

Léonard. *Les ïambes sanglants ne conviennent point à un repas.*

1. Cette phrase forme en latin un vers ïambique.

Craton. Bravo ! les Muses sont avec nous, les vers coulent sans qu'on s'en doute.

Hilaire. Si vous aimez mieux les trochées rapides, en voici. Communs sont ces apprêts, mais l'intention ne laisse rien à désirer. D'ailleurs, les iambes, nés jadis pour la lutte et le combat, ont fini par servir à tous les sujets. Quels beaux melons! ces melons sont venus dans mon jardin. Voici des laitues pommées, d'un suc très-tendre, qui répondent à leur nom. Quel homme sensé ne préférerait ces mets délicieux aux sangliers, aux murènes et aux gelinottes?

Craton. Si dans un repas poétique il est permis de dire la vérité, ce que vous appelez des laitues, ce sont des bettes.

Hilaire. Dieu nous garde d'un pareil malheur!

Craton. C'est la vérité. Examinez la forme : où est ce suc laiteux ? où sont ces doux piquants?

Hilaire. Vous me donnez des doutes. Hé! faites venir ma servante. Marguerite, Tisiphone, quelle fantaisie t'a prise de nous servir des bettes au lieu de laitues?

Marguerite. Je l'ai fait à dessein.

Hilaire. Que dis-tu, sorcière?

Marguerite. J'ai voulu voir si parmi tant de poëtes il y en aurait un qui sût distinguer une laitue d'une bette, car je sais que vous, vous ne le pouvez pas. Dites-moi franchement qui s'est aperçu que c'étaient des bettes.

Les Convives. Craton.

Marguerite. Je devinais bien que ce n'était pas un poëte.

Hilaire. Si tu me joues encore un pareil tour, au lieu de Marguerite¹, je t'appellerai maraude.

Les Convives. Ah! ah! ah!

Marguerite. Ces sobriquets ne me font ni chaud ni froid. Souvent il change mon nom vingt fois par jour. Quand il veut m'amadouer, il m'appelle Galatée, Euterpe, Calliope, Callirhoé, Mélisse, Vénus, Minerve, que sais-je encore? S'il est en colère, je deviens aussitôt Tisiphone, Mégère, Alecto, Méduse, Baucis, et tout ce que lui suggère sa bile enflammée.

Hilaire. Va-t'en d'ici avec tes bettes, maraude.

Marguerite. Pourquoi m'avez-vous donc fait venir?

Hilaire. Pour que tu t'en retournes d'où tu viens.

Marguerite. Un vieux proverbe dit qu'*il est plus aisé d'évoquer le démon que de le chasser.*

Les Convives. Ah! ah! ah! très-bien! Comme cela s'adresse à vous, Hilaire, il faut un vers magique pour la chasser d'ici.

Hilaire. Il est tout prêt :

    Cantharides, fuyez, car le loup vous poursuit.

Marguerite. Que dites-vous, Ésope?

Craton. Prenez garde, Hilaire, elle vous appliquera un soufflet. C'est comme cela que vous la chassez, par votre vers grec? Oh! le beau magicien!

Hilaire. Que pensez-vous d'elle, Craton? J'aurais chassé avec ce vers dix princes des démons.

Marguerite. Je me moque de vos vers grecs.

Hilaire. Il faut donc, à ce que je vois, employer le

---

1. Hilaire joue sur le mot *Margarita*, qui signifie *perle*. C'est ce qui explique l'hilarité des convives.

fuseau magique, ou, si cela ne suffit pas, le caducée de Mercure.

Craton. Ma chère Marguerite, tu sais que la race des poëtes est inspirée, je n'ose dire emportée; je te prie donc de remettre cette dispute à un autre temps, et, par égard pour moi, de bien nous traiter pendant ce repas.

Marguerite. Que m'importent ses vers! Le plus souvent, quand il faut aller au marché, il n'a pas le sou, et il chante tout de même des vers.

Craton. Les poëtes sont comme cela. Mais, voyons, de grâce, fais ce que je te dis.

Marguerite. Je veux bien le faire pour vous, parce que je sais que vous êtes un brave homme qui ne vous êtes jamais cassé la tête dans ces sortes de folies; et je me demande par quelle fatalité vous vous trouvez au milieu de cette bande.

Craton. A quoi devines-tu cela?

Marguerite. A votre gros nez, à vos yeux brillants, à votre embonpoint. Regardez-moi le nez de celui-ci et son rire sardonique.

Craton. Je t'en supplie, ma mignonne, oublie ta colère en ma faveur.

Marguerite. Je me retire, mais je ne tiens pas à ce qu'aucun des autres m'en sache le même gré.

Hilaire. Est-elle partie?

Marguerite. Pas si loin qu'elle ne vous entende.

Rat. Elle est dans la cuisine, marmottant entre ses dents je ne sais quoi.

Craton. Vous avez une servante qui n'est point muette.

Hilaire. On dit qu'une bonne servante doit être douée de trois qualités : il faut qu'elle soit fidèle, laide et farouche, ce qu'on appelle communément *méchante*. Fidèle, elle n'amoindrit pas votre bien; laide, les amants ne la recherchent pas; farouche, elle défend aisément les intérêts de son maître, car il faut quelquefois se servir non-seulement de la langue, mais encore des mains. De ces trois qualités, ma servante en a deux : elle est laide et méchante; pour sa fidélité, j'en doute.

Craton. Nous avons entendu sa langue et je craignais pour vous ses mains.

Hilaire. Approchez les vôtres de ces melons. C'en est fait des laitues, car, si je commandais maintenant qu'on m'en apportât, je suis bien sûr qu'on me servirait des chardons. Voici une autre espèce de melons pour ceux qui la préfèrent. Voici des figues fraîches qui viennent d'être détachées de leur mère; le lait du pédoncule en fait foi. Après les figues on boit ordinairement de l'eau, pour ne point charger l'estomac. En voici de la très-fraîche qui sort d'une source des plus limpides et qui est bonne pour tempérer le vin.

Craton. Je ne sais trop si je dois tempérer le vin par l'eau, ou l'eau par le vin, tant ce vin a l'air d'avoir été puisé à la même fontaine des Muses.

Hilaire. Ce vin est fait pour aiguiser le génie des poëtes; vous autres, grossiers (*crassi*), vous aimez le grossier (*crassis*).

Craton. Plût à Dieu que je fusse le riche Crassus [1] !

Hilaire. Pour moi, j'aimerais mieux être Codrus ou

---

[1]. C'est encore un de ces jeux de mots qui n'existent que dans le latin.

Ennius[1]. Mais, puisque j'ai le bonheur de posséder tant de convives pleins d'érudition, je me donnerai bien garde de les congédier sans être plus savant. Il y a dans le prologue de l'*Eunuque* un passage qui embarrasse beaucoup de gens. La plupart des manuscrits contiennent ces mots :

> *Sic existimet, sciat,*
> *Responsum, non dictum esse, quia læsit prior,*
> *Qui bene vertendo, et eas describendo male,* etc.

Je ne trouve pas dans ces phrases un sens spirituel et digne de Térence. Le poëte dont il s'agit n'a point porté les premiers coups en traduisant mal des comédies grecques, mais en critiquant celles de Térence.

Eubule. Suivant le proverbe : *Qui chante le plus mal commencera le premier.* Quand j'étais à Londres chez Thomas Linacre, qui est très-versé dans toutes les branches de la philosophie, ce qui ne l'empêche pas de connaître à fond ces minuties des grammairiens, il me montra un manuscrit fort ancien, où on lisait :

> *Sic existimet, sciat,*
> *Responsum, non dictum esse, quale sit : prius*
> *Qui bene vertendo, et eas describendo male,*
> *Ex Græcis bonis Latinas fecit non bonas :*
> *Idem Menandri Phasma nunc nuper dedit*[2].

Il faut arranger la phrase de telle sorte que *quale sit*

---

[1]. Poëtes latins qui vécurent dans une extrême pauvreté.

[2]. « Qu'il soit convaincu, qu'il sache bien que je ne l'attaque pas, mais que je lui riposte en déclarant que par une traduction exacte, mais mal écrite, il a fait de méchantes pièces latines avec de bonnes comédies grecques, et qu'il a donné dernièrement le *Fantôme* de Ménandre. »

indique un exemple qui va être fourni à l'appui de ce qui précède. Térence menaçait à son tour de faire la critique des pièces de celui qui l'avait critiqué. Et il déclare que ce n'est point là *une injure*, mais *une riposte*. Celui qui *attaque* lance l'injure; celui qui pare l'attaque *riposte*. Il promet de citer un exemple, *quale sit*, ce que les Grecs rendent par οἷον, et les Latins par *quod genus*, ou *veluti*, ou *videlicet*, ou *puta*. Ensuite il expose sa critique dans laquelle l'adverbe *prius* répond à un autre adverbe qui suit comme par opposition, *nuper*; de même que le pronom *qui* répond au mot *idem*. Il condamne totalement les anciennes pièces de Lavinius, puisqu'elles étaient déjà effacées de la mémoire des hommes. Dans celles qu'il avait données dernièrement, il relève certains passages. Cette leçon me paraît vraie; elle résume, à mon avis, le véritable sens du poëte comique, à moins que le sénat et le peuple poétiques ne pensent différemment.

Les Convives. Au contraire, nous nous rallions tous à votre sentiment.

Eubule. Je désire à mon tour vous demander un petit renseignement très-simple. Comment scande-t-on ce vers :

Ex Græcis bonis Latinas fecit non bonas?

Comptez sur vos doigts.

Hilaire. Je crois que, suivant l'usage des anciens, l's s'élide pour faire du second pied un anapeste.

Eubule. Je serais de votre avis si l'ablatif ne se terminait en *is*, syllabe naturellement longue; par conséquent, en retranchant la consonne, la voyelle n'en reste pas moins longue.

Hilaire. Vous avez raison.

Craton. Si quelqu'un d'illettré et d'inconnu entrait, il croirait assurément, à nous voir allonger les doigts, que nous imitons le jeu des paysans [1].

Léonard. A ce que je vois, nous allongeons vainement les doigts; vous, tirez-nous d'embarras si vous le pouvez.

Eubule. Voyez combien une toute petite chose peut quelquefois tourmenter des hommes très-érudits : la préposition *ex* appartient à la fin du vers précédent :

Qui bene vertendo, et eas describendo male, ex
Græcis bonis Latinas fecit non bonas.

De cette façon, il n'y a plus de difficulté.

Léonard. Par les Muses! c'est vrai.

Carin. Puisque nous nous sommes mis à compter sur nos doigts, je voudrais que quelqu'un me divisât en pieds ce vers de l'*Andrienne* :

Sine invidia laudem invenias, et amicos pares [2].

J'ai souvent essayé de le faire, sans succès.

Léonard. Sine in est un iambe; *vidia*, un anapeste; *laudem in* un spondée; *venias*, un anapeste; *et ami*, encore un anapeste.

Carin. Voilà déjà cinq pieds, et il reste trois syllabes

---

1. Le jeu de la mourre.
2. « On obtient des éloges sans exciter la jalousie, et l'on se fait des amis. »

dont la première est longue, en sorte que vous ne pouvez faire ni un ïambe ni un tribraque.

Léonard. Vous avez parfaitement raison. Nous sommes dans un mauvais pas; qui nous en tirera?

Eubule. Personne ne vous en sortira mieux que celui qui vous y a mis. Voyons, Carin, si vous savez quelque chose, ne cachez rien devant des amis sincères.

Carin. Si ma mémoire ne me trompe pas, je crois avoir lu dans Priscien que, chez les comiques latins, la consonne *v* s'élide comme une voyelle; ainsi, par exemple, dans ce mot *enimvero*, la partie *enie* forme souvent un anapeste.

Léonard. Scandez-le-nous donc.

Cratin. Volontiers. *Sine inidi* est un procéleusmatique, à moins que l'on ne préfère élider *i* par contraction, de même que Virgile met *aureo* pour *auro* à la fin d'un hexamètre; dans ce cas, le premier pied sera un tribraque; *dia la* est un spondée; *d'inveni* un dactyle; *as et a* un dactyle; *micos* un spondée; *pares* un ïambe.

Sbrule. Cratin nous a parfaitement tirés de ce mauvais pas. Mais il y a dans la même scène un passage que personne, je crois, n'a remarqué.

Hilaire. Citez-le, je vous prie.

Sbrule. Simon y parle en ces termes :

Sine ut eveniat, quod volo,
In Pamphilo ut nihil sit moræ; restat Chremes [1].

---

1. « Admettons que, comme je l'espère, je ne rencontre aucun obstacle du côté de Pamphile; reste Chrémès. »

Hilaire. Qu'est-ce qui vous choque là ?

Sbrule. Sine est un terme de menace ; or dans ce qui suit rien ne se rapporte à des menaces. Je suppose donc que le poëte a écrit :

> *Sin eveniat, quod volo* [1],

afin que *sin* réponde au *si* qui précède :

> *Si propter amorem uxorem nolit ducere* [2].

Le vieillard propose deux partis contraires : si Pamphile, par amour pour Glycère, refuse de se marier, j'aurai lieu de lui adresser des reproches ; si, au contraire, il ne refuse pas, il ne me restera plus qu'à gagner Chrémès. Du reste, l'interpellation de Sosie et la colère de Simon contre Dave ont allongé la digression.

Hilaire. Rat, apporte-moi le livre.

Craton. Vous confiez un livre à un rat ?

Hilaire. Plus sûrement que du vin. Que je meure si Sbrule n'a pas dit vrai !

Parthénius. Donnez-moi le livre pour que je vous montre une autre difficulté. Dans le prologue de l'*Eunuque*, ce vers est faux :

> *Habeo alia multa, quæ nunc condonabuntur* [3].

Car, bien que les comiques latins surtout prennent

---

[1] « Si au contraire il arrive, comme je l'espère. »
[2] « Si pour cette femme il refuse de se marier. »
[3] « J'aurais beaucoup d'autres choses à dire, je lui en fais grâce pour le moment. »

beaucoup de liberté dans ce genre de poésie, je ne sache pas qu'ils aient jamais terminé un vers ïambique par un spondée. Peut-être doit-on lire *condonabitur*, impersonnellement, ou *condonabimus*, en changeant le nombre de la personne.

Marguerite. Voilà bien les poètes ! A peine sont-ils à table qu'ils comptent sur leurs doigts et prennent un livre. Il vaut mieux réserver pour le dessert les exercices littéraires.

Craton. Marguerite ne nous donne pas un bien mauvais conseil, obéissons-lui ; quand notre estomac sera rassasié, nous reprendrons nos exercices ; en attendant allongeons les doigts dans le plat.

Hilaire. Admirez le luxe d'un poète. Voici des œufs de trois façons : bouillis, rôtis, frits ; ils sont tout frais, il n'y a pas deux jours qu'ils ont été pondus.

Parthénius. Pour moi, je ne puis pas supporter le beurre ; s'ils sont frits à l'huile, je m'en régalerai.

Hilaire. Petit, va demander à Marguerite s'ils sont frits au beurre ou à l'huile.

Rat. Ni à l'un ni à l'autre, dit-elle.

Hilaire. Ni au beurre ni à l'huile ? A quoi donc ?

Rat. A la lessive, à ce qu'elle dit.

Craton. Telle demande, telle réponse. Est-il donc si difficile de distinguer le beurre de l'huile ?

Carin. Surtout pour des gens qui distinguent si aisément la laitue de la bette.

Hilaire. Voici l'ovation, le triomphe viendra plus tard. Hé ! petit, regarde bien partout ; ne vois-tu rien qui manque ?

Rat. Il manque bien des choses.

Hilaire. Ces œufs ont besoin d'un assaisonnement qui en tempère la chaleur.

Rat. Lequel voulez-vous?

Hilaire. Dis à Marguerite qu'elle nous envoie du jus de vrilles de vigne pilées.

Rat. Je vais le lui dire.

Hilaire. Pourquoi reviens-tu les mains vides ?

Rat. Elle répond qu'on ne tire pas de jus d'une vrille.

Léonard. Quelle servante !

Sbrule. Nous assaisonnerons du moins nos œufs par la conversation. Dans les *Épodes* d'Horace j'ai rencontré un passage qui n'est pas altéré quant au texte, mais qui a été mal interprété non-seulement par Mancinellus et par d'autres plus modernes, mais par Porphyrion lui-même. Ce passage est dans le poëme où Horace chante la palinodie à la sorcière Canidie :

> *Tuusque venter Pactumeius; et tuo*
> *Cruore rubros obstetrix pannos lavit,*
> *Utcumque fortis exilis puerpera* [1].

Tous pensent que *exilis* est ici un nom, tandis que c'est un verbe. Je vais citer les paroles de Porphyrion, si toutefois on doit croire qu'elles sont de lui : « *Exilis*, dit-il, représente Canidie comme rendue laide par l'accouchement ; Horace entend par *exilitas* la maigreur naturelle du corps. » C'est une erreur honteuse de la

---

[1] « Tes entrailles sont fécondes, et la matrone lave tes draps rouges de sang chaque fois que tu sautes à bas de ton lit comme une robuste accouchée. »

part d'un si grand homme, de n'avoir point remarqué que la mesure du vers répugnait à ce sens-là, car le quatrième pied n'admet pas un spondée. Le poète dit, en plaisantant, que Canidie a réellement accouché, quoiqu'elle n'ait pas été longtemps malade, et qu'elle ne se soit pas alitée à la suite de ses couches, mais qu'elle ait aussitôt sauté à bas du lit, comme font certaines femmes robustes.

Hilaire. Nous vous remercions, Sbrule, d'avoir si bien assaisonné nos œufs.

Léonard. On lit quelque chose d'analogue dans le premier livre des *Odes*, à celle qui commence par *Tu ne quæsieris*. Tous les manuscrits portent cette leçon :

Nec Babylonios
Tentaris numeros. Ut melius quidquid erit pati! [1]

Les anciens interprètes sautent par-dessus ce passage comme s'il ne présentait aucune difficulté; Mancinellus seul, sentant que la phrase est imparfaite, recommande d'y ajouter *possis*.

Sbrule. Avez-vous trouvé là-dessus quelque chose de mieux?

Léonard. Je ne sais pas, mais il me semble qu'Horace a imité les formes de la langue grecque, ce qu'aucun poète ne fait ni plus souvent ni plus volontiers. A l'exemple des Grecs, qui joignent généralement l'infinitif aux prépositions ὡς et ὥστε, Horace a

---

[1] « N'essaye pas les calculs des Babyloniens. Combien il est plus sage de se résigner à son sort! »

dit *ut pati* pour *ut patiaris*. Du reste, la conjecture de Mancinellus n'est point à dédaigner.

Hilaire. Ce que vous dites là est tout à fait de mon goût. Cours vite, Rat ; et apporte le restant.

Craton. Quelles sont ces friandises d'un nouveau genre ?

Hilaire. C'est du concombre coupé en petites tranches, avec du bouillon de courge. Tout cela est bon pour lâcher le ventre.

Sbrule. Voilà un repas vraiment médicinal !

Hilaire. Soyez indulgents. Tout à l'heure vous aurez une poule de ma basse-cour.

Sbrule. Nous changerons votre nom, et, au lieu d'Hilaire, nous vous appellerons Apicius.

Hilaire. Allons ! riez maintenant tant que vous voudrez ; demain peut-être vous ferez sérieusement l'éloge de ce repas.

Sbrule. Pourquoi cela ?

Hilaire. Parce que vous sentirez que ce repas a été parfaitement assaisonné.

Sbrule. Par la faim ?

Hilaire. Justement.

Craton. Savez-vous, Hilaire, l'emploi dont je voudrais que vous vous chargeassiez ?

Hilaire. Je le saurai quand vous me l'aurez dit.

Craton. On chante à l'église des hymnes qui ne sont pas mal faites, mais que des ignorants ont altérées en plusieurs endroits ; je voudrais que vous prissiez la peine de nous les rectifier. Pour en citer un exemple, nous chantons :

*Hostis Herodes impie,
Christum venire quid times?* [1]

La transposition d'un seul mot a produit deux fautes dans le vers. Car *hostis*, qui forme un trochée, n'est pas de mise dans un vers iambique, et *Hero*, étant un spondée, ne peut pas être admis au second pied. Il n'est pas douteux que le vers s'écrivait primitivement ainsi :

Herodes, hostis impie.

D'ailleurs l'épithète *impie* se marie mieux avec *hostis* qu'avec *Herodes*. Ensuite comme *Herodes* est un mot grec, l'η se change en ε au vocatif, comme Σωκράτης, ὦ Σώκρατες ; de même que dans Ἀγάμεμνον l'ω se change en ο. Nous chantons ainsi cette autre hymne :

*Jesu, corona virginum,
Quem mater illa concepit,
Quæ sola virga parturit* [2].

Il n'est pas douteux qu'il faut prononcer *concipit* ; car l'hypallage donne de la grâce au style, et il serait ridicule d'être choqué de *concipit*, puisque *parturit* vient après.

Hilaire. J'ai rencontré moi-même beaucoup de passages de ce genre, et je ne serai pas fâché un jour de consacrer quelque temps à cette affaire. Du reste, dans

---

1. « Hérode, ennemi impie, pourquoi crains-tu la venue du Christ ? »
2. « Jésus, couronne des vierges, conçu d'une mère, la seule vierge qui ait enfanté. »

cette hymne, saint Ambroise me paraît avoir beaucoup de grâce, car il finit le dimètre par un mot de trois syllabes et place ordinairement la césure à la fin du mot. Cela lui arrive trop souvent pour y voir un effet du hasard. Si vous en voulez un exemple : *Deus creator*, c'est là une penthémimère[1], on chante ensuite *Omnium*, — *Polique rector*, puis *vestiens*. — *Diem decoro*, puis *lumine*, — *Noctem soporis*, puis *gratia*. Mais voici une poule assez grasse, qui, pendant dix ans m'a pondu des œufs et fait éclore des poulets.

Craton. Elle méritait qu'on ne la tuât pas.

Carin. S'il est permis de mêler ici les études sérieuses, j'ai une question à proposer.

Hilaire. Pourvu qu'elle ne soit pas trop sérieuse.

Carin. Du tout. Je me suis mis dernièrement à lire les *Lettres* de Sénèque, et, comme l'on dit, j'ai échoué tout de suite au milieu du port. Le passage est dans la première lettre : *Et si volueris attendere, magna vitæ pars elabitur male agentibus, maxima nihil agentibus, tota aliud agentibus*[2]. Il affecte dans cette phrase je ne sais quelle finesse que je ne saisis pas bien.

Léonard. Je la devinerai, si vous voulez.

Carin. Parfaitement.

Léonard. Personne ne pèche continuellement. Toutefois une grande partie de la vie se consume dans le luxe, la volupté, l'ambition et les autres vices, et une partie beaucoup plus grande se consume à ne rien faire. Or,

---

1. Deux pieds et demi.
2. « Et si vous voulez y songer, une grande partie de la vie se passe à mal faire, une plus grande à ne rien faire; elle se passe toute à faire l'opposé de ce que l'on devrait faire. »

nihil agere ne signifie pas vivre dans l'oisiveté, mais s'occuper de choses frivoles qui ne contribuent nullement au bonheur. De là le proverbe : *Il vaut mieux ne rien faire que de s'appliquer à des riens.* Mais la vie entière se consume à faire tout autre chose que ce que l'on devrait faire. *Aliud agere* signifie n'être pas attentif à ce que l'on fait. La vie s'use donc complétement, parce qu'en obéissant au vice nous ne faisons pas ce que nous devrions; qu'en nous attachant à des frivolités, nous ne faisons pas ce que nous devrions; qu'en étudiant la philosophie, comme nous le faisons négligemment et en bâillant, sans y apporter plus d'attention qu'à une bagatelle, nous ne faisons pas ce que nous devrions. Si cette explication ne vous satisfait pas, rangez cette pensée de Sénèque parmi celles qu'Aulu-Gelle blâme dans cet écrivain comme étant trop recherchées.

Hilaire. Elle me satisfait beaucoup. (Mais attaquons vaillamment la poule. Je ne veux pas vous tromper; il n'y a plus rien de prêt.) Car elle cadre avec ce qui précède : *La perte la plus honteuse est celle qui vient de notre négligence.* Or, il développe sa pensée dans cette phrase à trois membres. Mais un peu plus loin il me semble qu'il y a une faute : *Mortem non prospicimus. Magna pars ejus jam præteriit.* Je crois qu'il faut lire : *Mortem prospicimus*[1], car nous regardons de loin les objets qui sont éloignés, tandis que la mort est en grande partie derrière nous.

Léonard. Puisque les philosophes se permettent

---

1. « Nous regardons de loin la mort. »

quelquefois de faire des excursions dans les prairies des Muses, on nous pardonnera peut-être de faire un tour, pour nous distraire, sur leur domaine.

Hilaire. Pourquoi pas?

Léonard. En relisant dernièrement le traité d'Aristote intitulé : *Des arguments des sophistes*, dont le sujet intéresse également les rhéteurs et les philosophes, j'ai vu que les traducteurs avaient commis des fautes énormes. Il est certain que ceux qui ne savent pas le grec doivent ici se tromper grossièrement en plusieurs endroits. Aristote parle de cette sorte d'ambiguïté qui provient d'un mot dont les significations sont différentes : ὅτι μανθάνουσιν οἱ ἐπιστάμενοι, τὰ γὰρ ἀποστοματιζόμενα μανθάνουσιν οἱ γραμματικοί. Τὸ γὰρ μανθάνειν ὁμώνυμον, τό τε ξυνιέναι χρώμενον τῇ ἐπιστήμῃ, καὶ τὸ λαμβάνειν τὴν ἐπιστήμην. On a ainsi traduit ce passage : *Quoniam discunt scientes. Nam secundum os grammatici discunt. Discere enim æquivocum, ad intelligere eum qui utitur disciplina, et accipere disciplinam.*

Hilaire. J'ai cru que vous parliez hébreu et non latin.

Léonard. Quelqu'un de vous a-t-il entendu ici le moindre mot équivoque?

Hilaire. Non.

Léonard. Quelle folie que de vouloir traduire ce qui est intraduisible? Je ne sais pas si le *discere* des Latins répond au μανθάνειν des Grecs, qui veut dire recevoir la science ou la transmettre. Je crois plutôt que μανθάνειν est un mot à double sens chez les Grecs, comme *cognoscere* l'est chez les Latins. Celui qui sait une chose la *connaît*, et le juge *connaît* d'un procès quand il l'instruit. C'est ainsi, je crois, qu'en grec μανθάνειν s'applique au maître qui donne des leçons aux enfants, et aux enfants qui reçoivent ces leçons. Ensuite avec quelle grâce le traducteur a rendu : τὰ γὰρ ἀποστοματιζόμενα μανθάνουσιν οἱ γραμματικοί, par *Nam secundum os grammatici discunt* lorsqu'il aurait dû traduire : *Nam grammatici quæ dictant, docent!* C'était au traducteur à substituer ici un autre exemple en reproduisant non les mêmes termes, mais la même idée. D'ailleurs je soupçonne qu'en cet endroit le texte grec est un peu altéré; il faudrait lire : ὁμώνυμον τῷ τε ξυνιέναι καὶ τῷ λαμβάνειν. Aristote donne plus bas un autre exemple d'ambiguïté provenant non des différents sens d'un même mot, mais d'une construction différente : τὸ βούλεσθαι λαβεῖν με τοὺς πολεμίους ; on a traduit : *Velle me accipere pugnantes*, au lieu de mettre : *Velle me capere hostes*. Si on lit βούλεσθε, la phrase devient plus claire : *Vultis me capere hostes?* car le pronom peut ou précéder ou suivre le verbe *capere*. S'il précède, le sens sera : *Vultis ut ego capiam hostes?* S'il suit, on dira : *Vultis ut hostes me capiant?* Aristote soumet un autre exemple du même genre : Ἆρ' ὅ τις γινώσκει, τοῦτο γινώσκει ; c'est-à-dire : *An quod quis novit, hoc novit?* L'ambiguïté est dans τοῦτο; pris à l'accusatif, le sens sera : *Quidquid alicui cognitum est, id illi cognitum esse*; pris au nominatif, cela voudra dire : *Quam rem quis intelligit, ea intelligit*. Comme si rien ne pouvait être connu, sans connaître à son tour. Aristote cite encore un autre exemple : ἆρα δ ὁρᾷ τις τοῦτο ὁρᾷ ; Ὁρᾷ δὲ τὸν κίονα, ὥστε ὁρᾷ ὁ κίων. *An quod quis videt, id videt? Sed videt columnam; columna igitur videt.* L'ambiguïté est encore dans τοῦτο, comme nous venons de le remarquer. Ces phrases pouvaient être traduites tant bien que mal à des oreilles latines; la phrase suivante ne pouvait être rendue en aucune sorte : ἄρα δ οὐ φῂς εἶναι, τοῦτο οὐ φῂς εἶναι; φῂς δὲ λίθον εἶναι· οὐ ἄρα φῂς λίθος εἶναι. Cette phrase a été traduite ainsi : *Putas quod tu dicis esse, hoc tu dicis esse? Dicis autem lapidem esse, tu ergo lapis dicis esse.* Je le demande, y a-t-il dans ces paroles l'ombre de sens commun? L'ambiguïté dépend en partie des formes de la langue grecque; et elle existe dans la majeure et la mineure. La majeure offre de plus une seconde équivoque dans les deux mots δ et τοῦτο : pris au nominatif, le sens sera : *Quidquid te dicis esse, hoc tu es;* pris à l'accusatif, cela fera : *Quamcumque rem tu dicis esse, eam dicis esse.* C'est d'après ce sens qu'Aristote établit sa mineure : λίθον φῂς εἶναι; mais c'est d'après le premier sens qu'il tire sa conclusion : οὐ ἄρα φῂς λίθος εἶναι. Catulle a osé une fois imiter les tours de la langue grecque :

> *Phaselus iste quem videtis, hospites,*
> *Ait fuisse navium celerrimus* [1].

Car c'est ainsi qu'on lisait ce vers dans les plus anciennes éditions. Les commentateurs qui ignorent cela doivent nécessairement commettre bien des bévues. Cette phrase qui suit immédiatement ne peut pas être rendue clairement en latin : Καὶ ἄρ' ἔστι σιγῶντα λέγειν; Διττὸν γάρ ἐστι καὶ τὸ σιγῶντα λέγειν, τό τε τὸν λέγοντα σιγᾶν

---

[1] « Cet esquif que vous voyez, ô étrangers, dit qu'il a été le plus rapide des vaisseaux. » (IV, 1.)

καὶ τὸ τὰ λεγόμενα. Voici comment cela a été traduit : *Et putas, est tacentem dicere? Duplex enim est, tacentem dicere, et hunc dicere tacentem, et quæ dicuntur?* Est-ce que cela n'est pas plus obscur que les feuilles de la Sibylle?

Hilaire. Le grec ne me paraît pas très-clair.

Léonard. Je vais expliquer, autant que je puis le deviner : *An possibile est tacentem dicere?* Cette interrogation a un double sens; l'un est faux et absurde, l'autre peut être vrai. Car il est impossible que celui qui parle ne dise pas ce qu'il dit, c'est-à-dire qu'il se taise en parlant; mais il peut se faire que celui qui parle taise celui qui parle. Du reste cet exemple retombe dans la forme qu'Aristote expose plus bas. Une chose qui m'étonne encore c'est qu'ensuite, dans le genre d'ambiguïté qui naît de l'union de plusieurs mots, les manuscrits grecs ont changé *sæculum* en *litteræ* : ἐπίστασθαι τὰ γράμματα, quand les manuscrits latins portent : *scire sæculum*. Il en résulte ce double sens : ou que le siècle même connaît quelque chose, ou que quelqu'un connaît le siècle. Mais il est plus naturel d'écrire αἰῶνα ou κόσμον que γράμματα, car il est absurde de dire que les *lettres* savent quelque chose, tandis qu'il n'y a point d'absurdité à dire que notre siècle sait quelque chose ou que quelqu'un connaît son siècle. Un peu plus loin, là où Aristote cite un exemple de l'ambiguïté qui provient de l'accent, le traducteur n'a pas craint de substituer aux paroles d'Homère des expressions de Virgile, comme il aurait dû faire dans l'exemple : *Quidquid dicis esse, hoc est*. Aristote rapporte ces paroles d'Homère : οὗ καταπύθεται ὄμβρῳ. Avec l'esprit rude et l'accent circonflexe sur οὗ cela veut dire : *Cujus computrescit pluvia*; avec l'accent aigu sur ού cela veut dire : *Non computrescit pluvia*. Ce passage est tiré du XXIII° chant de l'*Iliade*[1]. Le second exemple est : Δίδομεν δέ οί εύχος άρέσθαι. En plaçant l'accent sur la pénultième cela veut dire : *concede illi*; en le mettant sur la première syllabe δίδομεν cela veut dire *damus*. Or le poëte n'entend pas que Jupiter dise : *concedimus illi*; Jupiter ordonne au Songe même de déclarer à celui à qui on l'envoie qu'il lui *permet* de jouir de son vœu, car δίδομεν est mis pour διδόναι. A ces deux citations d'Homère les traducteurs ont substitué des vers latins, témoin ce passage des *Odes* d'Horace :

> *Me tuo longas pereunte noctes*
> *Lydia dormis*[2].

En mettant l'accent sur *me* bref, et en faisant *tu* grave, on obtient un seul mot *metuo*, qui veut dire *je crains*. Cette ambiguïté ne dépend pas seulement de l'accent, mais encore de la construction. Le second exemple a été emprunté à Virgile :

> *Heu! quianam tanti cinxerunt æthera nimbi?*[3]

Là encore l'ambiguïté résulte de la construction.

Hilaire. Tout cela, Léonard, est assurément ingénieux et digne d'être connu, mais je crains que ce repas ne paraisse plus sophistique que poétique; une autre fois, si vous le voulez bien, nous emploierons

---

1. Vers 328.
2. « Tandis que moi, ton amant, je meurs d'amour durant des nuits entières, tu dors, Lydie. » (Od., I, xxv, 7.)
3. « Ah! pourquoi tant de nuées amoncelées dans les airs? »(Énéide, V, 13.)

tout un jour à chasser aux arguments dans les *Arguments*.

Léonard. C'est-à-dire que nous chercherons du bois dans la forêt et de l'eau dans la mer.

Hilaire. Où est mon Rat?

Rat. Le voici.

Hilaire. Dis à Marguerite qu'elle serve le dessert.

Rat. J'y vais.

Hilaire. Tu reviens les mains vides?

Rat. Elle dit qu'elle n'a pas songé au dessert, et qu'il y a assez longtemps que l'on est à table.

Hilaire. Je crains que si nous philosophons ici davantage elle ne vienne renverser notre table, comme fit Xantippe avec Socrate. Il vaut donc mieux que nous prenions le dessert dans le jardin; nous nous promènerons, nous badinerons tout à notre aise, et chacun cueillera sur l'arbre le fruit qui lui plaira.

Les Convives. L'idée est excellente.

Hilaire. Il y a là une petite source plus agréable que tous les vins du monde.

Carin. Comment se fait-il que votre jardin est plus propre que la cour?

Hilaire. C'est que j'y suis plus souvent. Si quelque chose vous fait plaisir, ne ménagez pas mes richesses horticoles. Il me semble que nous nous sommes assez promenés; si nous nous asseyions sous ce tilleul et si nous invoquions les Muses?

Parthénius. Très-volontiers.

Hilaire. Le jardin lui-même fournira le sujet.

Parthénius. Si vous marchez le premier, nous vous suivrons.

Hilaire. Je veux bien. C'est agir à rebours que d'avoir un jardin orné de choses délicieuses et de ne cultiver son esprit ni par la science ni par la vertu.

Léonard. Nous croirons à la présence des Muses si vous rendez cette pensée en vers.

Hilaire. Il m'est bien plus facile de tourner de la prose en vers que de changer de l'argent en or.

Léonard. Parlez donc.

Hilaire. Celui dont le jardin est tout émaillé de fleurs, et qui laisse son esprit inculte sans l'orner d'aucun talent, celui-là agit à rebours. Voilà des vers forgés sans le secours d'Apollon ni des Muses. Mais ce serait charmant si chacun de vous rendait cette pensée en différents genres de vers.

Léonard. Quel sera le prix accordé au vainqueur?

Hilaire. Cette corbeille pleine de pommes, ou de prunes, ou de cerises, ou de nèfles, ou de poires, ou d'autres fruits qui plairont mieux.

Léonard. Qui sera l'arbitre du combat?

Hilaire. Qui, sinon Craton? Par conséquent lui seul ne combattra pas afin de mieux entendre.

Craton. Je crains que vous n'ayez un juge pareil à celui qu'eurent jadis le coucou et le rossignol, quand ils luttèrent ensemble pour la gloire du chant [1].

Hilaire. Si vous agréez à tous, cela suffit.

Les Convives. L'arbitre nous agrée. Léonard, commencez.

Léonard. Celui dont le jardin garni de plantes, de

---

[1]. Allusion à la fable dans laquelle le coucou et le rossignol, luttant à qui chanterait le mieux, prirent l'âne pour juge.

fleurs, d'arbres fruitiers de toute espèce, offre aux yeux mille agréments, et qui néglige de cultiver son esprit par les beaux-arts et les vertus, celui-là me paraît avoir un jugement faux et de travers. J'ai dit.

Hilaire. Carin ronge ses ongles; attendons-nous à quelque chose de soigné.

Carin. Aucune Muse ne m'inspire. Celui qui s'applique à embellir son jardin de fleurs et de fruits, et qui néglige d'orner son esprit des plus belles connaissances, celui-là, à mon avis, travaille à rebours.

Hilaire. Ce n'est pas en vain que vous avez rongé vos ongles.

Eubule. Puisque c'est mon tour, je ne veux pas ne rien donner. Celui qui vise à parer son jardin de mille ornements, et qui laisse son esprit inculte au lieu de le polir par les arts, celui-là agit à contre-sens.

Hilaire. Sbrule n'a pas besoin d'être stimulé; chez lui les vers jaillissent si naturellement, que souvent il en fait sans y penser.

Sbrule. Celui dont le jardin soigneusement entretenu est émaillé de fleurs, et qui ne cultive point son esprit par les arts, travaille à rebours. Occupez-vous d'abord de l'intelligence.

Parthénius. Celui qui s'attache à parer son jardin de fleurs variées, et qui ne cultive point son esprit par les arts libéraux, agit à contre-sens.

Hilaire. Voyons maintenant à qui le jardin fournira le plus de sentences.

Léonard. Que ne doit-on pas attendre d'un sujet si riche? Ce rosier seul me suggérera ce que je vais dire. De même que la beauté de la rose est de courte durée, la jeunesse passe vite; vous vous hâtez de cueillir la rose avant qu'elle ne se fane, il vaut mieux faire en sorte que votre jeunesse ne s'écoule pas sans fruit.

Hilaire. Voilà un thème très-propre à être mis en vers.

Carin. De même que parmi les arbres chaque espèce a ses productions particulières, parmi les hommes chaque individu a ses qualités spéciales.

Eubule. De même que la terre cultivée produit une foule de richesses à l'usage de l'homme, et, négligée, se couvre d'épines et de ronces; de même l'esprit humain, si on le cultive par l'étude, fait éclore maintes vertus, mais si au contraire on le néglige, il est envahi par toutes sortes de vices.

Sbrule. Un jardin, pour être beau, doit être cultivé tous les ans; l'esprit, une fois cultivé par l'étude, fleurit et reverdit perpétuellement.

Parthénius. De même que la beauté des jardins ne détourne point l'esprit de l'étude, mais l'y invite plutôt, nous devons chercher les jeux et les amusements qui ne sont point opposés aux lettres.

Hilaire. A merveille! je vois un essaim de sentences. Passons maintenant aux vers; mais, avant de nous mettre à l'œuvre, je crois que ce serait un exercice délicat et fructueux de traduire la première sentence en autant de vers grecs que nous lui avons consacré de vers latins. Léonard commencera, lui à qui les Muses grecques sont depuis longtemps familières.

Léonard. Je commettrai cette folie si vous l'ordonnez.

Hilaire. Je vous l'ordonne et je vous le commande.

Léonard. Celui dont le jardin est paré de belles fleurs et dont l'esprit, tout à fait vide de connaissances, est inculte, celui-là ne pense point sagement, car il met le mauvais au-dessus du bon. J'ai conduit la danse, me succède qui voudra.

Hilaire. Carin.

Carin. Non, Hilaire.

Léonard. Mais je vois venir Marguerite, elle apporte je ne sais quelles friandises.

Hilaire. Si elle le faisait, ma Furie me tromperait bien. Qu'est-ce que tu apportes ?

Marguerite. De la moutarde, pour assaisonner votre dessert. N'avez-vous pas de honte de babiller si tard ? Venez ensuite, vous autres poètes, déblatérer contre la loquacité des femmes.

Craton. Marguerite a raison. Il est temps que chacun rentre dans son nid. Une autre fois nous consacrerons une journée tout entière à ce noble genre de combat.

Hilaire. Mais à qui adjugez-vous le prix ?

Craton. Pour le moment je me l'adjuge à moi-même, car il n'y a pas d'autre vainqueur que moi.

Hilaire. Comment pouvez-vous remporter la victoire, sans avoir pris part au combat ?

Craton. Vous avez combattu, mais vous n'avez point vidé le combat. Moi, ce que pas un de vous n'a pu faire, j'ai vaincu Marguerite.

Carin. Hilaire, sa réclamation est juste, qu'il emporte la corbeille.

TABLE
DU PREMIER VOLUME

	Pages.
Érasme de Rotterdam au lecteur sur l'utilité des Colloques.	1
Érasme de Rotterdam à Jean-Érasme Froben, enfant de la plus belle espérance, salut.	19

LES COLLOQUES D'ÉRASME.

Les Vœux imprudents.	23
La Chasse aux bénéfices.	29
La Confession du soldat.	37
Avis d'un maître.	45
La Piété de l'enfance.	49
Le Repas profane.	67
Le Repas religieux.	85
L'Apothéose de Capnion.	145
L'Amant et la Maîtresse.	157
La Fille ennemie du mariage.	179
La Fille repentante.	195
La Femme qui se plaint de son mari, ou le Mariage.	201

TABLE.

		Pages.
— Le Soldat et le Chartreux		225
— Le Menteur et le Véridique		235
— Le Naufrage		243
— Les Hôtelleries		257
— Le Jeune Homme et la Fille de joie		269
— Le Repas poétique		279

www.ingramcontent.com/pod-product-compliance
Lightning Source LLC
Chambersburg PA
CBHW071254160426
43196CB00009B/1289